U0347015

# 领先的密码

## BLM方法论全面解读与应用指南

柏翔 佛洁 ◎著

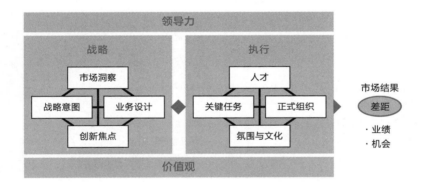

机械工业出版社

CHINA MACHINE PRESS

## 图书在版编目（CIP）数据

领先的密码：BLM方法论全面解读与应用指南 / 柏翔，佛洁著 . —北京：机械工业出版社，2023.11（2024.5 重印）

ISBN 978-7-111-74759-8

Ⅰ . ①领⋯　Ⅱ . ①柏⋯②佛⋯　Ⅲ . ①企业战略 – 战略管理 – 指南　Ⅳ . ① F272-62

中国国家版本馆 CIP 数据核字（2024）第 000716 号

机械工业出版社（北京市百万庄大街 22 号　邮政编码 100037）
策划编辑：白　婕　　　　　　　　责任编辑：白　婕
责任校对：李可意　丁梦卓　闫　焱　责任印制：张　博
北京联兴盛业印刷股份有限公司印刷
2024 年 5 月第 1 版第 4 次印刷
170mm×230mm・24.5 印张・3 插页・311 千字
标准书号：ISBN 978-7-111-74759-8
定价：108.00 元

电话服务　　　　　　　　　　网络服务
客服电话：010-88361066　　机　工　官　网：www.cmpbook.com
　　　　　010-88379833　　机　工　官　博：weibo.com/cmp1952
　　　　　010-68326294　　金　书　网：www.golden-book.com
封底无防伪标均为盗版　　　　机工教育服务网：www.cmpedu.com

很高兴看到柏翔老师通过大量咨询实践把 BLM 诠释得如此清楚，很多人仅把 BLM 当作一个方法或工具而不得要领，其实 BLM 是企业持续创新的理念、方法论、业务逻辑以及不断提升组织能力和效率的实践。

我有幸在哈佛商学院参与《创新跃迁》[一]的作者迈克尔·塔什曼（Michael Tushman）教授组织的高级研修班，塔什曼教授分享了他与 IBM 合作的初衷，就是希望帮助企业找到一套持续创新和发展的理念与方法论。

我估计有包括 IBM 在内的不下十家咨询公司帮助过国内数以千计的企业导入 BLM，造就了一些成功的典范，例如华为、海康威视、京东方等世界一流的企业；不少企业还结合自身实践，形成了自己独特的管理体系（如京东方的 SLM（战略领先管理））；也有企业利用 BLM

---

[一]　塔什曼，奥赖利三世. 创新跃迁：打造决胜未来的高潜能组织［M］. 苏健，译. 成都：四川人民出版社，2018. 该书也是 BLM 的主要理论原型。

体系成功完成了从工业化向数字化的业务转型，其高层戏称 BLM 为"保老命"，因为如果没有导入 BLM，这家企业是不可能完成其业务转型的。

有的企业则把 BLM 聚焦在领导力建设，也取得了非常不错的效果；有的企业把 BLM 用作制定战略的工具和方法，成为组织变革的抓手；而更多的企业只是把它作为给管理人员赋能的工具，效果也就可想而知。真正能够全面系统地导入 BLM，使其成为企业持续创新的核心基因，并建立适合自身业务特点和系统化组织能力的企业屈指可数。

BLM 的逻辑体系本身就特别强调由外而内的外部视角、战略与执行的一致性、结果导向和领导力认知牵引等特点，BLM 执行的核心则是以关键任务主导的敏捷化运营，非常适合数字化时代"看十年，战一年"的持续创新应用，希望更多的企业家朋友能够更好地学习和导入 BLM 体系，建立自己独特的持续创新机制，缔造世界一流企业。

——**徐永华**
IBM 业务咨询部战略与转型咨询资深合伙人

本书不仅是企业管理创新、业务领先的工具书，更是一本承载着企业永续发展的底层哲学逻辑的图书。企业追求价值创造和发展的过程，就是不断运用 BLM 的逻辑来检视自我、自我革命、创新转型的过程，保持领先的企业不断循环着这个过程，一旦这个过程停顿了，也就意味着领先地位的丧失。

BLM 的思想和世界观在实际运用中更重要，这也是企业家应该掌握并加以运用的，它是不断推动企业进步、转型的动力源头，会给企业与时俱进带来思想上的共识，也是推动企业居安思危、走出舒适区的思想武器。当 BLM 的哲学逻辑思想融入企业并成为企业文化的重要组成部分时，企业就会青春永驻。

**——司芙蓉**
中国通信服务股份有限公司（股票代码：港股 00552）
原党委书记、总经理

这并不是一本简单介绍 BLM 的工具书，而是真正充满了战略思维和哲学思考的集大成之作。战略的一致性、效率与创新的二元性，这些本应该成为常识的内容正在企业发展过程中离我们远去，很多企业在盲目追求 BLM 的过程中，丧失了对它的战略性的理解与哲学本质的把握。作为首度将 BLM 方法论引入中国众多知名企业的资深专家，柏翔老师能够帮我们真正理解 BLM 的应有之意。

**——崔晓明**
战略研究专家、复初咨询合伙人、思而睿投资合伙人

搞得明白战略的人，不一定能理解组织与领导力；对组织与领导力有洞察的人，不见得能通透企业战略。而柏翔却是中国少有的能够理论联系实际、打通战略与组织的咨询和管理高手！他通过在众多企业推动 BLM 系统的成功实践，真正参透了企业保持领先、组织持续进化的真谛。《领先的密码》是任何志存高远、谋求战略破局并打造卓越组织的企业家的必读书！

**——陈玮**
北大汇丰商学院管理实践教授、创新创业中心主任

BLM 在哪里，领先便在哪里。作为实践者，我深有体会。我在任职总经理期间，每年都做 BLM 实践，共五年时间。我亲身感受到 BLM 带给我们的巨大变化，它为我们的企业走向领先做出了重要贡献。

总结起来，BLM 主要有三个方面的重要作用，与大家分享。

一是把战略这个看上去有点虚却很重要的设想，从理念转化为关键行动计划，并且使其在中高层管理团队中形成高度共识。有了抓关键和长期抓的制度性安排，我们企业的核心竞争力稳健、持续提升，业绩持续领先便是自然而然的事。

二是能提升中高层管理团队的系统性能力，这也是执行力的保障，对各经营单位的领导团队尤为重要。我能感受到他们的变化：将零碎的知识，经过 BLM 中 11 个关键要素的系统性训练，转化为系统性能力，最终能全面系统理解公司的战略部署，统筹好经营与管理各方面的工作，形成系统的执行方案，力出一孔，利出一孔，最终实现业绩的跨越。

三是提升了中高层管理团队专业化的能力，让他们能从经验主义中走出来，从事物的第一性原理出发，对方案形成专业化设计、科学化组织和工具化支撑，最终取得更高效率。他们亦从成功的转变中，感受到了工作的快乐。

这本书是柏翔先生及团队经过无数实践后的精华总结，有很高的实战价值，本人大力推荐。建议阅读的时候，尽可能系统性学习，不要仅仅在点位上着力，并且希望在实践中运用，知行合一才是正道。

——**叶利生**
中国电信股份有限公司（股票代码：A 股 601728）
陕西分公司原总经理

作为伴随京东创业至今的一员，深感一路走来不易。二十年创业，就是一个不断向上攀登与挑战一座座高山的历程，没有尽头，一切都是进行时。正如本书的核心主旨一般，企业的生命力恰恰来自生生不息的转型与创新。2020 年与佛洁老师结缘，在战略共识、业务创新等领域进行了一系列的深入合作，很高兴看到佛洁老师《领先的密码》新书出版，这本书在总结战略理论的同时，更揭示了一家企业持续生存与发展的本质。京东所有的商业成就都根植于对用户价值和社会价值的持续坚守与实现，没有价值创造的基本逻辑，一家企业很难在激烈的竞争中持续胜出和跨越周期。期待更多的企业能够从这本书中获益！

——**姚彦中**
京东集团（股票代码：港股 09618）
高级副总裁

百度在自动驾驶领域的研发始于 2013 年，2018 年明确了"攀登珠峰、沿途下蛋"战略，希望将积累多年的自动驾驶和人工智能技术优势，转化为产品和商业上的领导地位。如何系统性提升组织的战略能力，在快速变化的行业中持续创新，便是百度智能驾驶事业群管理团队和我在战略落地中持续思考的问题。从 2019 年初识柏翔老师到 2020年合作试点，再到 2021 年在内部全面推广，BLM 方法论逐步沉淀为我们个性化的战略手册、规划模板，并配套了战略规划评审流程落地。经过三年实践，在内部讨论战略时，语言体系和方法框架上都会深深烙上 BLM 的印记，战略共创的效率和深度明显加强。BLM 成为推动百度智能驾驶事业群从一个技术组织进化为商业组织的有力工具。这本书结合了丰富的实践经验，对 BLM 方法的系统介绍和阐述，融合了大量中外案例，深入浅出，我从中获得了很多阅读的乐趣，相信也会为更多企业管理者和战略从业者带来启发。

——**尚国斌**
百度公司（股票代码：港股 09888）
副总裁

2016 年金发科技邀请柏翔老师的顾问团队引入发端于 IBM、成功于华为的业务领先模型（BLM），通过找差距、定战略、执行好的"三把钥匙",加上领导力和价值观的"钥匙环",定出了公司及各业务单元在 2025 年实现千亿元营收目标的战略。在此基础上,公司于 2018 年将 BLM 落地为"五看五定"关键岗位目标 KPT(Key Position Target)～ Mo 责任制<sup>⊖</sup>,通过看客户需求、竞争格局、供应保障、行业替代和自身优劣,定出目标方向、路径策略、职能任务、时点风险和人才资源,这种方式极大地激励了奋斗者,让战略落实到了人和行动中,实现了可持续、高质量发展。柏翔老师的这本书对 BLM 的理论和实践进行了系统阐述,我相信能为有志于实现业务领先并持续保持领先的企业和企业领袖带去有用有益的思想、方法和工具。

——**李建军**

金发科技有限公司(股票代码:A 股 600143)

副董事长兼首席战略官

很高兴看到我的两位老同事柏翔和佛洁在二十多年的企业管理咨询实践后,把自己对于 BLM 的深入思考与应用沉淀结集成册,让更多的企业和管理者受益。作为 11 年的 ex-IBMer,现在又成为一名服务于优秀民企的职场人,我深感追求和保持"领先"是这些优秀企业和企业家的重要品格之一。但"领先"需要愿景的牵引(领先的意愿)、永不满足的自驱力(领先的驱动),还需要系统性的运筹帷幄和持续的探索(领先的规律),而 BLM 就提供了这样一套由 11 个关键要素耦合形成的、帮助企业持续"领先"的系统理论和方法,被柏翔老师总结为"三把钥匙和一个钥匙环",值得期待!

——**李岚**

新奥集团(新奥能源股票代码:港股 02688)

首席能力官、新奥智学校长

---

⊖　KPT(Key Position Target)～ Mo 责任制,金发科技自身绩效管理体系名称。

2022 年 3 月到 5 月，柏翔老师在上海陪伴我们，以战略共创工作坊的方式，学习和运用 BLM 的思想和方法，系统梳理了公司从战略到执行的体系，开启了喜马拉雅管理团队具有里程碑意义的认知迭代，令我们受益匪浅。活学活用 BLM，可以培养一批具备总经理思维的优秀管理干部，帮助企业在复杂多变的竞争环境中持续领先。

——**陈小雨、余建军**

喜马拉雅联合创始人

　　近几年，我们受到越来越多企业的邀请，它们希望导入 BLM（Business Leadership Model，即业务领先模型）进行战略规划，并希望以此为契机构建自己的战略管理体系。我想其中很大一部分原因是相当多的企业都在学习华为，而华为的许多中高层也告诉了大家 BLM 对华为所产生的影响。

　　回想十几年前，时任华为董事长的孙亚芳女士找到 IBM，希望帮助华为建立领导力发展体系。当时我所负责的 IBM 人力资本管理咨询团队承接了这个项目，我和项目负责人陈海燕女士（后担任华为大学执行校长）在策划方案的时候，主张体系建设必须坚持应用导向和结果导向，因此将项目的切入点定在了华为国家总经理的角色转型上。我们深知，总经理的责任并非仅仅是完成销售订单，而能够帮助推动这种转型的工具方法就是 BLM。

　　当时的华为正处在快速拓展国际市场的阶段，遍地都是冲锋陷阵的销售战将，而"国家代表"（即后来的"国家总经理"）实际上承担的就是大销售的角色，和华为"在当地制定长期发展规划，有效整合内外部资源，成为被当地认可的企业公民"的战略定位其实差距不小，这成为华为当时全球化发展过程中的矛盾焦点。

回过头来看，这个项目的最大成果就是为华为系统性地导入了 BLM，从起初的总经理核心培养项目发展为战略滚动规划和年度战略解码这样的华为内部核心管理逻辑，且一坚持就是十年，并由此沉淀为华为战略管理的组织能力，而不仅是少数领导掌握的技能和方法。

在过去的十多年里，找我们导入 BLM 的企业有上百家，这些企业背后有着非常相似的出发点。有了对这些根本出发点的清晰认识，才能在根本上受益。

## "领先"是中国企业由富到强的新动力

在把 BLM 导入这些企业的过程中，我发现真正打动企业家的是"领先"这两个字，而华为则是当代中国领先企业的一个缩影。

中国企业的发展和中国经济的发展是一脉相承的，和经济社会发展一样，现在我国的企业发展正在经历由富到强的阶段。如果关注《财富》500 强的榜单就会发现，从 2019 年开始，我国上榜企业（含港澳台地区的企业）的数量就已经超过了美国。但如果细看还会发现，我国的上榜企业中，民营企业的数量仅占 1/4，平均营收是美国上榜企业平均水平的四成左右，而平均利润仅是美国上榜企业的 1/5 左右。要说到强，不论在科技研发水平、商业模式创新，还是在最后反映为高价值的产品和服务上，中国企业和美国领先企业相比还相差甚远。在中美企业的领先之战中，华为只是给中国企业打了一场前哨战，关于领先的追赶和较量会伴随未来的三十年。

在未来相当长的一段时间里，最让中国企业家焦虑的是，现在不可能再靠发家致富的原始动力来助推企业的进一步发展，新时代中国企业的使命已经转化为让企业的实力与品牌能在世界上领先，使中国企业的地位能够与中国经济的整体地位相一致——这是中国企业发展的新动力和新愿景。

"领先"的反义词不是落后而是平庸，平庸就意味着满足于现状，缺少向更高目标奋斗的动力，而中国企业当下面对的最大敌人就是甘于平庸、小富即安。今天，富有雄心壮志的中国企业一定会用"领先"来激励自己，这也是它们对 BLM 格外青睐的根本原因。因此，中国企业导入 BLM 是有着强烈的时代背景的，是这个历史阶段的必然选择。

## 通往领先道路的"三把钥匙和一个钥匙环"

经常有朋友问我："BLM 是战略理论吗？"我的回答通常是："既是也不是。"说 BLM 是理论，是因为它的确试图回答企业生存与发展的终极难题：

**企业如何在不断变化的环境中创新和发展，并由此获得"永生"的能力？**

这几乎是所有管理学大师和卓越企业领导人终其一生希望破解的难题，而在企业管理的各个专业领域中，这个涉及全局和长远的命题的确属于"战略"领域。

回答说 BLM 并非战略理论，原因是它并没有任何"理论"偏好，既不属于"定位"学派，也不属于"学习"学派，无论企业家和管理者"信奉"哪种战略理论，甚至根据实际情况从一种理论"切换"到另外一种理论，只要有利于完成企业持续创新和发展的使命就行。

因此，我更愿意将 BLM 定义为有关企业创新发展的理念和思想方法，这个思想方法是专属于"领先者"的，并经由那些持续探索企业领先规律的"总经理"不断实践而丰富它的内涵，也由此为更多的企业所认识和应用。

如果一定要给这个领先规律加上一个注解，那就是"系统性"——任何领先企业，无论归属于什么行业，无论是东方的还是西方的，无论在哪个时代，都源自"系统性"的领先，这个系统包括商业基础、产品服务、运营管理、组织能力，以及经历无数次成败考验而沉淀出来的企业文化，并体现出整个系统内在的一致性；同时，这个系统又要随着时代与环境的变化，不断迭代甚至重建。这是无数领先者与"曾经的领先者"用实践检验出来的真理，足以让我们当作规律来敬畏，唯有这样，企业才能永葆生机和活力。

BLM作为思想方法的魅力在于它反映了企业创新发展并持续领先的规律，我把它归纳成为通往领先道路的"三把钥匙和一个钥匙环"。

第一把钥匙是差距，也是领先的起点，即永远保持危机感和不满足感。第二把钥匙是领先的战略，而战略是否领先，最根本在于是否敢于跳出来看自己，不断洞察市场，永远保持反思和创新，抗拒自己的"习以为常"。第三把钥匙是领先的执行，这部分最大的困难是管理组织的惯性，包括资源分配的惯性和管理机制与企业文化的惯性。将三把钥匙串联起来，需要一个强有力的钥匙环，这就是企业的领导力和价值观，它决定了企业是否具备领先精神，是否具有领先之魂。

## 能落地的方法必须是常识

企业的高层领导在结缘BLM后通常感觉如获至宝，不是因为它的理论有多么高深，最根本是找到了共鸣。凡是有过带领企业从小到大、迈过一道道门槛经历的企业家心里都大致清楚：什么情况下企业可以焕发勃勃生机？什么情况下企业会身处困境？这背后的原因是什么？与此同时，不论是在培训还是在咨询项目中，见到那么多经理人，经过实战应用后对 BLM 都非常有感觉，不仅能将其用到自己负责的业务中去，还能更全局性地理解企业的战略与管理逻辑。这就是常识的力量，常识的力量在于大家都可以从日常工作中体会企业经营管理的基本逻辑，从对话和实践中感受到同频共振的力量。这也是为什么 BLM 被称为总经理实践，因为实践性是 BLM 最显著的应用特征。

把常识变成方法和习惯，是要付出的。

在这个方面我们在企业端做了不同程度的实践，一开始从工具模板变成课程，从课程演变到工作坊，再进一步开发成企业战略规划和解码的一套流程、工具和方法，并通过战略管理体系的打造实现机制化运作。没有这些努力，即便是常识也无法发挥实际作用，唯有内化成管理团队共同的方法和习惯，才能将常识转化为不可或缺的战略管理能力。

下决心写这本书，是希望对 BLM 的企业实践做个系统总结，更重要的原因是在这个大变革时代，致力于领先的中国企业正经历着环境剧变和自身成长的双重挑战，因此也比以往任何时期都更需要创新发展的智慧并付诸实践。

本书的理念篇希望诠释 BLM 的核心理念以及运用 BLM 对企业的现实意义；方法篇力求将 BLM 作为企业经营管理的系统性思想方法，尤其是将其在企业战略规划中的应用进行全面和准确的解读；体系篇的重点则在于如何通过有效的战略管理流程，不断增强"战略落地"这个关乎组织成败的能力；而实践篇则归纳总结了我们帮助不同发展阶段企业导入和运用 BLM 的实际场景，以及几种典型的起步方式。这些内容全都源自在客户咨询实践过程中的思考和感悟，在阐述基本理念和观点时则引用了许多经典理论，力求清晰准确地表达。

2017 年，华为迎来了历史性的时刻——在营收规模上首次超过

IBM，利润水平甚至达到 IBM 的两倍；而最近三年华为公司经受住了美国的极限施压，更是赢得了国人的尊重，也给中国企业的领先之战增加了底气。学习老师，并超越老师，华为呈现了一个极其精彩的成长领先的故事。相比之下，IBM 最初总结 BLM 时正处在转型关键期，在 1996 ～ 2012 年创造了辉煌的十几年，就是适应了规律。而在最近这十年，IBM 业绩一直在下滑，非常大的原因是满足过去十几年的辉煌，不愿意冲破自己的"成功模式"，守在原地，丧失了时机，即使发现了机会也把握不住，从教训中再次印证了企业领先的规律。

当下的众多企业在学华为，而十年前相当多的企业在学 IBM，我也经常思考：为什么只有华为能够学到根本，甚至超越"老师"？我的答案是：最根本上取决于企业自身的进化。

华为即使一开始有梦想，也没有想到会取得今天这么大的成功。领先企业的不断进化，根本上是企业愿景、使命、价值观的不断进化，它固然有赖于初创期的基因和创始人的特质，但更需要自身的不断进化。多数人在向领先企业学习的时候，是想获得它的结果，然后就是希望学到方法，但是很少有人反思自己的基因和潜意识，因为这些"软性"部分是最难以觉察、把握和控制的。企业也是被潜意识控制的，所以一个企业能把这些根源看清楚，扬长避短，做到表里如一，才是真正的进化。

当我们都去赞美与感叹华为今天的成功时，也必须认识到，这些内在的东西都是无法学习的，唯有从自己身上寻找。我们坚信企业要真正实现领先，是靠愿景、使命、价值观的不断进化，以及团队的不断成长。从这个意义上说，"领先"是个不断进化的过程，是对自己的不断考验、打磨和升华，唯有如此才能真正走上领先之路。

柏翔

2022 年 2 月于上海

BUSINESS
LEADERSHIP
MODEL

# 目 录

方法篇 ▶ **BLM：企业领先的密码**

体系篇 ▶ 如何运用 BLM 推动战略落地

说 BLM 是一套战略理论体系，是因为它的确试图回答企业生存与发展的终极难题：

**企业如何在不断变化的环境中创新和发展，并由此获得"永生"的能力？**

这几乎是所有管理学大师和卓越企业领导人终其一生希望破解的难题。而 BLM 作为思想方法的魅力在于它反映了企业创新发展并持续领先的规律。

如果一定要给这个领先规律加上一个注解，那就是"系统性"——任何领先企业，无论归属于什么行业，无论是东方的还是西方的，无论在哪个时代，都源自"系统性"的领先。这个系统包括商业基础、产品服务、运营管理、组织能力，以及经历无数次成败考验而沉淀出来的企业文化，并体现出整个系统内在的一致性；同时，这个系统又要随着时代与环境的变化，不断迭代甚至重建。这是无数领先者与"曾经的领先者"用实践检验出来的真理，足以让我们当作规律来敬畏，唯有这样，企业才能永葆生机和活力。

在这个大变革时代，致力于领先的中国企业正经历着环境剧变和自身成长的双重挑战，因此也比以往任何时期都更需要创新发展的智慧并付诸实践。

大变革时代的领先之道

理 —— 念 —— 篇

# B L M

BUSINESS

LEADERSHIP

MODEL

# 中国企业的领先之路与成长之痛

改革开放四十多年，给中国企业尤其是民营企业创造了巨大的发展机遇，也由此诞生了一批伴随时代发展的灯塔型企业，它们不仅在中国的舞台上绽放，也屹立于世界舞台，与国际顶尖高手同台竞技。

在未来相当长的一段时间里，让中国企业家真正焦虑的是无法再靠"发家致富"的原动力来助推企业，新时代中国企业的使命已经转化为让企业实力与品牌能在世界范围内领先，使中国企业的地位与中国经济的整体地位相一致；同时也必须看到，随着数智时代的加速到来，影响企业发展的基本条件发生了巨大改变，如何通过技术和商业模式的持续创新实现赶超，是当代中国企业实现领先的新机遇和新挑战。

## 1.1　新的时代主题与历史机遇

十几年前的《财富》500 强榜单里，美国企业独占鳌头，中国企业数量非常有限。

2019 年，对于中国企业界来说是一个历史性的时刻，《财富》500 强上榜企业中，中国企业（含港澳台）达到 129 家，历史上第一次超过美国（121 家）——这着实令我们振奋（见图 1-1）。

图 1-1 《财富》500 强的中美对比

资料来源：根据《财富》历年榜单整理。

但是如果看发展质量的话，到目前为止，《财富》500 强之中的中国民营企业的数量并不算多，2020 年中国内地上榜企业 121 家中，仅有 28家为民营企业。如果比较盈利水平，2020 年中国上榜企业的平均利润率约为 4.57%，而美国企业平均利润率约为 8.87%⊖，中国企业平均利润率为美国的 50% 左右。盈利能力差距的背后，折射出中国企业在系统化地打造核心竞争力上的不足。

---

⊖ 赛迪工业和信息化研究院. 中美 500 强企业对比研究白皮书［R/OL］.（2021-01-08）［2022-05-05］. https://www.ccidgroup.com/info/1044/32387.htm.

中国企业的发展和中国经济的发展是一脉相承的，都在经历由富到强的阶段，也都在面临动力模式转换的挑战。如果说过去的 40 年，中国企业依靠"发家致富"的原动力完成了原始积累，未来 30 年，中国企业的使命则是"领先"。新时代，也给致力于领先的中国企业创造了前所未有的历史性机遇。

回顾中国改革开放四十多年，任何一次时代变迁均离不开经济发展基础要素的开发与流动，无论是人才要素的开发使得以华为为代表的企业走上产业技术追赶的快车道，还是土地要素催生和带动中国房地产行业的繁荣，都不难发现基础要素对于产业与行业发展所产生的本质和决定性的影响（见图 1-2）。

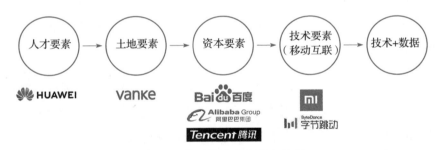

图 1-2　基础要素的开发与流动

2020 年新基建计划的发布正式拉开了数智时代的帷幕。2020 年 4 月，《中共中央　国务院关于构建更加完善的要素市场化配置体制机制的意见》<sup>⊖</sup>中提出加快培育数据要素市场的意见，令数据要素在经济发展中上升到了前所未有的地位，"数据要素"的开发和确立可以说成为最具时

---

⊖　中华人民共和国中央人民政府. 中共中央　国务院关于构建更加完善的要素市场化配置体制机制的意见［R/OL］.（2020-03-30）［2020-04-09］. http://www.gov.cn/zhengce/2020-04/09/content_5500622.htm.

代意义的标志。

中国的大多数企业开始意识到，过往的发展来自"传统要素资源"的集聚，而非"创新成长"的能力。回看中国企业发展的主旋律，在高质量发展和供给侧改革之前，企业发展红利皆来自对要素资源的获取，如市场准入资源、资本资源、劳动力资源等。

中国企业要想领先，必须从过往的"资源依赖型"发展模式切换为"创新成长型"发展模式。"创新成长"意味着不论市场总量如何变化，总有企业在其中扮演独特角色并且形成高价值的引领态势，这种引领态势不由企业要素资源的多少决定，而是来自战略设计以及持之以恒的聚焦，这种优势跟行业及经济总量的增速无关。这也是为什么很多优秀的企业家说GDP 增长率其实跟企业没什么关系，因为单一企业在宏观经济中的影响和占比太小了，企业的好与坏、强与弱只与企业自身相关。

对致力于领先的中国企业而言，一方面需要遵循企业发展的客观规律，虚心学习领先实践，扎实修炼自己的内功；另一方面，则需要和全球领先企业共同面对新的时代机遇和挑战，以更为机敏的身段赢得未来。

## 1.2　保持敬畏，遵循规律

企业从来就是一个价值创造的复杂系统。要构建起一个性能卓越的系统本身就极富挑战性，而时下所面临的环境的多变性已大大超越了以往任何一个时代，总会遇到"高速行驶中更换发动机"的局面，一方面需加速前进，另一方面还需及时优化与调整汽车性能，甚至是给汽车切换动力系统。如果说企业领导艺术的一面是开疆拓土、打破边界，那么另一面，就是在组织中推动转型、打造新能力。

因此，企业系统的打造是个没有止境的过程，这就需要从第一性原理出发，掌握客观规律，以科学的态度依照规律行事。

企业成长的规律始终未变，第一轮生长并不困难，困难的是企业能够始终吐故纳新、生生不息。

《增长炼金术》中的一段话道出了其中的奥妙：

Business
Leadership
Model

> "我们对于增长和衰落的思想往往受植物的单一生命景象所左右：种子发芽，鲜花盛开，然后凋谢死亡，'花开一时红，花谢永无踪'。然而就一个永远在更新之中的社会而言，其特有的景象是整个一座花园、一所布局合理的水族馆或者一个别的生态系统。一些事物正在生长，另一些正在盛年，还有一些则在衰亡——而整个生态系统永生。"⊖

如果将企业比喻成一个个鲜活的生命体的话，企业成长根本上解决的是建设长期可持续发展生命系统的问题。这意味着，企业的创新发展是企业作为一个复杂生命系统持续成长和进化的过程，企业的领先也必然源自系统性的领先。

企业从小到大，由弱到强，可以划分为三次关键的成长转型（见图 1-3）。

---

⊖ 巴格海，科利，怀特. 增长炼金术：企业启动和持续增长之秘诀 [M]. 奚博铨，许润民，译. 北京：经济科学出版社，1999：3.

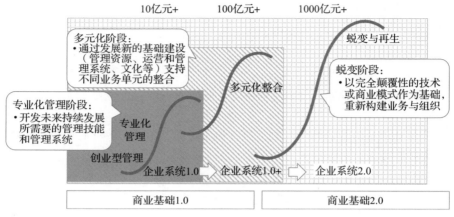

图 1-3 企业成长的三次转型

## 1.2.1 第一次成长转型："从机会到业务"的企业系统 1.0 构建

第一次成长转型，即"从机会到业务"的企业系统 1.0 构建，这是企业从创业期迈向专业化成长的必经之路。

通常来说，这一阶段的企业会经历单体业务的"萌芽"到"繁荣"，企业规模会集中于十亿元到百亿元之间（不同行业有较大差异，例如管理咨询、律师等知识密集型行业，一亿元以上的规模即进入第一次成长转型期）。

这个阶段，企业最根本的变化是从一个做业务的团队转变为有主体性的企业系统，就好像这个企业开始有生命了，它自己开始有意识地体系化发展。也正是在这个阶段，企业需要完成第一次成长转型，即开始正式构建一个完整的企业系统。由于这是一次系统从 0 到 1 的过程，通常称之为企业系统 1.0 阶段。

企业系统 1.0 阶段的建设通常包括：

▶ **商业基础建立**：任何企业均因独特的"商业基础"而存在，即企业所属什么行业、创造什么独特价值。企业系统 1.0 正是构建在这个商业基础之上，并且能够支撑商业基础潜力的开发。

▶ **组织体系建立**：伴随单体业务的高速成长，企业需要第一次系统性地构建组织体系。其中，既包括企业的运营体系（市场、产品、供应链、生产等业务价值链活动与内部流程），也包括企业的管理体系（组织、人才、文化等）。"组织建设跟不上业务的高速发展"其实就是这个阶段很多企业的"典型现象"。90% 以上的企业会在这个阶段夭折，无法成为真正意义上的"企业"。

因此，这个阶段的转变，标志着企业的第一次成长转型，即完成从"创业型管理"到"专业化管理"的转变，也正是这个阶段，需要创始人完成从"创业者"到"企业家"的蜕变。专业化管理与创业型管理的区别如表 1-1 所示。

表 1-1　专业化管理与创业型管理的区别

| 对比维度 | 专业化管理 | 创业型管理 |
|---|---|---|
| 利润 | 利润导向：利润作为明确目标 | 利润作为副产品 |
| 规划 | 正规、系统规划：<br>● 战略规划<br>● 运营规划<br>● 应急规划 | 不正规、临时规划 |
| 组织 | 正规、明确的职责描述，完备且排他 | 结构不正规，有重叠或未定义的职责 |
| 控制 / 业绩管理 | 正规、有计划的组织控制系统，包括明确的目的、目标、衡量指标、评价和奖励 | 非整体的、临时的，很少正规测量 |
| 管理层发展 | 规划好的管理层发展：<br>● 需求识别<br>● 程序设计 | 临时发展，主要通过在岗培训 |

（续）

| 对比维度 | 专业化管理 | 创业型管理 |
|---|---|---|
| 做预算 | 按标准和变化来管理 | 预算不明确，没有跟进变化 |
| 创新 | 重视增量创新，愿意冒经过计算的风险 | 重视重大创新，愿意冒重大风险 |
| 领导力 | 协商或参与风格 | 从直接管理到自由放任，风格多样 |
| 文化 | 明确定义的文化 | 定义宽泛，"家庭式"文化 |

资料来源：弗拉姆豪茨，兰德尔. 成长之痛：建立可持续成功组织的路径图与工具［M］. 葛斐，译. 北京：中信出版集团股份有限公司，2017：85.

企业系统 1.0 的建设并非一蹴而就，这个阶段对很多领先企业来说是一个漫长的阶段，例如沃尔玛完成企业系统 1.0 的建设，花费了整整 35 年的时间（1945 年创业到 1980 年成为区域领头羊）。也正是这 35 年的组织积累，让沃尔玛在 20 世纪 80 年代美国经济萧条期间厚积薄发，以远超行业的增速一跃成为"行业霸主"。将单体业务的价值与成长发挥到极致，通常是领先企业的明智选择。

我们也能从华为身上找到企业系统 1.0 的影子，例如"华为基本法"是华为经历了十年的创业期后，为实现专业化和全球化发展而进行的一次系统化的企业设计，也是指导华为在第二个十年在全球市场与国际领先企业竞争的经营管理指南，并成为承载华为从百亿元级企业向千亿元级企业迈进的思想基础，可谓企业系统设计的经典之作。

## 1.2.2 第二次成长转型："从单一业务到多元业务"的企业系统 1.0+ 升级

随着"原创"业务不断走向成功，其发展速度也相应放缓，企业自然会追求更广阔的发展空间，最为自然的延展方式即借助原创业务构建起的资源优势与成功模式，实现新市场或新业务的突破。

第二次成长转型，即"从单一业务到多元业务"的企业系统 1.0+ 升级，走向了企业发展的高级形态。通常来说，这一阶段的企业会从单体业务成功走向多元业务繁荣期，企业规模通常会集中在百亿元到千亿元之间（不同行业有较大差异，例如管理咨询、律师等知识密集型行业，十亿元以上的规模即进入第二次成长转型期）。

这个阶段企业的明显变化在于以事业部的组织模式来激发多元化业务的活力，确保新业务能够不受约束地发展。而随着多元业务的蓬勃发展，企业会面临新一轮的"成长烦恼"，即资源的重复建设、难以形成协同效应、多元文化的统一等。正是在这样的复杂业务形态中，企业需要寻求很强的内在一致性。这个一致性不体现在业务本身的特征，而体现在更深层次的核心竞争力。

这个阶段对企业来说最大的考验是如何通过系统驱动多元化的业务成长，因此企业系统 1.0+ 升级，根本上需要解决多元化业务健康成长、组织竞争力与基础设施支撑的问题。

企业系统 1.0+ 升级通常包括：

▶ **多元化：** 企业需完成两个转变：①从单一产品、服务或市场向多种产品、服务或市场转变；②从单一业务向多元业务转变。因此企业的关键发展领域在于为现有市场提供新产品，为现有产品开发新市场，或两方面都做。

▶ **整合：** 将创建或收购的新业务整合到现有组织中，同时保持组织的创业精神。因此企业的关键发展领域在于构建多元业务兼容的组织体系，尤其是与自身业务设计相一致的运营管理体系、更为强大和包容的企业文化，以及创业家型的事业部领导群体，以支持不同业务单元在共同的企业平台上实现整合式发展。

处在这个发展阶段的领先企业，大多会完成流程型组织的转型，以此来实现面向客户价值创造的端到端能力整合。这也是为什么华为从 1999 年起的十年间，先后从 IBM 引进 IPD（Integrated Product Development，集成产品开发）、ISC（Integrated Supply Chain，集成供应链）、IFS（Integrated Financial System，集成财经服务）与 ILD（Integrated Leadership Development，整合领导力发展）。集成与整合是这个阶段企业成长的核心命题，也是打造企业可复制、可扩容的核心竞争力的关键。

### 1.2.3 第三次成长转型："破解成功悖论"的企业系统 2.0 重塑

第三次成长转型，即"破解成功悖论"的企业系统 2.0 重塑，是一次商业基础和组织体系的再造。通常来说，这一阶段的企业为几百亿元甚至千亿元以上的大型或超大型组织。

几乎所有的大型组织擅长的都是连续性创新，也就是基于现有的商业基础不断优化企业的运营与管理系统，而在面临非连续性创新和跨越的时候，通常会被过往的成功所牵绊。例如柯达、诺基亚等，都是在过往时代获得了巨大的成功，但却被新时代抛弃的企业。因此，企业要想真正实现基业长青，根本在于刷新自我，从传承中进行变异，以挑战永续经营这个企业发展的终极难题。

在企业系统 1.0 与 1.0+ 的成长阶段，商业基础并没有发生根本性变化，即使是多元化业务，本质上也是在复制企业过往的成功，只是需要管理更为复杂的业务系统而已。而 2.0 阶段往往都不能"自然进入"，企业会面临巨大的"非连续跨越"，是一次"打破与重建"的过程。

企业系统 2.0 重塑通常包括：

▶ **商业基础重塑**：企业需要完成一次商业基础的重塑，也就是需要重新审视和回答企业所属什么行业、创造什么独特价值。这通常需要企业有不断否定自我的勇气，以及以进化视角看待过往的积累和未来的终局，从而形成对企业的长期主义价值与产业定位的重新设计。

▶ **组织体系重塑**：伴随着企业的重新定位与业务重塑，组织也会面临重塑的任务。企业需要构建全新的业务价值链活动，并完成组织与文化的重塑。企业在这个阶段需要与过往的成功惯性相抗争，发起一系列组织变革，除了业务流程再造和组织结构的变化，实现文化对组织的影响，激发自下而上的人才与创新涌现。

因此，企业系统 2.0 阶段，企业的整体挑战在于"自我刷新"，成功的关键是重新定义和重新发展企业的能力，即改变企业的一切运作方式，从商业基础、业务组合、运营体系、管理体系、企业文化等各领域发力，以实现真正意义的"重生"。

常年雄踞《财富》500 强首位的沃尔玛，其近 80 年（1945 ~ 2022年）的企业历史，堪称系统性成长与领先的典范（见图 1-4）。

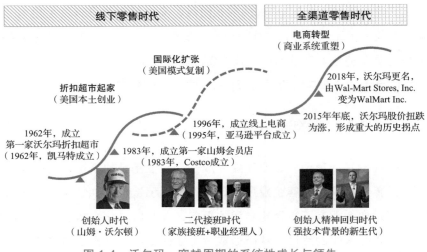

图 1-4 沃尔玛：穿越周期的系统性成长与领先

2022 年 8 月 3 日，2022 年度《财富》500 强排行榜揭晓，沃尔玛以 5728 亿美元再次登顶，自 2002 年第一次登顶 500 强以来，这已是沃尔玛的第 17 个"冠军勋章"（除榜首外，其余名次为：2006 年第二名、2009 年第三名、2012 年第三名、2013 年第二名）。

沃尔玛是全球最大的零售体，旗下业务涵盖大卖场、山姆会员店和电商平台等，全球员工总数 230 万名（全球员工数量最多的企业），在 20 个国家和电子商务网站的 46 个品牌旗下经营约 10 500 家分店。<sup>⊖</sup>

沃尔玛也是全球最大的企业，2021 财年，沃尔玛全球营收达到 5592 亿美元，这个体量意味着什么呢？2021 年美国 GDP 为 23 万亿美元，沃尔玛一年体量占据美国 GDP 的 2.4%，这个数字也超过了

---

⊖ 沃尔玛中国. 关于我们 [EB/OL]. [2023-01-01]. https://www.walmart.cn/aboutus-1/.

80% 国家的 GDP。

无疑，沃尔玛已然是一个"超级经济体"，但它的影响力却远不止"大"这么简单。在美国，沃尔玛无处不在，曾经，沃尔玛所到之处，地区物价可以降 5% ~ 10%。

沃尔玛不仅是一个销货渠道，其始终未变的"客户代理人"价值定位使得它不断号令和集结生态为消费者省钱。《沃尔玛效应》一书中形象地形容："沃尔玛已经创建了商业史上最精密、最先进的生态系统，说它是生态系统不仅仅是一个比喻，它是一个真实的存在，一个由沃尔玛制定一切规则的生存圈。你和沃尔玛做的生意越多，你就越深入地陷入沃尔玛生态系统里无法自拔，你对自己的企业也就越来越失去控制。"⊖

这就是那个 1962 年由山姆·沃尔顿于美国阿肯色州本顿维尔创立，从一个名不见经传的"5 分 1 角杂货店"，成长为具备全球影响力，以一己之力改变了美国零售业的沃尔玛。

沃尔玛在长达近 80 年（山姆·沃尔顿真正的创业始于 1945 年，1962 年成立第一家沃尔玛折扣超市）的发展中有两个特色：

一个特色是稳健增长，而且是从未亏损的增长，这在很多企业中是极为少见的。沃尔玛发展历史上从未出现过大的危机，并且长年保持 2% ~ 4% 的薄利运营。

另外一个特色是打破了"富不过三代"的魔咒。沃尔玛的发展经历了三代领导班子（2014 ~ 2015 年完成第三代交接），且采用的是"家族接班＋职业经理人"共治模式。

----

⊖　费什曼. 沃尔玛效应 [M]. 张桦，译. 北京：中信出版社，2007：235.

外界对沃尔玛的关注更多在于其构建的强大零售系统、生态与竞争力，但它真正值得被学习的，是其穿越周期的系统性成长、进化与领先。

让我们一起走进沃尔玛的成长之旅，体悟其跨越周期的领先之道。

### 企业系统 1.0 时期：1945 ～ 1990 年，从小镇创业到美国霸主

1945 年，山姆·沃尔顿于本顿维尔小镇开设了廉价杂货商店，1962 年创办了第一家沃尔玛。此后，沃尔玛在 20 世纪 80 年代成为区域领导者，90 年代成为美国零售业霸主。这也是创始人山姆·沃尔顿亲自带领沃尔玛走向第一个辉煌的时期。

45 年登顶"全国冠军"，于当下的诸多中国头部企业而言，显得"慢"了很多。难能可贵的是，山姆·沃尔顿像一个组织建造师，始终致力于企业系统的构建，而非只是做好业务本身。

首先是其坚如磐石的"小镇折扣"商业基础。

早期山姆·沃尔顿的创业就是在小镇开设廉价杂货商店，经常跳过中间商寻找低价和非常规的货源，由于商品齐全并且价格合理，受到了小镇居民的欢迎，挖到了第一桶金。而也就是在创业初期，形成了沃尔玛始终坚持的经营之道，就是"薄利多销"，用更低的价格换取更大的规模，从而获得更高的利润。

沃尔玛真正的商业雏形始于 20 世纪 60 年代，彼时，美国的零售业正迎来折扣卖场的蓬勃发展，它和普通零售业态最大的不同是比原有的杂货店面积要大 10 倍甚至 20 倍，即超大型面积、更廉价的商品，并且是一站式购物。山姆·沃尔顿嗅到了机会，认定这就是零售业的未来，开始在小镇尝试折扣卖场。

　　小镇折扣店市场对当时的零售业来说，是典型的巨头看不上的领域，就相当于在贫瘠的土地上种庄稼，因为城市才有更快更好的机会，正因如此，市场给沃尔玛留足了发展空间。山姆·沃尔顿于 1962 年创立了第一家沃尔玛，也第一次打出了"天天低价"的广告语。

　　为什么是"天天低价"呢？山姆·沃尔顿给出的答案很简单，就是帮顾客（小镇居民）省钱，帮顾客省钱并不是让他们购买更劣质的商品，而是能够有机会享受和富人一样的商品和服务，也就是同样的品质，更低的价格，而这后来也成为沃尔玛的使命（Save money，Better life）。"天天低价"对沃尔玛来说，并非只是一句促销口号，而是对消费者的价值承诺。当顾客想到沃尔玛时，他们能够非常确定，自己再不可能在别的任何地方找到更低的价格了，而且，要是他们不喜欢自己买的东西，还可以拿回来退换。

　　其次，在这个发展阶段，沃尔玛除了"天天低价"的战略成功之外，更为可贵的是构建起了专业化的组织体系。

　　山姆·沃尔顿在其自传《富甲美国》中谈道："到 20 世纪 60 年代末，我们的势头非常好，发展速度惊人。我们有自己信奉的零售理念，以专业的管理队伍为核心，以能支持公司发展的组织体系为基础。"⊖

　　有趣的是，沃尔玛花了漫长的 35 年才让自己成为区域的领导者，之所以慢，是因为在此期间，沃尔玛完成了店面的职业化管理（单品 / 单店运营、店长专业团队构建及合伙制等）、运营体系的专业化（物流 / 信息化），并完成了上市（资本）和员工利润共享等一系列组织基础设施的建设（见表 1-2）。

---

⊖　沃尔顿，休伊. 富甲美国：沃尔玛创始人山姆·沃尔顿自传［M］. 杨蓓，译. 南京：江苏凤凰文艺出版社，2015：115.

表 1-2　沃尔玛的企业系统 1.0 建设示例

| 发展阶段 | 小镇创业<br>（1945～1962 年） | 沃尔玛创立<br>（1962～1970 年） | 区域扩张<br>（1970～1990 年） |
| --- | --- | --- | --- |
| 业务策略 | 非常规货源薄利多销 | 疯狂促销（天天低价） | 区域填满策略（配送中心+100 家门店网络） |
| 组织建设 | 单品/单店运营、店长专业团队构建合伙制 | 物流/信息化 | 上市（资本）员工利润共享 |

　　例如，山姆·沃尔顿从创建第二家门店开始，就开始用店长合伙制的方式吸引人才，他非常相信专业化对企业的价值，尤其其继任者大卫·格拉斯，是山姆·沃尔顿花了 12 年的时间诚意邀请的（也正是这位领导人，将沃尔玛的物流系统带到了全新的高度，同时带领企业完成了国际化跨越）。

　　山姆·沃尔顿对组织的另外一个设计是员工合伙制，它不仅仅是我们通常意义上的员工利润共享计划，更是重新定位了员工与沃尔玛的合伙关系，在沃尔玛的顺序中，顾客排第一，员工排第二，在山姆·沃尔顿看来，天时地利，都不如"人和"来得重要。

　　沃尔玛真的很慢吗？

　　这些丰厚的储备，都为沃尔玛在 20 世纪 80 年代美国经济萧条、其他零售巨头均遭遇经营困境之时实现高速增长提供了坚实的发展基础。在美国零售行业平均 2% 的增速下，沃尔玛实现了自身 38% 的逆势增长，远超当时的竞争对手，也一举成为新的全国零售霸主。

　　让我们再来体味下沃尔玛的成长节奏：

▶ 从 1 家店到 250 家店，沃尔玛用了 18 年时间（对手凯马特只用了 5 年时间）。

▶ 而从 250 家店到 2000 家店，沃尔玛仅用了 12 年时间。

▶ 1990 年，沃尔玛以销售额 326 亿美元超越西尔斯成为全美第一大零售公司。

沃尔玛的早年成功很大程度上依赖于自身的组织竞争力建设，因此山姆·沃尔顿也被称为组织的建造师。也正是在他的坚持下，沃尔玛并没有像其他零售企业一样盲目冒进，而是始终遵循"先学会走，再学会跑"的发展逻辑，持续关注经营的经济性（尤其是确保每个门店盈利），以及组织如何有效匹配业务发展。

**企业系统 1.0+ 时期：1990 ～ 2010 年，国际化扩张登顶世界之巅**

通常，创始人去世之后，传奇故事会告一段落。

沃尔玛的创始人山姆·沃尔顿去世之后，当业界都认为零售天才陨落，这家企业无法再创辉煌的时候，低调的继任团队用 10 年的时间把沃尔玛带到了一个全新的高度，并在 2002 年让沃尔玛登顶"世界之巅"。

这个阶段的沃尔玛，开始从单一折扣卖场向多元化迈进。

零售业态多元化：在折扣卖场的基础上，沃尔玛大力发展早在 1983 年由山姆·沃尔顿亲自孵化的会员仓储业态，即山姆会员店。并且将一部分折扣卖场转化为面积更大的超级购物中心，旨在为消费者提供更为便捷的一站式购物体验。在此基础上，沃尔玛还在高档社区周边开发了一系列小型社区店，用以填补中高端用户群体的空白。

国际化扩张：沃尔玛的继任领导团队坚定不移地复制在美国获得成功的商业模型（区域填满与低成本战略），在国家选择上遵循由近及远的规则，先发展北美，再发展南美，最后跳跃进入欧洲和亚洲。虽然业界对其国际化褒贬不一（例如在德国等国家沃尔玛的战略并不成功），但不可否认的是，沃尔玛确实依靠国际化开启了新一轮的增长。

对沃尔玛的核心管理团队而言，多元化扩张过程中需要解决的核心问题是如何高效管理多业态、多区域的大型复杂组织，既要保持统一性，又要维持一线的灵活性。在这个阶段，沃尔玛的核心领导团队不仅扩充了企业的业务版图，也对组织体系进行了一次升级和进化。

首先是构建全球化的信息网络与供应链体系。沃尔玛是零售业中最早大力投入技术的一家企业，用以不断增强其供应链的核心竞争力。为了确保全球商品与物流信息的及时有效，沃尔玛也是第一个购买私人卫星的私营企业，这确保了它能够在极短的时间内回传全球门店网络的经营数据，做到及时响应与决策。随着沃尔玛的出海，对全球供应链的整合也变得异常关键。例如沃尔玛借助中国加入 WTO 的机会，将原本分散在全球各地的供应链逐渐集中到中国等国家，用以降低成本。

在运营体系构建层面，沃尔玛已经超越了企业自身边界，构建起全产业链竞争力与话语权。例如在 20 世纪 90 年代，沃尔玛去除了止汗产品的包装盒，因为在每件止汗产品中，纸盒的成本大约占到 5 美分。沃尔玛像惯常所做的那样，把节省下来的金额分成两份，让生产商和消费者各得两三美分。再如，很多生产商也需要根据沃尔玛的商品标准来改造设备或工艺，用以提升产品品质和生产效率。足见沃尔玛在行业生态中所发挥的影响力和作用。

在组织层面，沃尔玛的核心领导团队深知管理美国和世界各地的无数门店的复杂度，他们认为唯一的办法就是，"不要把公司想得如此复杂，只要把它看成一连串个别的单位就行了，而这个单位就是门店"。沃尔玛的第二任 CEO 大卫·格拉斯认为:"我们的管理方法是一次只管一家门店,即能够让很多商店顺利经营。"因此,为确保组织灵活性,沃尔玛以门店作为最小经营单元,给予员工充分授权。

在文化层面,沃尔玛坚定不移地贯彻山姆·沃尔顿时期的文化理念,并积极推进文化体制化(用机制确保多区域管理下的文化统一性)。例如沃尔玛百货营运部执行副总裁和首席运营官库克林建议:"把传播企业文化的努力集中在五个最重要的方面,这也是山姆·沃尔顿随时挂在嘴边的五大要点:准备充裕存货、正确定价、显示价值、收钱、教导他们。"这是将文化转化为非常具体的行为要求并传递到一线门店的有效手段。

在这个发展阶段,沃尔玛构建起了全球一体化的企业管理体系,同时又确保了文化统一下的一线灵活性,是整合式发展的典范。

### 企业系统 2.0 时期:2010 年至今,电商及全渠道零售转型

随着电商业态的兴起,沃尔玛也如其他传统零售企业一样,遭遇了来自亚马逊等新型互联网平台的巨大冲击。2010 年,沃尔玛正式将电商作为其核心战略,开启了基于电商平台的一系列转型。

纵观沃尔玛的互联网历程会发现,它的转型并非一蹴而就。早在 1996 年沃尔玛就开始试水线上平台(1994 年亚马逊成立),在经历了 15 年的探索与尝试之后,于 2010 年成立全球电子商务总部,首次将电商提升到战略高度,并就此开展了一系列针对电子商务的收并购。随着新业务的逐步明朗化,2014 年,沃尔玛更换并任命了有较强技术背景的新生代领导团队,大刀阔斧地进行电商改革。

在组织层面,沃尔玛并未强行改造现有基因,而是善用收并购的

方式吸纳有成熟运作经验的电商平台，并逐步实现经验互通与组织改造。例如 2016 年沃尔玛最大的一个收购案就是收购了 jet.com，并将其创始人纳入麾下。从最初让 jet.com 独立运营，给予充分授权，到 2020 年并入沃尔玛电商部门，实现对现有电商业务的整合与改造，沃尔玛逐步实现了经验互通与组织改造，这也是大型组织在进行非连续跨越时的有效手段与方式。

在人员方面，沃尔玛开始加大对一线人员的赋能和激励。例如 2015 年，宣布花费 27 亿美元用于提升最低时薪、执行新的员工培训计划以及给予员工更多的工作掌控权，沃尔玛的员工由此获得了更多授权和激励，店面的库存管理变得更加有效；2016 年 12 月，宣布在美国建立 200 家员工培训基地等。

通过持续的转型与组织变革，沃尔玛的电商业务取得了实质性突破，2021 年沃尔玛电商成为全美第二大电商，同时也超过亚马逊，成为美国最大的在线食杂平台。

这个阶段的沃尔玛，最核心的挑战便是"跨越非连续性"，即打破过往以门店经营为核心的成功模式，积极探索线上线下联动的全新零售方式。因此，沃尔玛面临着从商业基础到组织体系的重塑。

首先是商业基础重塑。

沃尔玛在商业基础重塑的过程中，核心的出发点在于重塑用户体验与用户价值，并且打出"Pickup"（便捷路边自提）和"Walmart+"会员等服务，来与亚马逊抗衡。在这次互联网化改革的过程中，沃尔玛并没有完全跟风，而是将自身过往的优势与新业务进行了有效结合，将过往的核心竞争力迁移至新业务形态中，以在竞争中获胜。

2018 年，沃尔玛百货公司（Wal-Mart Stores，Inc.）正式更名为

沃尔玛公司（Walmart Inc.），也由此宣告了沃尔玛对自身的重新定义，沃尔玛并没有丢弃掉安身立命的线下零售业态，而是与电商业务进行有效结合，将自己定位于"全渠道零售商"，旨在为消费者提供线上线下一体化的便捷购物体验。

其次是组织体系重塑。

沃尔玛大刀阔斧地更换了核心管理团队，收缩、关闭了经营不善的区域及门店。近几年可以看到沃尔玛在不断调整不同国家的经营策略，甚至敢于直接关闭例如德国等国家区域的业务，用以优化财务结构，确保改革背后的经营稳定性。

这两方面的重塑都要依托技术和创新来完成。董明伦在 2014 年上任沃尔玛 CEO 之后不久便通过股东大会对外宣布沃尔玛将成为"以客户为中心，以技术为中心"的企业。以往的沃尔玛更倾向于使用成熟技术，而 2014 年后的沃尔玛开始打造自己的技术（沃尔玛在 2014 年后的专利申请量激增），这些技术更多地使用在了如何提升客户体验上。例如 2015 年 10 月，沃尔玛斥资 11 亿美元投入线上零售网站以及购物 app 技术的研发和提升；2016 年 6 月底，沃尔玛支付（Walmart Pay）落地旗下所有店铺，并为网购用户提供两日无低消免费送达服务；2017 年 7 月，开启科技孵化器 Store N°8 项目，专注于零售转型和未来零售发展；2019 年 12 月，与 Nuro 合作开发无人车送货服务，低成本覆盖最后一公里等。

从 1996 年试水在线平台，到 2021 年实现局部领先，沃尔玛花费了 25 年的时间来实现"非连续跨越"（而跨越也仍旧正在进行中）。在跨越的过程中，沃尔玛始终没有丢掉自己安身立命的核心竞争力，即天天低价背后的低成本优势，并在此基础上大胆革新，进化和迭代自身的企业系统。

从沃尔玛身上，我们看到的不是一个拼命追逐"市场红利"，而是敬畏和遵从成长规律的企业，在对手疯狂扩张时，它能够让自己慢下来积攒实力，而在逆境中却敢于大举扩张弯道超车。无论快与慢，沃尔玛都是在环境的适应中，寻求自身独特的节奏与发展道路。

站在"系统"的视角看待企业的成长，就更容易理解为什么有的企业能够不断跨越经济周期，甚至跨越代际。与周期有关，却也无关。

任何企业，均无法逃脱成长的规律。当下的沃尔玛，也正在经历全新的挑战，"大象能否再次起舞"仍需时间的考验与磨砺。

## 1.3 怎样的企业能够长存

如果我们承认企业是个复杂系统，那么这个系统的生命力首先就取决于其强韧程度。

纵观所有中外领先企业，无一不是构建起了一个具有强大一致性的企业系统，而和这些领先企业相比，大多数企业都在成长的道路上"夭折"了。这种"夭折"不同于轰然倒塌，而是缺少了成长的后劲，"停在了"某个地方，而后慢慢萎缩。这种隐性的痛被称为"成长之痛"，也就是指企业组织系统的发展无法跟得上业务的发展，最后不得不停了下来，甚至萎缩下去，"这样的组织就像一个 12 岁的男孩身高却超过 1.8 米，拥有成人的身高，却只有孩子的心智"⊖。

---

⊖ 弗拉姆豪茨，兰德尔. 成长之痛：建立可持续成功组织的路径图与工具 [M]. 葛斐，译. 北京：中信出版集团股份有限公司，2017：88.

　　《成长之痛》一书中将成长之痛定义为"组织基础建设与业务发展（规模）之间的差距"。"组织成长越快，公司管理层思想使其基础设施保持在可以支持成长速度的水平就越难……如果每年以 15% 的速度增长，组织的规模会在将近 5 年的时间里扩大一倍。每年 15% ~ 25% 的增速是快速增长……对于组织来说，当年增速超过 50% 时，应付起来是极其困难的。当增速等于或超过我们描述的'飞速增长'时，组织将面临很大的危险，很可能会因自身的过快增长而倒下。"<sup>⊖</sup>

　　如果拿这个标准来严格审视的话，很多企业面临着"很大的危险"，也就不难理解为何其寿命如此之短，有些企业即便有过骄人业绩也如昙花一现。

　　为避免业务增长带来的问题，企业必须有能够支撑增长的组织基础建设。而组织基础建设并非一蹴而就，需要系统性地构建企业的商业基础、业务组合、运营体系（产品、客户、运营管理等）与管理体系（组织、人才、文化等），这才是确保未来可持续发展的企业地基。

　　要想摆脱组织发展跟不上业务发展的被动局面，就需要用系统观来思考企业发展，华为就是其中的典范。

　　1996 年之前的华为凭借自身的摸索，完成了业务基础流程、ERP、组织、人力资源等一系列基础设施的建设。1996 年之后，华为面临企业通信市场及海外市场的发展机遇，创始人任正非并没有急于扩张业务，他深刻认识到当前组织难以支撑未来的业务发展，因此从 1997 年开始拜IBM 为师，以 IPD（Integrated Product Development，集成产品开发）作

---

　　⊖　弗拉姆豪茨，兰德尔. 成长之痛：建立可持续成功组织的路径图与工具［M］. 葛斐，译. 北京：中信出版集团股份有限公司，2017：144.

为全面改革的第一步，构建起可扩容千亿元级企业发展的组织基础设施。

今天我们再来看华为的成功，不仅是赛道选择的成功，更为宝贵的是其流程和系统驱动下的组织与文化的成功。

拥抱系统化成长的不只有华为，平安也在同时期与麦肯锡深度合作，完成了自身的专业化转型。"在平安历史上，始于 1997 年的与麦肯锡的合作，不仅关系到战略的制定，还关系到组织的变革与文化的塑造。这一合作的背景是，平安即将进入第二个十年，将什么样的平安带入 21 世纪，以实现'最好的机制在平安，最好的人才在平安，最好的管理在平安，最好的服务在平安，最好的效益在平安'，必须在战略上有重大突破。马明哲的方法就是面向未来，寻找行业最佳标杆，倒逼和鞭策自己实现超越。" ⊖

链家也是一个系统化成长的范例，它能够做到在房产中介机构普遍不重视 IT 基础设施的年代，就与 IBM 合作，重新梳理自身的战略，并构建了强大的信息系统，这也是链家孵化贝壳的重要前提和基础。与沃尔玛类似，链家也是在实现了北京区域的密集门店网络之后，才真正开启全国性的快速扩张，先慢再快，恰恰成了领先企业的重要特征。之所以"慢"，就是在等待企业系统的构建，确保组织建设跟得上业务发展。

站在"系统"的角度看待企业的成长，我们就更容易理解为什么有的企业能够不断跨越经济周期，甚至跨越几代领导人。这与人的成长如出一辙，身体机能的健壮来自器官、骨骼、肌肉、血液等的有机构成与耦合，同时需要在不同的年龄阶段有效更新身体机能，从而延缓衰老和持续提升生命质量。

---

⊖　秦朔，陈天翔. 无止之境：中国平安成长之路［M］. 北京：中信出版集团股份有限公司，2020：79.

因此，寄希望以"一招鲜"来解决企业的复杂性与结构性问题，根本上是行不通的。

同样地，如果我们承认企业是个复杂系统，那么这个系统的终极生命力还取决于其进化能力。其根本原因在于，任何一个企业系统的建立，无论多么富有远见，都难逃"历史的"局限，即都是建立在"过去的"假设之上。如果我们认同环境变化的非连续性，总有一天这个假设将不再成立，而这个时候越是强大的系统越难以抵御地基崩塌后的倾覆，旧时代恐龙的故事也就不断上演，这恰恰是领先者才有资格遇到的难题。

从这个意义上说，"活下去"，尤其是作为领先者活下去，既是一个哲学命题，也是一个剧变时代的现实问题，无数希望基业长青的企业和致力于研究企业长存规律的学者都孜孜不倦探究其答案。对于这个关乎企业"生死"的答案，一定不仅仅是明白一个道理那么简单，而是需要在丰富的企业实践中探寻，并深深地嵌入每家企业的肌肉记忆之中。

BLM 的诞生，就是希望为寻找这个答案提供一个框架，即在强化企业系统一致性的同时，为企业实现跃迁型进化创造可能。在这个框架下所产出的答案一定来自各行各业领先企业的实践，来自一代又一代卓越领导者的创造。

# BLM：企业领先的理念与实践建模

企业界对 BLM 的学习热情和推崇大多源于华为，华为从 IBM 引入 BLM 并十年磨一剑地坚持，由此沉淀出力出一孔的战略流程体系的故事被传为佳话，也成了众多企业学习的典范。

那么，BLM 究竟从何而来呢？它有何魅力，让华为如获至宝并且内化为自身的管理利器？我们更愿意将 BLM 定义为有关"企业创新发展的理念和思想方法"，这个思想方法是专属于"领先者"的，并经由那些持续探索企业领先规律的"总经理"不断实践而丰富它的内涵，也由此为更多的企业所认识和应用。因此，BLM 的生命力来自实践，也只有想要长期发展的企业才需要 BLM 理论与方法的武装。

## 2.1 追本溯源：破解成功悖论的理论根基

BLM，英文全称 Business Leadership Model，中文翻译为"业务领

先模型"或"业务领导力模型"，当然，民间也有对它的爱称——"波罗蜜模型"。

BLM 共由 11 个要素构成，即差距、战略意图、市场洞察、创新焦点、业务设计、关键任务、正式组织、人才、氛围与文化、领导力、价值观（见图 2-1）。

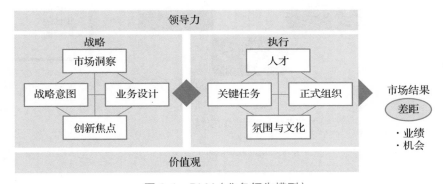

图 2-1　BLM（业务领先模型）

资料来源：国际商业机器公司. IBM Business Leadership Model［Z］. 2006：5.

BLM 的诞生与两本著作密切相关：

一本是《创新跃迁》<sup>⊖</sup>（*Winning through Innovation*），另一本是《发现利润区》<sup>⊜</sup>（*The Profit Zone*）。

《创新跃迁》一书中的"一致性模型"（the Congruence Model）就是 BLM 的基础架构原型（见图 2-2）。

---

⊖　塔什曼，奥赖利三世. 创新跃迁：打造决胜未来的高潜能组织［M］. 苏健，译. 成都：四川人民出版社，2018.

⊜　斯莱沃斯基，莫里森，安德尔曼. 发现利润区：6 版［M］. 吴春雷，译. 北京：中信出版集团股份有限公司，2018.

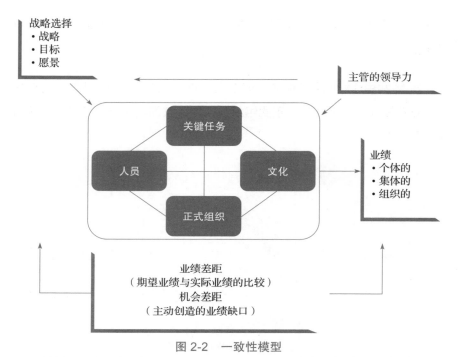

图 2-2　一致性模型

资料来源：塔什曼，奥赖利三世. 创新跃迁：打造决胜未来的高潜能组织［M］. 苏健，译. 成都：四川人民出版社，2018：61.

该理论揭示了一个非常深刻的关于企业长存的规律，即"一致性悖论"，这是作者及研究团队通过研究美国商业史上众多的领先企业得出的结论。

▶ 一方面，任何一个企业之所以成功，是因为它建构了一致性：它所选择的业务符合市场的趋势，同时更为重要的是，企业的流程、组织、人才文化和它所选择的战略一致。这种高度一致性使得企业可以走向卓越。

▶ 另一方面，在行业环境发生剧变的时候，一致性越强的企业，越难抵抗环境剧变。在变局中让自身在惯性轨道上持续向前，最后走向衰败的，竟然恰恰是过去的成功。

正如《创新跃迁》一书中所述：

"组织各大构件绑定得越紧密，企业越容易发展壮大，而企业越壮大，组织对于市场（变化）的反应就会越迟钝。""这种动态保守主义，即组织主动地趋于保持现状，会影响所有成功的公司，无论是年轻的还是老牌的，无论是大型的还是小型的，也无论是存在于 100 年前的还是活跃在今天的。"

如何破解"一致性悖论"呢？

塔什曼教授给出的"解药"是：

▶ 企业要想取得长期成功，组织就得完成两件事：以成本和质量为基础，在成熟市场中竞争；以速度和适应力为基础，在新兴市场中竞争。
▶ 企业要想做到同时应对成熟市场和新兴市场的挑战，需要从诊断造成"差距"的核心问题入手（机会差距、业绩差距），从中找出那些阻碍发展的根本原因，进行动态调整和管理（关键任务、正式组织、人员、文化），确保组织与战略的一致性。
▶ 企业领导人必须做到双手全能，构建二元性组织，既要管理好成熟业务，又要管理好创新流。

《发现利润区》一书中的"企业设计四要素"就是 BLM 中业务设计的原型（见表 2-1），也成为战略制定的落脚点。

表 2-1　企业设计四要素

| 要素 | 关键问题 | 具体问题 |
| --- | --- | --- |
| 1. 客户选择 | 我想服务哪些客户 | 我能提高哪些客户的实际价值，哪些客户将会使我盈利，我想放弃哪些客户 |
| 2. 价值获取 | 我如何盈利 | 我如何从给客户创造的价值中获利，我的盈利模式是怎样的 |

（续）

| 要素 | 关键问题 | 具体问题 |
|---|---|---|
| 3. 产品差异化／战略控制 | 我如何保护利润 | 为什么客户选择从我这里购买；与竞争对手相比，我的价值主张有什么特别之处；哪些战略控制点能够抵消客户或者竞争者的力量 |
| 4. 业务范围 | 我从事哪些业务活动 | 我要销售什么样的产品、服务和解决方案，哪些业务活动或者功能是公司内部可以完成的，哪些需要分包、外购或者与合作伙伴一起提供 |

资料来源：斯莱沃斯基，莫里森，安德尔曼. 发现利润区：6 版［M］. 吴春雷，译. 北京：中信出版集团股份有限公司，2018：14.

该理论从根本上探究了企业"数量增长和价值增长孰轻孰重"的问题，并揭示了企业生存的唯一基础是客户价值，即：

▶ "有利润的增长"（而非一味追求市场占有率）是企业获取长期健康发展的基本法则。"以产品为中心、以制造为导向的传统商业增长模式已经过时。" ⊖

▶ 高度竞争的市场和海量的信息将客户推向了商业领域的核心地位。在这一新环境中，企业只有运用以客户为中心的思想来满足客户需求，并创建与之匹配的企业设计，才能获得成功。

▶ 以客户为中心的企业设计包括四个基本要素：1）客户选择，即"我想服务哪些客户"；2）价值获取，即"我如何盈利"；3）产品差异化／战略控制，即"我如何保护利润"；4）业务范围，即"我从事哪些业务活动"。（BLM 中业务设计在该书理论模型的基础上，发展出业务设计五要素，即客户选择、价值主张、价值获取、活动范围和战略控制。）

⊖ 斯莱沃斯基，莫里森，安德尔曼. 发现利润区：6 版［M］. 吴春雷，译. 北京：中信出版集团股份有限公司，2018：序言.

上述两大研究为 BLM 奠定了坚实的理论根基。但 BLM 从学术研究走向企业实践，则经历了 IBM 两代掌门人 15 年的持续推动与完善。

## 2.2　诞生于 IBM 生死转型期，扬名于华为

时间回到 20 世纪 90 年代，彼时的 IBM 正遭遇历史低谷期，亏损高达 160 亿美元，媒体将其描述为"一只脚已经迈进了坟墓"（见图 2-3 ）。

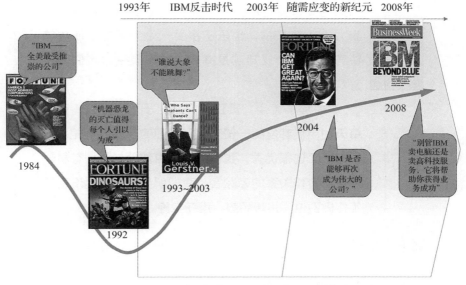

图 2-3　20 世纪 90 年代至 21 世纪初 IBM 转型历程

在生死关头，职业经理人郭士纳（Louis V.Gerstner）临危受命接掌了 IBM。经过调研，郭士纳坚定地认为，IBM 当时的问题并非缺乏远景规划，而在于规划无法被执行和落地。机构臃肿和封闭的企业文化，使得 IBM 开始远离市场、远离客户。

正如他在其著作《谁说大象不能跳舞》中所描述：

Business
Leadership
Model

> "现在 IBM 不需要什么远景规划，因为我已经在上任后的最初 90 天中发现，IBM 的档案中已经充斥着大量的远景规划文稿。在行业的重大技术发展趋势上，我们从来都不乏准确的预测。实际上，大多数业内重大变革都是我们所发明的技术带来的。
>
> "然而，同样明显的是，IBM 僵化了，已经不能根据任何预测来采取行动了，而且，还缺乏解决这一问题的简单易行的方法。拥有足够多优秀和富有洞察力人才的 IBM，也乐于接受一个大胆的、成功的诀窍——这个诀窍越是高级、越是复杂，人们就越喜欢。"
>
> "但那不管用，真正的问题在于：走出去，确保每天的市场都发生一些变化。我们的产品并不差，我们的员工也很优秀，我们的客户也都是与我们有着长期成功合作关系的老顾客，我们所欠缺的就是没有把工作做到位。扭转颓势，重在实施。" ⊖

郭士纳与其核心管理团队在这种危难时刻做出的核心战略决策是：

▶ 保持公司的完整性，确保公司不会分裂。

▶ 再投资主机业务。

▶ 保留核心半导体技术业务。

▶ 保证基本的研发预算。

---

⊖ 郭士纳. 谁说大象不能跳舞 [M]. 张秀琴，音正权，译. 北京：中信出版社，2006：52.

▶ 一切以客户为导向，把 IBM 转变为一家以市场为驱动力的公司，
而不是一家关注内部的、以流程为驱动力的公司。

从郭士纳的视角来看，这些战略决策不过是 IBM 发展远景规划的
早期组成部分，并没有什么新鲜的内容，更为确切地说，这更像是一次
IBM "沃森传统" <sup>⊖</sup>的回归。

随即，郭士纳对 IBM 进行了一系列大刀阔斧的改革，包括植入面向
市场和客户的意识，并改变内部的官僚做派等。改革的结局是圆满的。几
年之后，IBM 扭转了颓势，重新实现了盈利，也赢回了市场对 IBM 这家
企业的信心。

经历了 "起死回生" 之后，郭士纳深刻认识到打通战略与执行的重要
性。1997 年，郭士纳偶然读到了迈克尔·塔什曼教授在《创新跃迁》一
书中的 "一致性模型"，感慨这正是 IBM 长达 80 年企业经营发展中经验
教训的浓缩，这也是企业永远保持转型创新的思想武器，于是将 "一致性
模型" 引入了 IBM。

最初的 "一致性模型" 已经具备了 BLM 的基础架构，只是重心更多
地放在了执行体系四要素及各个要素的一致性上，对战略部分的着墨较
少。所以，当 IBM 战略部门重新审视该模型的时候，认为战略部分需要

---

⊖ IBM 的创始人为托马斯·约翰·沃森，第二任接班人为其子小托马斯·沃森。在
小托马斯·沃森的著作《一个企业的信念》中，将其父亲为 IBM 留下的宝贵遗产
归纳为 IBM 的三个核心信念，即尊重员工；提供世界上品质最高的服务（IBM 即
服务）；在执行所有任务时都坚定地抱有这样的信念，即它们能够被出色地完成。
郭士纳也在其自传《谁说大象不能跳舞》中谈到，他只是让 IBM 回到本来的样子，
把真正的 IBM 还给了 IBM 人。从这个意义上来说，郭士纳的改革并未动摇 IBM 的
价值根基，反而是一种回归。

加强。于是再次借鉴《发现利润区》中以客户为中心的企业设计作为对 BLM 战略部分的丰富。

在既有基础之上，IBM 联合哈佛商学院的研究团队，对 BLM 进行了系统性改造，推出了 BLM 的 1.0 版。

2003 年，彭明盛（Samuel Palmisano）接替郭士纳，成为 IBM 新任掌门人。他认为"价值观"才是 IBM 持续生存发展的关键所在，他上任之后，在企业内部发起了关于价值观的大讨论。从此，价值观这个要素，成为与领导力上下呼应的要素，作为 BLM 的底座被固定了下来。此时的 BLM，才变成了大家今天所看到的样子（见图 2-4）。

IBM 创造了 BLM，也受益于此。

在 IBM，3 万名经理人都需要学习该模型与方法，有效地统一了内部语言。在 IBM，BLM 的价值被定义为：同一种语言、最基本的方法、逻辑的力量、共同的目标、执行的跟踪以及自上而下的实施等。

严格来说，IBM 的确是 BLM 的"创造者"，但它在中国广为传播，却是因为华为。

2017 年对华为来说确实是一个里程碑。这一年华为营收达到 925.49 亿美元，超越了 IBM 的 791 亿美元。从拜师 IBM，华为花了 20 年的时间学习和超越了自己的老师（见图 2-5）。

一时间，企业界纷纷开始学习华为，其中就包括相传华为花了 3000 万元从 IBM 引入 BLM。其实 3000 万元采购一个方法工具的说法是不准确的，华为引入 BLM，最初与"战略"一词也并没有太大关系。

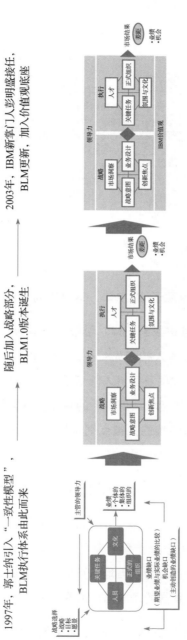

图 2-4　BLM 在 IBM 内部的演进过程

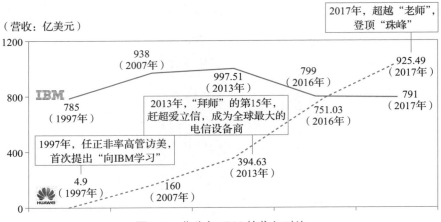

图 2-5　华为与 IBM 的收入对比

资料来源：华为和 IBM 历年财报。

华为对 BLM 的引入源于 2007 年，这是它向 IBM 拜师的第 9 个年头。

华为的孙亚芳董事长找到 IBM，希望 IBM 帮助华为建立领导力发展体系。万为瞻卓创始合伙人柏翔先生彼时正是 IBM 业务咨询部人力资本咨询团队的负责人，在和项目负责人陈海燕女士（后成为华为大学执行校长）策划方案的时候，坚定地认为体系的建立必须坚持应用导向和结果导向，而领导力发展体系落地的关键点则是以 BLM 作为基本框架，引导华为"国家代表"向"国家总经理"转身。

为什么呢？其实这与华为当时的发展背景息息相关。

彼时的华为正处在国际化大发展时期，遍地都是冲锋在前的销售战将，"国家代表"长期处于大销售的角色，但这与华为在当地建立自己的品牌、筹划与整合资源、成为被当地认可的企业公民相比，有着较大的差距，这也是华为国际化发展的矛盾焦点所在。

建立总经理思维和机制保障，而非简单的销售管理工具，就是引入

BLM 的缘由，于是在以"全球领导力整合体系的建设和国家总经理转身"为核心主旨的咨询项目中，BLM 作为被 IBM 验证过的总经理实践方法，被引入了华为。

随着项目的深入，BLM 在华为内部逐渐引起了高层的重视，他们发现，BLM 除了作为总经理思维工具，还是很好的战略制定和系统化经营方法。于是华为内部开始把它作为战略规划和落地的框架进行应用，并十年如一日地坚持使用和内化，逐步将这个"舶来品"转化为华为力出一孔的战略落地核心方法和流程。

值得深思的是，为何一个总经理思维和方法工具，能够在华为发挥如此大的功效？

华为与咨询公司的合作模式颇具特色。与其他企业不同的是，华为向咨询公司的学习是虚心和榨干的模式，遇到全新的方法，一定要学精吃透，更何况是在当时华为众多干部正面临转型的关键时期。

因此，华为在导入和学习 BLM 的同时，也在对自身战略思维做着深刻自我批判，在自省过程中，华为过往战略的盲区随着学习深入逐步暴露了出来，例如"销售就代表了战略，也代替了市场开发"，还有"业绩差距不明显、机会差距看不清、服务市场看不到"等，这些暴露出来的问题，引发了高管团队的深刻反思。随着 BLM 在各个业务单元和职能体系的不断深入，华为每年都会自下而上识别、筛选和取舍战略机会点，"不在非战略机会点上消耗任何战略竞争力量"成了组织的高度共识。

BLM 引入华为之后，首先推动的是干部队伍的认知与思维升级，从 2007 年最先接触，到 2008 年进行局部试点，再到 2009 年完全推开，今天谈到经营上的基本概念，所有华为出来的经理人都有着深深的 BLM 的印记。

随着各层级干部对该模型的逐步深入理解，华为也开始将 BLM 的精髓渗透进战略管理体系，通过流程固化下来，从而形成了我们现在耳熟能详的华为战略管理的流程框架 DSTE（Develop Strategy to Execution），即战略规划（SP）、年度执行计划（BP）、BP 执行与监控闭环、业绩与管理体系评估等关键流程。

回顾这个项目，最大的成果就在于华为系统性地导入了 BLM，从最开始的"国家总经理转身"咨询项目发展为从战略规划到落地的核心逻辑，且一坚持就是十年，并由此沉淀为华为的组织能力，而不仅是少数领导掌握的技能和方法。

BLM 对华为建构从战略到执行的整个管理体系起到两个关键作用。

第一，战略本身不再是狭义的战略，而是从战略到执行的系统化贯穿。

艾尔弗雷德·D. 钱德勒认为战略是决定一个企业的总体目标、关键行动和资源分配决策的，它不可能只是一个企业创意。从这个意义出发，战略在企业管理中更应该被理解为一个系统——从战略到执行的系统。而 BLM 对于华为构建战略到执行的系统，起到了思想框架的作用。

第二，战略不再是少数关键高层领导团队使用的工具方法，而是所有业务负责人共同的理念和管理方式。

华为对 BLM 的导入并非机械地学习与引入，而是经历了松土与达成思想共识的过程，也正是由于这个过程的发生，BLM 对华为不同层级的业务来说，不仅是一次"填写模板"的过程，更是成为思想利器，来武装团队和进行协同作战。

在过往超过十五年的时间里，我们将 BLM 理论介绍和引入到上百家企业，只有华为做到了十年如一日地学习与坚持，并且融入到企业的核心经营逻辑与管理系统中，堪称 BLM 方法与系统导入的典范（在本书"实践篇"中，会详细介绍 BLM 在华为引入并应用的过程）。

## 2.3　是模型，也是领先的系统观

BLM 因为华为的应用而受到中国企业，尤其是企业家群体的热捧。我们发现除了其作为战略的方法和工具之外，真正打动企业家的是"领先"这两个字，而华为则是当代中国领先企业的一个缩影和标杆。

"领先"的反义词并不是落后，而是平庸。平庸就意味着满足于现状，缺乏朝向更高目标奋斗的动力。当下时代有雄心壮志的中国企业一定会用"领先"来激活自己，这也是致力于做出一番事业的企业对 BLM 格外青睐的根本原因。

回到 BLM 概念本身，Business Leadership Model 中的" Business"有两种解释。

- ▶ 狭义解释是指"业务"，即进入某个行业，经营某种产品和服务。
- ▶ 广义解释是指"商业"，即如何做成一家持续领先的企业或商业体。

业务领先模型，也可以从两层视角来进行审视。

▶ 狭义来看，业务要实现领先，本身运用的是 BLM 的战略规划到执行落地的闭环逻辑。

▶ 广义来看，业务领先也是企业的领先规律，即从如何构建领先企业的视角去学习和应用业务领先模型。

因此，该模型之所以能够被广泛地应用于总经理思维的构建，就是因为它既展示了如何构建系统化的战略到执行的逻辑闭环，也深刻揭示了企业如何实现持续成长与领先。

那么，什么是企业领先的规律呢？

如果将 BLM 视为理论体系，其背后的基本假设则在于：

▶ 企业的领先，均根源于"差距"，永不满足与内驱力是领先企业的起点。

▶ 企业能否做到领先，取决于复杂的企业系统，这个企业系统由 11 个要素组成，企业领先是诸要素相互关联的系统性成功，而非某个单一要素的强大。

▶ 企业的持续领先，在于根据环境的变化推动企业系统的进化，持续不断地自我更新与创新跨越。

从这个视角出发，再来审视 BLM 中的 11 个要素模块，便会有不同的认知。

例如"市场洞察"，若从业务视角出发，就是如何进行市场分析、有何机会、有何威胁等，用以确认企业的战略定位与选择取舍。而若从构建领先企业的视角出发，那么"市场洞察"就是企业需要有时刻敏锐洞察市场并且快速响应市场的组织能力，而这种能力的持续构建，将促进企业不断刷新自己的市场认知，并且时刻准备迭代自己的创新焦点和业务设计，它就演变成了能力层的内涵。这对企业来说不是昙花一现的机会抓取，而是追求成功的可持续，因为只有组织的机能与土壤不断强大，才能够培育出更为出色的业务。

因此，对企业领导人来说，BLM 反映了企业取得领先的规律，它所主张的企业持续成长与领先的系统观，完全能够成为企业经营管理的思想方法。

如果从宏观上加以概况，我们将其归纳为企业通往领先的"三把钥匙"和"一个钥匙环"。

## 2.3.1　第一把钥匙：领先的起点（差距）

即永远保持危机感和不满足。始终能够感知到差距，既要时时刻刻对标行业高手，又要捕捉新的市场机遇，不断追寻和创造更高价值的成长，这是企业实现领先的起点。

"差距"是 BLM 最大的亮点所在，它体现出一个领先企业的"双手全能智慧"，即企业需要始终同时关注现有业务和新兴业务的发展，在稳住根基的同时，构筑可持续发展的能力。如果说"业绩差距"对应的是效率仗，"机会差距"则对应的是创新仗，企业不可偏废任何一役，领先的企业始终能做到同时关注业绩差距和机会差距，甚至能够破除自身所在行业或赛道的限制，在更大更新的赛道中占有一席之地和实现领先。

"差距"极大程度上反映了企业领先的意愿,企业是否能够制定挑战性的目标,并且时刻保持危机感(做好随时被颠覆的准备),而这个逻辑和华为的熵减逻辑如出一辙。只有巨大的差距,才会产生巨大的动力和企业源源不断的活力。

## 2.3.2　第二把钥匙:领先的战略

"领先的战略"持续考验着企业的长期意图、敏锐洞察能力与持续创新能力。

企业的长期意图集中体现在 BLM 的"战略意图"模块,其英文诠释更为准确,即 Strategic Intent,核心是一个"诚"字,战略意图通过明确企业的使命、愿景和目标,根本上表明了企业家和其带领的企业对用户、产业和社会的长期主义价值承诺。

敏锐洞察能力集中体现在 BLM 的"市场洞察"模块,其作用对企业来说不言而喻,但是很多企业出的问题在于:或是企业大了陷入官僚和内耗中,企业逐步封闭;或是挖掘了很多市场信息却没有判断和洞见输出;或是做出了错误的判断或假设。我们在帮助很多企业做战略的过程中,深刻地体会到没有洞察就没有战略,而这体现出来的是一个企业洞见大势、捕捉机会的能力,需要体现对市场的"敏锐"(Sharp),需要在对环境的敏感中探索"终局"。

企业的持续创新能力在 BLM 中最突出的体现便是"创新焦点",企业需要系统性地构建自身的业务体系,始终关注自身的业务演进,并且形成不断培育与激发创新的实践、机制与土壤,这不仅是企业对持续成长的路径探索,背后更体现了企业持续创新的组织能力。

"业务设计"作为整个战略模块的落脚点，是战略意图、市场洞察和创新焦点的集中体现，并将它们与组织能力紧密联结。这也是企业与竞争对手实现差异化的关键点，即不同的企业看到同样的市场机会，却制订了完全不同的业务设计方案。

领先的战略意味着企业需要在保持初心的前提下，永远站在客户和市场的角度，不断反思："我今天已经习以为常的业务，它的基本假设还站得住脚吗？"战略是否领先最根本的是敢于跳出来看自己，敢于否定自己、否定过往的成功模式。抗拒自己的"习以为常"，做到不断洞察市场、永远保持反思与创新，才算是拿到了第二把钥匙。

## 2.3.3　第三把钥匙：领先的执行

BLM 相较于传统的战略理论，最为特色的是其执行体系，这和迈克尔·波特教授的竞争优势理论保持高度一致，即企业取得领先，不仅仅是市场和赛道的选择，更为重要的是市场和产品背后企业的独特价值创造活动与组织能力。

对企业来说，要想取得持续增长与业务创新，最大的困难来自管理组织的惯性，包括资源分配的惯性和管理机制与文化的惯性。

第一个组织惯性首先体现在对关键优先事项的资源聚焦上，这体现在 BLM 中即为"关键任务"的识别与基于关键任务形成的资源配置逻辑。通常企业里的多数资源都放在了对当前贡献最大的成熟业务上。而实际上，企业最需要全力以赴、全神贯注的地方恰恰是未来的战略主航道。

第二个组织惯性则体现在流程机制和思维观念的固化，这体现在

BLM 中即为"正式组织""人才""氛围与文化"如何有效围绕"关键任务"展开一致性的匹配。一旦关键任务中承载了企业需要构建的全新能力，就意味着组织各要素需要进行重新组合以适应企业新的业务模式。而不论是组织责权利分配、人才还是文化，这些都因为长期的积累而形成难以克服的惯性，这些惯性在企业高速成长期时都是助力，而在转型期却都成为阻力，所以"力出一孔，利出一孔"就显得非常重要。

组织转型对企业领导人来说就是处理好创新与惯性之间的矛盾，若能够将"效率"与"创新"的矛盾实现对立统一，那么负面因素也可以转化成正面因素。在剧烈变化的时代，企业遭遇的是在两难中寻找出路的挑战，要应对这一挑战，企业家的哲学思考尤为关键。历史上出现过的伟人们化劣势为优势、化不利为有利的实践，皆是因为成功地将矛盾对立统一了起来。

## 2.3.4　钥匙环：领先之魂（领导力和价值观）

将三把钥匙串联起来，需要一个强有力的钥匙环，就是企业的领导力和价值观。

"领导力"是企业从战略到执行的引领和实现能力，体现在企业的核心领导团队身上。对领导力的考验在于：识别差距的时候选择跟谁比；决定战略的时候有多强的自我批判和定力；执行时是选择向惯性屈服还是敢于面对矛盾和冲突，能否对利益格局进行调整改变，让组织保持灵活和机敏等。

"价值观"是企业的信念体系，是战略不断震荡前行的过程中让企业稳如磐石、不断做久的"根基"，是一代又一代的领导人共同坚守的价值底线，经得起时间和周期的考验。价值观的牢固程度集中体现在企业在发展和变革中的凝聚力。正如高速飞驰的列车，车厢连接不牢，就会散架；或为了避免车厢散架，就保持慢速行驶甚至停在原处。

IBM 最初总结 BLM 时正处在转型关键期，1996 ～ 2012 年期间实现的辉煌，就是适应了规律。而在最近十年，"这头大象"又在经历新一轮的转型，业绩也并不尽如人意，根本原因在于满足过去十几年的辉煌，不愿冲破固有的"成功模式"，守在原地，即使发现了机会也把握不住，从教训中再次印证了 BLM 背后所彰显的企业需要不断创新与发展的常识。

因此，BLM 并非什么高深的理论，它只是揭示了企业不断创新与领先的"常识"。如果用一个词来形容 BLM 的精髓，那就是"一致性"。首先是企业战略和执行体系的一致性，并且企业的战略与执行需要和企业基因一致；其次，这种一致性还体现在企业整个系统能够应对外部环境变化，即与外部环境保持一致。

BLM 概念易学，但其真正的生命力则来源于"实践"。企业界信奉 BLM，皆来源于实践的成果，而非理论的高深。只有想要长久发展并且致力于创新与领先的企业，才会真正需要 BLM 理论傍身，在其指导下构筑有自身特色的企业系统，并在实践中持续进化与成长。

BLM 的理念和实践，让人们认识到战略和执行在实现市场成效上的重要性和相互作用。它是创造快速、持续适应不断改变的环境的能力的核心，它的运用是企业领导人和高管团队需要具备的基本能力，也是一种通过积极的实践得以发展的能力。

因此，BLM 还有另外一个名称，即"总经理实践"（GM Practice）。BLM 在引入众多企业的过程中，也逐步成了各级领导者的"必修课"。

从狭义的范畴来看，企业的领导力发展是各级领导者管理风格与个人魅力的不断修炼，而 BLM 则给予"领导力发展"一个更为广义的范畴：

**领先企业的领导力发展是通过引导企业管理团队进行战略问题和机会的勘查探讨，进而获得新的市场洞察、设定新的方向，同时敏锐感知、有效沟通市场和技术变革的战略重要性，以便组织各方理解战略以及各自在其中的角色与使命，设计具有弹性的组织体系使之能够自我调整以适应快速变化的环境。**

企业若要取得长期可持续发展与领先，需要领导群体做到"双手全能"：一方面能够在惊心动魄的成熟业务中竞争，在这一方面，效率和持续改进是关键；另一方面也要大胆进入新兴的成长领域，而在这一方面，创新和实践探索则是必需的。

战略与执行的相互贯穿、效率与创新的对立统一，是各级领导者的责任与使命所在，也是 BLM 可以带给他们的"思想财富"。

让我们走进 BLM 的世界，一起探索"企业领先的密码"。

BLM<sup>®</sup>：企业领先的密码

方 —— 法 —— 篇

BLM

BUSINESS LEADERSHIP MODEL

# BLM

BUSINESS LEADERSHIP MODEL

# 第一把钥匙：领先的起点

BLM 要从哪里看起呢？

BLM 有一个反阅读习惯的思维逻辑，就在于思考起始点并非左侧的
"战略"，而是右边的"差距"（见图 3-1 ）。

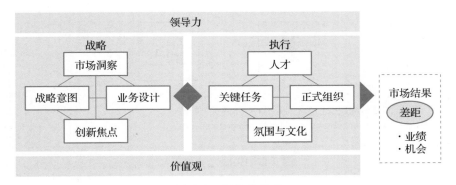

图 3-1　领先的起点

"差距"是 BLM 的第一把钥匙，也是企业"领先的起点"。始终能够

看到"差距"，既要对标行业高手，又要捕捉新的市场机遇，不断追寻和创造更高价值的可持续成长，这是企业发展的第一驱动力。

"差距"首先是一种感知，是对"不满意"的感知。

无论组织还是个人，真正的改变均源于对现状的不满。企业只有在清楚意识到自身发展不达预期，或者业务发展遇到挑战的时候，才会去重新审视战略是否需要创新、组织是否需要改变。

既然是"差"，就有减数和被减数的关系。

在业务领先模型里，被减数是什么呢？就是"战略意图"，也就是愿景和目标，即企业想达到怎样的高度。减数是什么呢？就是今天已经取得的市场结果。"战略意图"减去"市场结果"得到的差值，就是"差距"。

因此，所谓"差距"，是指对现状和期望业绩之间差值的"不满意"的感知（见图 3-2）。

差距：对现状和期望业绩之间差值的"不满意"的感知。
Gap：The gap between current and desired performance.

图 3-2　BLM 之"差距"

资料来源：国际商业机器公司. IBM Business Leadership Model［Z］. 2006：4.

试想，什么场景下企业不会存在差距？

在差距的公式里，如果被减数和减数的"差值"很小或几乎为零，便不会有差距，从而就不会产生不满意，没有不满意，企业自然就不会想方设法去改变，而是沿袭以往的做法。很多发展蒸蒸日上的企业都容易出现一个典型的现象：自满。也正是由于自满造成了很多优秀的企业走向自我毁灭。

因此，智慧的企业领导人通常会设定"有挑战的被减数"，让企业产生剧烈的差距感，以牵引企业持续成长与突破。

例如我们合作过的一家制造行业细分领域的冠军，在尚处在百亿规模之时，创始人就提出了"未来五年实现千亿跨越"这样看似"不可能完成"的目标，以警醒企业上下避免小富即安，并时刻处在创业状态。

## 3.1 业绩差距与机会差距

"差距"由两个基本要素构成，分别是"业绩差距"和"机会差距"。

● 业绩差距（Performance Gap）

所谓业绩差距，就是对现有经营结果和期望值之间差距的一种量化陈述。业绩差距通常是站在"管理者"的视角，延续企业现有的业务设计，通过对现有执行体系进行优化来缩小或消除。

● 机会差距（Opportunity Gap）

所谓机会差距，就是对现有经营结果和进行新的业务设计所能带来的经营结果之间差异的量化评估。机会差距通常是站在"创新者"的视角，通过业务设计的创新来寻求新的发展空间与机遇。

《创新跃迁》一书将机会差距形象地称为"主动创造的业绩缺口"，其核心观点如下：

Business
Leadership
Model "高效的组织可能在某一个时间段内并不存在任何紧迫的问题。这种情况下，管理者就必须将眼光放到公司外部，探索该业务的未来将要或可能发生的变化。根据这些预期，管理者就能进行组织上的变革，以便更好地把握未来可能出现的机会。"⊖

以"跑步"为例，来形象说明业绩差距和机会差距的区别。

## 苏炳添：如何突破 10 秒大关

苏炳添是亚洲唯一一位跑进"10 秒俱乐部"的优秀运动员，他是怎么做到的呢？

2012 年，苏炳添第一次参加奥运会男子田径 100 米，也第一次直面了自己与奥运选手的巨大差距。此后，他给自己设定了突破 10 秒进入 9 秒的目标——9 秒区，代表着百米赛世界顶级水平，却也曾是亚洲人的禁区。

一直以来，世界主流的运动理论认为"步幅乘以步频决定跑速"，因此，扩大步幅是争取跑速的基本要求。而苏炳添也始终在步幅的训练上不断精进。但是，他与世界冠军博尔特之间具有巨大的无法逾越

⊖ 塔什曼，奥赖利三世. 创新跃迁：打造决胜未来的高潜能组织［M］. 苏健，译. 成都：四川人民出版社，2018：62.

的距离，就是身高。

苏炳添身高只有 1.72 米，47 步跑完百米，跑进 10 秒之前的步幅为 2.13 米，而博尔特身高 1.96 米，只需 41 步跑完百米，其步幅为 2.44 米（最好成绩 9 秒 58）。这意味着，博尔特每跨出一步，就比苏炳添多出 0.31 米，差别显而易见。

如果按照传统理论去增加步幅，收益也不会太大。曾经一段时间，无论他多努力，步幅的训练已经到达了极限，无法再有明显的突破，10 秒大关始终难破，这意味着再依靠弥补"业绩差距"很难真正实现跑步成绩质的飞跃。

2014 年，苏炳添在兰迪·亨廷顿教练的建议下从训练步幅切换到训练步频，这就需要其尝试调整自己的起跑脚，最初非常不适应，甚至一度成绩出现了大幅下滑。但是经过 7 个月不间断的训练和适应，苏炳添终于顺利将第一步从原先的左脚换成右脚，亨廷顿教练又教导了其他技术细节，比如腹式呼吸法，纠正了他在 50 ~ 60 米区间节奏混乱的问题。

终于，苏炳添成功改变了起跑方式，在 2015 年实现了 48 步 9 秒 99 跑完百米的飞跃，并在 2021 年东京奥运会上以 9 秒 83 的成绩打破亚洲纪录，一战封神。

对于"苏神"来说，突破 10 秒大关的成功要诀就是"切换模式"，转换了起跑方式和训练方式，就相当于其主动创造了一个"机会差距"。

通过这个过程我们发现，机会差距关闭的过程中伴随着身体机能与跑步方式的调整，需要打破过往惯性甚至是赖以成功的模式，甚至要面对可能的暂时性成绩停滞。

> 有意思的是，在苏炳添切换了跑步方式之后，反倒是再一次将步幅做了升级，也就是在机会差距关闭的过程中，也拉伸了业绩差距的新空间。

我们再来观察两个企业实践的案例。

Business
Leadership
Model

示例 1：过去五年业务急剧增长，在此期间，产品质量有所下降。我们引进六西格玛的尝试失败了，在过去 12 个月里我们失去了 5% 的市场份额，每一个百分点代表着约 5 亿美元的损失。我们计划在未来 24 个月收复损失掉的市场份额。

示例 1 是典型的"业绩差距"，就是战略方向和业务选择本身没有问题，正如示例中所说"过去五年业务急剧增长"，而"在此期间，产品质量有所下降"，真正出现差距的问题在于产品质量，因此企业需要提升质量管理能力，从而恢复增长。

Business
Leadership
Model

示例 2：目前基于我们现有客户的业务增长每年只有 5%，且客户的期望不断上升。如果我们能向价值链的更高端转移，从提供单个的产品或部件发展到提供整体解决方案，不仅能够在存量客户中挖潜，还能在新市场中争取客户，这样我们就能将收入和利润在未来三年里提升 20%。

示例 2 则是典型的"机会差距"，核心依据在于业务本身发生了改变，正如示例中所说，企业需要"从提供单个的产品或部件发展到提供整体解决方案"。这意味着原有的"跑步方式"已经不适合了，甚至可能要切换"跑道"，这根本上源于市场的趋势和客户的需求发生了改变，因此企业的战略、客户价值与产品服务也必须跟着变化才行。

在描述差距时，需要注意以下三点。

● 量化描述

只有具体量化的描述，才能够形成明显的差距感，例如企业的收入、利润、市场份额、增长率等，将目标与现状对比，形成量化差距。其中最显而易见的是设定的经营目标是否达成，企业领导人需要同时关注的是，将与战略目标相关的其他指标纳入其中，避免仅仅是短期导向，其中包括与市场、客户、企业核心能力等相关的指标，例如产品周转率、产品丰富度、产品迭代速度、客户留存与黏性等。

● 向外对标

差距的识别要避免"自欺欺人"，若市场出现巨大利好，或竞争对手出现了巨大失误，那么看似目标完成，也并不代表企业差距消除了。例如2022 年的疫情，催生了大量消费者"囤货"的需求，因此冰箱和冰柜的销售可能会迎来一波爆发式增长，面对此等场景，企业需要与竞争对手、行业大盘增长进行对比，调整目标值。

● 面向未来

企业很容易从当前的经营指标以及与竞争对手的比较中识别差距，但是企业领导人应该始终将眼光放得更加"长远"，既要关注所在赛道的市场变化和未来趋势，包括从竞争对手的变化中寻找最新创新动向，也要将眼光变得更加"宽广"，关注相关赛道，或产业链上下游，甚至是跨界对手的动向，如此方能找到全新的机会。

例如海尔三翼鸟就是一个跨行业创新的典型案例。作为海尔的创新业务，三翼鸟捕捉到了"产品会被场景替代，行业将被生态覆盖"的市场趋势，尝试打破家电和家居建材两个行业的边界，以年轻家庭的家居家装场景为目标细分市场，将产业链价值前置，为消费者构建一站式家居家装服务，这样就可以将海尔的全套家电设备非常自然地"搬入"家庭中，也会带入以海尔品牌为核心的智慧家庭连接系统。2021 年上半年三翼鸟成交客单价为 28 万元，并且非家电收入已经超过 50%，形成了 2.1 亿人次量级的社群网络，也在此基础上创造了上千个场景化解决方案。

这就是企业可以创造的"机会差距"空间，也借由机会差距的主动创造，拉伸了企业发展的空间与潜力。

## 3.2 造成差距的根本原因分析

对企业领导人来说，若能识别未来发展要消除的主要差距以及造成差距的根本原因，就有机会及时调整企业的发展轨道。

差距识别与分析可以通过三个步骤来完成。

● 第一步：盘现状

盘点当前业务发展的现状，罗列所有核心市场业绩。

● 第二步：识差距

面向未来，找到与实现愿景、目标高度相关的业绩差距和机会差距。

● 第三步：找原因

界定消除差距需要解决的核心问题，并分析产生差距的根本原因。

如何寻找造成差距的根本原因呢？

BLM 将造成差距的根本原因分为三种类型。

## 3.2.1　既有战略不符合市场变化和趋势

企业过往制定的战略和习以为常的业务模式，其实都是建立在过去的某些假设基础之上的，极有可能不再符合市场变化和未来趋势。要从根本上解决该问题，需要重新审视和制定战略，设计全新的业务模式。例如在上文描述机会差距的"示例 2"中，企业从产品向解决方案模式转型，就需要对现有的业务进行重新设计，包括重新定位对客户的价值，引入其他产品或解决方案的合作伙伴，从产品收费向解决方案或服务性收费方式转变等。

通常来说，企业面临增长瓶颈的时候，需要判断是否正在面对"机会差距"，领先企业往往能够未雨绸缪，在主营业务尚未失速的时候，就启动对全新业务的探索，避免主营业务出现下滑，却仍未找到全新的增长机会。

## 3.2.2　组织能力不符合战略要求

如果企业战略并未发生本质改变，但是执行体系比较薄弱，组织能力与战略并不匹配，通常需要就执行与战略的一致性进行检查和评估，并且持续优化执行体系，打造组织能力。该种类型的原因通常是"业绩差距"

下需要深度挖掘的。例如在上文描述业绩差距的"示例1"中，造成差距的核心问题在于产品质量，但造成产品质量问题的根本原因可能在于员工技能不达标（人才），缺乏考核激励措施（正式组织）或是质量意识（氛围与文化）不足，只有准确判断根本原因所在，才能对症下药。

通常来说，企业在高速发展的阶段，需要判断是否正在面对较大的"业绩差距"，也就是组织能力成长跟不上业务发展速度，企业需要在执行体系找到关键问题加以解决，最大化现有业务的增长潜力。

### 3.2.3 缺乏将战略贯穿到执行的领导力和价值观

无论是业绩差距还是机会差距，均可能存在领导力和价值观层面的问题，而在分析差距时，企业的高管团队需要对自身的认知进行深度反思，同时再度审视企业的文化根基是否发生了动摇。例如业绩差距出现的时候，企业很可能会发现是领导人长期回避需要解决的管理问题，高管团队的调整就成了企业必须考虑的事项。而机会差距出现的时候，企业应反思高管团队对市场的洞察能力，或是面对全新的赛道机会，高管团队在决策上是否及时有效等。

无论何种原因，这都是一个很好的促进高管团队自身建设的契机，大多数企业遇到的发展问题，究其根本，均来自企业高管团队认知的局限及团队的凝聚力问题，例如"忽略了对市场变化的关注""满足现状小富即安""缺乏团队信任"等。需要注意的是，在探寻差距的根本原因的时候，核心是向内找问题、找内因，避免将原因归咎于"市场形势不好""竞争对手太强大"等，这只是在为差距寻找"借口"。

以上三条原因，根本上回答了"为什么我们的发展不及预期"的疑问，只有精准找到企业发展的问题和根本原因，企业才可能动手改变目前业务发展的轨道。

## 3.3　高管层启示与实践

《创新跃迁》是"机会差距"和"业绩差距"概念的贡献者（该书中称为机会缺口和业绩缺口），而借由此概念，书中也揭示了企业的"成功悖论"：

Business
Leadership
Model

"管理者和组织都会面临一个悖论，即为了取得短期成功而必须采取的行动，往往会催生导致长期失败的条件。在各级管理者的短期趋利下，企业会形成动态保守主义的倾向，即主动地趋于保持现状。"

这才是"差距"这个概念真正值得企业高管层警醒的地方。差距背后透露出的是企业的生存观，是企业创新和改变的动力源。

任何产品、业务、技术、行业，均符合 S 曲线的发展规律，这意味着任何企业均有自身的"生存边界"。企业若要持续成长与领先，则需要不断地打开生存边界，而打开生存边界需要两种方式，一种是以消除业绩差距为主的连续性创新，另外一种是以消除机会差距为主的非连续跨越（见图 3-3）。

华为的三十年发展就走出了一条不断消除"巨大差距"并且持续创新的发展道路。

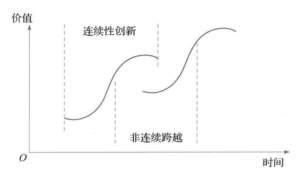

图 3-3　打开企业生存边界的两种方式

## 华为的成长曲线与持续创新之路

华为成立于 1987 年，从 1987 年到 1998 年，是华为创业维艰、夹缝生存的十年。从 1998 年开始，华为"出海"，大举进军国际市场，2012 年，华为营收首次超越爱立信，成为全球最大的运营商通信设备提供商，也由此获得了运营商业务曲线的第一次巨大成功。

华为并未因此放下创新的步伐，2009 年，洞察到运营商赛道的增长瓶颈之后，开始同时拓展消费者赛道业务（2010 年开启）和企业网赛道业务（2011 年开启）。

2018 财年财报显示："华为首次突破千亿美元收入大关，同比增长 19.5%。在华为三大业务中，运营商业务领域销售收入为 2940 亿元，与上一年基本持平；企业网业务实现销售收入 744 亿元，同比增长 23.8%；消费者业务实现销售收入 3489 亿元，同比增长 45.1%。"⊖由此可见，消费者业务（2022 年 4 月更名为终端业务，后同）与企业

---

⊖　华为投资控股有限公司. 2018 年年度报告 [R/OL]. 2018：17.https://www.huawei.com/-/media/corporate/pdf/annual-report/annual_report2018_cn_v2.pdf.

网业务已经替代运营商业务，成为华为全新的增长引擎。

　　如果说华为发展的前二十年依靠的是运营商业务获得的巨大成功，那么从 2011 年开始，消费者业务和企业网业务则开始带动华为实现新的增长。这也是华为"递增型创新"的体现，让华为获得了第二次巨大成功。

　　虽然消费者业务和企业网业务仍旧在发展中，但因 2019 年起美国针对华为的极限施压给消费者业务带来巨大的生存危机，切断了其良好的增长态势，华为开始在新基建与数字化转型的浪潮中，积极探索与原有商业模式有巨大差异的生态化业务，例如芯片、华为云、智能汽车、操作系统（鸿蒙）等。对当前的华为来说，仅依靠巨大的技术优势很难再获得成功，更为重要的是从过往高科技制造向平台生态型模式转变，这考验着华为"跃迁式创新"的能力。华为的成长曲线与持续创新历程如图 3-4 所示。

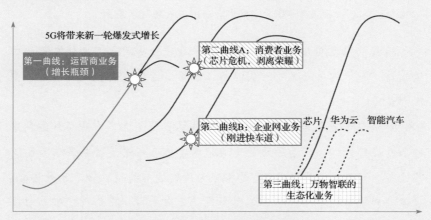

图 3-4　华为的成长曲线与持续创新历程示意图

　　即使是在每条曲线（业务）内部，华为也会进行前瞻布局，例如消费者业务于 2019 年发布了全场景智慧化战略。从最初的贴牌手机到 2010 年确立中高端自主品牌，从聚焦做手机到做智能终端，再到 AIoT 智能物联网生态，华为的消费者业务完美诠释了 BLM 理论中的"创新焦点"这一要素，见图 3-5。

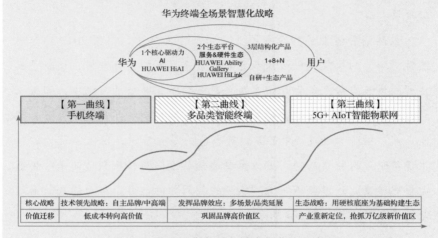

图 3-5　华为消费者业务的成长曲线示意图

三条曲线之间并非毫无关联，第一曲线业务为第二曲线和第三曲线贡献了充足的资源基础，同时第二和第三曲线也会再次带动第一曲线的发展。

对消费者业务来说，智能穿戴设备其实就是在华为的品牌红利基础上发展起来的，华为手机的忠实消费者也会考虑连带购买华为的穿戴设备。而第三曲线 AIoT 则是将华为所有的智能硬件做了场景连接，确保消费者可以在多场景和多终端进行无缝对接，也会再次带动智能硬件的销售增长。而且，华为消费者业务的第三曲线其实就是华为集团第三曲线在消费者业务端的积极探索与尝试。

对企业领导人来说，站在生存与发展的视角来审视"差距"，而非仅关注表面的数字，更能够找到企业的深层局限。正是深刻认识到了差距，以及差距背后的局限，企业才会启动在战略和执行的一系列改变。

《增长炼金术》中提到，为了谋求持续增长，企业领导人应时常"照照镜子"，我们将书中提到的一系列问题整理成为"企业成长曲线自查清单"（见表 3-1），供企业领导人进行自查。

表 3-1　企业成长曲线自查清单

| | 第一曲线<br>（渐进式创新） | 第二曲线<br>（递增式创新） | 第三曲线<br>（跃迁式创新） |
|---|---|---|---|
| 自查<br>清单 | • 我们的核心业务是否带来足够的盈利，以使我们有资源投资增长<br>• 经营业绩是否稳定，市场份额是否增长或保持平稳<br>• 在今后几年内我们是否有强烈的业绩指导方针，增加利润创收<br>• 我们的成本结构是否比我们产业的其他公司具有竞争力<br>• 我们是否做好了充分的自我保护，免受能够改变游戏规则的新竞争对手、新技术和新法规的威胁 | • 我们有没有能和现有核心业务创造同样多经济价值的成长业务，这些成长业务在市场上是否走势良好<br>• 我们是否准备增加大笔投资加速其增长<br>• 投资者对这些业务的信心是否在上升<br>• 这些成长业务是否在吸引优秀人才加入我们的组织 | • 我们的高管团队是否花了足够多的时间考虑增长机遇和产业演进问题<br>• 我们是否已经开发出振兴现有业务和创建新业务的大量待选项目清单<br>• 与去年、三年前和五年前相比，这些待选项目是否大有不同<br>• 我们是否想出有效方法来把这些待选项目变成新的业务<br>• 对于这些待选项目，是否采取了具体的、可以量化的最初步骤 |

资料来源：巴格海，科利，怀特. 增长炼金术：企业启动和持续增长之秘诀［M］. 奚博铨，许润民，译. 北京：经济科学出版社，1999：19-20.

# 第二把钥匙：领先的战略

"领先的战略"是 BLM 的第二把钥匙（见图 4-1），即在保持初心的前提下，永远站在客户和市场的角度，不断反思：

**企业今天已经习以为常的业务，它的基本假设还站得住脚吗？**

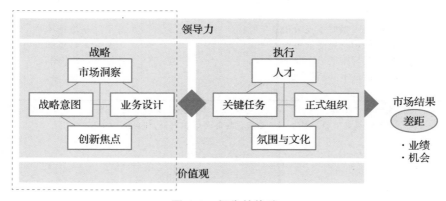

图 4-1　领先的战略

历史上不乏领先战略的案例，《隆中对》堪称经典中的经典。我们从诸葛亮与刘备的一段对话来开启"领先的战略"之旅。

## 《隆中对》节选

自董卓已来，豪杰并起，跨州连郡者不可胜数。曹操比于袁绍，则名微而众寡，然操遂能克绍，以弱为强者，非惟天时，抑亦人谋也。今操已拥百万之众，挟天子而令诸侯，此诚不可与争锋。孙权据有江东，已历三世，国险而民附，贤能为之用，此可以为援而不可图也。荆州北据汉、沔，利尽南海，东连吴会，西通巴、蜀，此用武之国，而其主不能守，此殆天所以资将军，将军岂有意乎？益州险塞，沃野千里，天府之土，高祖因之以成帝业。刘璋暗弱，张鲁在北，民殷国富而不知存恤，智能之士思得明君。将军既帝室之胄，信义著于四海，总揽英雄，思贤如渴，若跨有荆、益，保其岩阻，西和诸戎，南抚夷越，外结孙权，内修政理；天下有变，则命一上将将荆州之军以向宛、洛，将军身率益州之众出于秦川，百姓孰敢不箪食壶浆以迎将军者乎？诚如是，则霸业可成，汉室可兴矣。 ㊀

《隆中对》可谓千古战略的经典。其中，诸葛亮为刘备描述了一个完美的"战略设计"，而且从历史来看，《隆中对》中提出的战略思想与路径也确实指导了刘备创立蜀国的全过程，最终帮助刘备成就大业（三国鼎立的战略格局）。

让我们一起细细品味：

---

㊀　陈寿. 三国志 [M]. 北京：中华书局，2007：208-209.

**自董卓已来，豪杰并起，跨州连郡者不可胜数。**

这是在说什么呢？时局。在商业中称作"宏观环境"。

彼时是一个什么样的宏观环境呢？那是一个"碎片化"的市场，还没有人是天下都臣服的霸主。这其实是在向刘备传递一个信号：市场蕴含着"争霸天下"的大机遇。

**曹操比于袁绍，则名微而众寡，然操遂能克绍，以弱为强者，非惟天时，抑亦人谋也。今操已拥百万之众，挟天子而令诸侯，此诚不可与争锋。孙权据有江东，已历三世，国险而民附，贤能为之用，此可以为援而不可图也。**

这是典型的"竞争对手分析"，这段话着重提及了两个人，即曹操和孙权。为什么要提及他们，而不去关注那些数不胜数的、占据各州郡的其他江湖英雄呢？因为曹操和孙权是市场的"主要玩家"，也就是说他们是刘备的"主要竞争对手"。主要玩家通常决定了市场的基本规则，也决定了市场竞争的基本格局。

跟谁比，代表了格局，也体现出其未来的战略意图。

**荆州北据汉、沔，利尽南海，东连吴会，西通巴、蜀，此用武之国，而其主不能守，此殆天所以资将军，将军岂有意乎？益州险塞，沃野千里，天府之土，高祖因之以成帝业。刘璋暗弱，张鲁在北，民殷国富而不知存恤，智能之士思得明君。将军既帝室之胄，信义著于四海，总揽英雄，思贤如渴。**

用商业话语来诠释，荆州和益州就是刘备可以首先发力的"目标市场"。三国时期的荆州和益州均不是单个城市的概念，而是三国时期十三个州中的两个州名，其中，荆州是湖北及周边，益州为四川及周边。之所以选择荆州和益州，核心原因是"客户有需求"和"自身有优势"。

百姓思得明君，也就是民心思变、想换主公，这就是一个巨大的"客户痛点"，也可以说是客户存在没有被满足的需求。同时，诸葛先生也明确阐述了刘备的"自身优势"，虽然彼时的刘备军事力量并不强大，但是拥有品牌优势（皇家血脉），荆州、益州"民心思变"的需求正好落在刘备的自身优势领域，所以荆州、益州是可以拿下的目标市场。

**若跨有荆、益，保其岩阻，西和诸戎，南抚夷越，外结孙权，内修政理；天下有变，则命一上将将荆州之军以向宛、洛，将军身率益州之众出于秦川，百姓孰敢不箪食壶浆以迎将军者乎？**

上述一段话是诸葛先生为刘备设计的称霸天下的成长路径，回到商业环境中也就是"创新焦点"回答的问题，为刘备指明了从荆州、益州到称霸天下的过程。

其中最为关键的是，明确了蜀汉在实现霸业过程中的价值主张，即对内以德治天下（内修政理），对外建立反曹联盟（外结孙权）。战略设计的核心是符合用户需求与时代潮流的价值主张，这样在市场环境发生变化的时候，就能够顺势而为实现战略目标。

**诚如是，则霸业可成，汉室可兴矣。**

短短一句话，凝结了刘备的"愿景"（霸业可成）与"使命"（汉室可兴）。在电视剧《三国演义》中，可以明显观察到，当刘备听到这句话的时候，激动地要站起身来，眼睛都亮了，整个人呈现出一种被点燃的状态！

愿景和使命是可以点燃一个人的，而且不全然是理性分析的结果——因为以刘备当时的实力，说他可以去复兴汉室，这不是一个理性分析能得出的结论。愿景和使命中，一部分是有远见的理性，还有一部分是内在的情感。同样是"复兴汉室"，对曹操和孙权来说可能毫无意义，但它却可以点燃刘备及要恢复汉室的一大批人。

在这段诸葛先生畅谈汉室复兴战略的话语中，短短 200 多个字，就把 BLM 中"领先的战略"四个模块的核心内容都涵盖了，即：

▶ "战略意图"，企业的使命、愿景和目标。
▶ "市场洞察"，通常是指通过市场扫描和趋势判断，从而发现目标市场——这个目标市场一定是与企业自身的优劣势密切结合以后分析出来的。
▶ "创新焦点"，指的是一个企业如何成长，它的路径是什么、靠什么来成长。
▶ "业务设计"的核心就是价值主张，即举一杆什么大旗、用什么来感召天下。

读懂了《隆中对》，其实就对"领先的战略"建立了基本认知。

## 4.1　战略意图

"战略意图"（Strategic Intent）就是企业的发展方向和终极目标（见图 4-2）。

战略意图：企业的发展方向和终极目标。

Strategic Intent：Direction and end goal for the organization .

图 4-2 BLM 之 "战略意图"

资料来源：国际商业机器公司. IBM Business Leadership Model［Z］. 2006：8.

战略意图是各个业务单元高管层制定战略的依据，因此清晰的战略意图将确保各业务单元的目标及价值链合作伙伴的目标与整个企业的战略重点及创新方向相一致。

"战略意图"由"使命／愿景""战略目标"和"近期目标"三个基本要素构成。

### 4.1.1 使命／愿景

使命和愿景通常会放在一起作为企业的"本质性定义"。

"使命"定义了"企业是谁"的核心问题，体现的是企业存在的根本理由，传递的是企业对用户、行业与社会的长期价值承诺。使命通常源自创始人的个人承诺，并由企业进行承载和落实。

而"愿景"则定义了"企业要成为谁"的核心问题。愿景通常是一个能够指导企业十年甚至更长远发展的画面，企业上下均为这个最终的画面而奋斗。

使命与愿景反映的是一种理性远见，不符合大势、毫无根据的口号是毫无意义的；同时使命与愿景也必须是一种感情契约，每个企业，甚至企业里的每个团队，都要有自己奋斗的理由，这个奋斗的理由就必须通过使命与愿景形成共鸣和有效引导。

## 4.1.2　战略目标

战略目标，也可称为"中长期目标"，是为愿景奋斗的过程中的阶段性里程碑。

战略目标通常涉及未来 3 ~ 5 年的目标，也会有企业致力于更长期的打算，例如十年的可量化目标。十二五、十三五、十四五规划等就是国家以五年期为限，明确社会和经济发展目标，并且制定大政方针与实现路径，央国企也会以此作为匹配周期，制定自身的五年发展目标。

企业除了关注财务指标（比如营收、利润、市场份额等）的表现之外，还应该设定与客户、能力发展、社会责任等相关的一系列目标，中长期的战略目标对一个企业来说，既是使命和愿景落实到市场可预期结果的载体，也是企业核心竞争力的显性化体现。

## 4.1.3　近期目标

顾名思义，近期目标通常是指一年期的目标，通常也称为"年度经营目标"。

近期目标就是大家最熟悉的年度预算（如 KPI 指标），它更加量化、具体地规范了企业一步一个小台阶地朝向希望的方向坚实迈进，也有效地指导了企业各个层级如何承接和落实企业的中长期战略，将战略转化为短期的经营目标与责任。

## 华为消费者业务：全场景智慧化战略⊖

华为的消费者业务于 2019 年发布了全场景智慧化战略，明确手机业务与智能终端最终将走向 5G+AIoT（人工智能物联网）平台的模式。基于全新的定位，华为消费者业务提出了与之匹配的战略意图，很明显，手机虽然仍是 "1+8+N" 生态中关键的 "1"，但是整个消费者业务的战略意图发生了显著变化。

**战略定位：** 成为华为的第二曲线，未来华为的 "半壁江山"，实现 "规模增长" 和 "效益提升" 双赢式高质快速发展。

**使命：** 面向未来万物互联的智能世界，致力于为消费者打造拥有极致体验的全场景智慧生活。

**愿景：** 成为 IoT 时代的王者，在多个领域做到世界第一。

**长期目标：** 两个 "下一代"，让每个个体的下一代手机仍然使用华为，让每个家庭的下一代仍然是华为用户。

**3 ～ 5 年目标：**

▶ IoT 生态：中国物联网设备市场占有率达 1/3，家庭渗透率 25%；

▶ 市场品牌：升级华为高端品牌形象，在行业洗牌中构筑更高的壁垒；

▶ 用户体验：让 HiLink 生态成为最好的 IoT 体验。⊖

---

⊖ 以下内容展现的是 2019 年华为消费者业务制定的未来十年 "战略意图"，但随着华为芯片危机事件的发生，2021 年 4 月华为消费者业务正式更名为终端业务，且宣布进军商用终端市场，这对于华为来说，又是一次重大的战略调整，因此会在此基础上再进行战略意图上的变化。

⊖ 根据 2019 年华为官方发布的全场景智慧化战略、《消费者 BG 组织治理与监管关系高阶方案》，以及余承东在 2019 年、2020 年致全体员工新年信等素材梳理分析得来。

愿景、战略目标、近期目标，就是一个企业的远、中、近期目标，企业用它们来指引自己的业务发展。战略意图体现了企业家的人生理想，与企业家的个人经历、社交圈和企业价值网相关，在创业早期形成，不断演化与进化。

"战略意图"也有强烈的"诚意"感，充分说明"意图"背后，其实是企业家所展现出的对用户、行业与社会的诚意，需要体现"诚"的味道。

### 沃尔玛："为消费者节省每一分钱"的初心

沃尔玛成立至今近80年时间，始终没有更改过创始人山姆·沃尔顿在世时构建的企业使命，"Save Money，Live Better"。并且，山姆·沃尔顿在去世之前，曾再一次阐明了沃尔玛的使命。

如果回溯山姆·沃尔顿的使命根源，会发现与他本人的成长经历有关，山姆·沃尔顿童年时期目睹过贫穷生活，因此他把协助最需要帮助的人提升生活水准，变成自己努力的目标。在他的自传《富甲美国》一书中，他提到了他个人的美好愿望，即"给普通百姓机会，使得他们能与富人一样买到同样的东西"。也正是这个朴素的愿望，使得沃尔玛始终为大众提供天天低价的品质商品与服务。

即使沃尔玛从2014年开始大力推进电商改革，也只是将使命赋予了全新的时代内涵，即"为人们省钱省时，让他们生活得更好"。

当然，企业也会随着自身业务变化和时代变迁而更新自身的使命，例如微软自20世纪80年代成立至今，就几次刷新使命。

## 微软：通过刷新使命引领企业持续创新

微软在发展过程中曾经几次更新其使命，其中包括：

20 世纪 80 年代～ 2003 年：To put a computer on every desk and in every home。（让每一张桌子、每一个家庭都有计算机。）

2004 ～ 2011 年：To enable people and businesses throughout the world to realize their full potential。（帮助全世界每一个人、每一个企业充分发挥潜力。）

2015 年至今：To empower every person and every organization on the planet to achieve more。（予力全球每一人、每一组织，成就不凡。）

2014 年纳德拉执掌微软，历经五年将微软从谷底带到 8000 亿美元市值，重回世界第一。在这次转型中，纳德拉首先进行的就是"使命刷新"。纳德拉提炼出"给他人赋能"作为公司使命的原点，并由此确定了微软新的使命，即"予力全球每一人、每一组织，成就不凡"。这不仅解决了云业务与微软使命不符的问题，也将微软重新定位成"谦虚的赋能者"，并由此开启了"移动为先，云为先"的战略转型。

微软的刷新，完成了从工作方式到内在文化、从战略到执行等一系列的体系性变革。《刷新》一书中，纳德拉认为微软之所以能够打一场漂亮的翻身仗，并不是因为有了一个创新的想法，形成了创新的战略，其根本原因在于启动了使命的刷新。

微软真的是在不断改变自己的初心吗？

比尔·盖茨在微软 25 年成立大会上谈到的"对技术充满热情""集中精力为我们的客户开发优秀的产品和服务""坚持开放的政策""保持小公司的自由、灵活""适应变化的能力""技术面向大众，让大家都会用"等内容，都体现了微软人的精神，是支持微软持续成功的关键。而这些内涵，与纳德拉在《刷新》中强调的从客户与合作伙伴出发的同理心，不断追求成长性思维，和积极拥抱变化、适应不确定性的变革能力其实是不谋而合的。

与其说微软通过刷新来实现与过去的决裂，不如说这次刷新给了微软一次回归初心的机会，重新思考企业存在的意义，构建起过去、现在和未来的意义连接，也正是这样的连接，为微软重新注入活力和生命力。

无论是沃尔玛还是微软，我们都能够深切感受到在企业发展的历史长河中，以使命和愿景为源头的"战略意图"对企业的重大意义和价值。

越是在动荡的时代，企业越是需要回归到基础价值。总是会有一部分致力于领先的企业朝着创造长期价值的道路砥砺前行，甚至开启了新十年的征程，展现着面对世界的"价值诚意"，并以长期的战略定力来指导企业未来的发展。

安踏在 2021 年年末发布了未来十年"单聚焦、多品牌、全球化"的战略，即"长期聚焦体育用品黄金赛道，实现多品牌全球化发展，向着品质、科技与环保的价值不断升级"。集团坚持"将超越自我的体育精神融入每个人的生活"使命不变，提出"成为世界领先的多品牌体育用品集团"的新愿景。⊖

致力于扎根实体经济的京东，也分别于 2019 年和 2020 年更新了京

---

⊖ CFW 服装经理人. 安踏发布"十年全球化战略"[EB/OL].（2021-12-21）. https://business.sohu.com/a/510568669_261465.

东集团的使命和愿景，京东集团全新的使命是"技术为本，致力于更高效和可持续的世界"，全新的愿景是"成为全球最值得信赖的企业"⊖。京东集团的创始人刘强东也始终强调，如何评价企业走在正确的道路上，核心是看企业是否在持续创造价值（用户价值和社会价值），只要持续创造价值，企业就不会倒下。

对企业来说，能够将长期主义价值的坚持与短期的业绩目标保持一致，甚至能够在企业完成中长期目标的过程中适度放弃短期利益，是一项巨大的挑战，但也是企业"平庸"与"领先"的根本区别。

## 4.2　市场洞察

所谓"市场洞察"（Marketplace Insight），是指持续不断地了解客户需求、竞争对手动态、技术进步和宏观经济情况，以寻找机会、避免威胁（见图 4-3）。

市场洞察：持续不断地了解客户需求、竞争对手动态、技术进步和宏观经济情况，以寻找机会、避免威胁。
Marketplace Insight：Continuously focus on understanding client needs, competitor moves, technology developments and macroeconomic trends to discern opportunities and risks .

图 4-3　BLM 之"市场洞察"

资料来源：国际商业机器公司. IBM Business Leadership Model［Z］. 2006：8.

⊖　京东. 企业文化［EB/OL］.［2023-01-01］. https://about.jd.com/culture/.

市场洞察的目的是分析外部市场的动向和趋势，结合对自身的客观认识，发现这种动向对企业的意义，并且从中找到企业可以发力的目标市场。例如，在你所经营的业务领域有什么样的增长机遇，都有哪些主要的参与者，企业可以做出怎样的取舍等。

市场洞察由"宏观分析""客户分析"和"竞争分析"三个基本要素构成。

## 4.2.1 宏观分析

宏观分析通常称之为"看大"，包括分析整个宏观环境的变化趋势及对企业所处行业的影响。

宏观分析可以用经典的 PEST 框架：

▶ 政治（Politics）：政治环境（各类政策、法律法规、对市场和企业的干预等）在很大程度上影响着各个行业，甚至每个人的生活。

▶ 经济（Economics）：宏观经济情况如 GDP 的增速、供给侧结构性改革、产业结构调整、"一带一路"倡议等，都会对行业的发展产生直接的影响。企业所在地区或所服务客户的收入水平、消费支出等也会影响市场大小。

▶ 社会（Society）：中国人口流动有明显的聚集效应，人口不断向中心城市聚集。老龄化、生育政策放开等带来的影响，都让中国的社会结构产生了很大的变化。正是因为有这些变化，社会的刚需也会随之发生改变。

▶ 技术（Technology）：未来对宏观市场环境产生最大影响的技术就是大数据和人工智能，它们不仅对各行业的技术进步起推动作用，甚至会影响整个行业的形态。

宏观分析是为了找到对企业所在行业的实质性影响，判断是否会造成该行业结构性的改变。需要重点关注企业所处的行业有哪些变化，包括行业的价值链发生了什么变化，行业的高价值区是否已经不同，市场的规模和未来的增长预期又如何。这些分析必然会影响对行业机会和威胁的判断。通常企业需要在进行行业分析时描绘出行业的基础价值链，寻找在供给、连接和需求侧的价值区变化。

举例来说明宏观环境变化对各行各业的影响。

2020 年，疫情加速了全社会全产业的数字化转型。原来很多年不能突破的落地场景和瓶颈，在疫情期间被全面普及，促成了一个时代的跃迁。

在数字化时代去做创新，有没有一个基本范式或者路径？

2020 年疫情期间中央推出的"新基建"概念，带给了我们很好的启发。过往中国的基础设施有哪些呢？无外乎政务、民生、能源、交通等传统领域，这是我们一直以来耳熟能详的领域。现在我们给社会经济的运行加了一个底座，把技术、信息、数据的生产要素全部打通形成网络，取名为"新基础设施"（见图 4-4）。未来，能够构建新基础设施的企业，才是最具价值的企业，也必然会成为智能生态的核心节点。

全面数字化的趋势会给行业格局带来什么变化？

所有的传统企业身边，都会出现一个叫作"新势力"的角色，同时还会出现一批数字赋能者。这三类角色都将努力建立更多的生态连接，不同生态系统的划分将由连接的密度来决定，由此，行业与企业的版图也必然被重新划分。

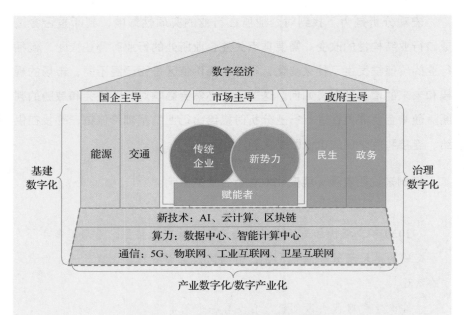

图 4-4　新基建对各行各业的影响

以汽车行业为例：

汽车产业是当之无愧的工业经济典范。在原先的汽车产业链中，整车厂牢牢占据了整个产业价值链的核心，话语权最大。采购哪些原材料，车放在哪个经销商去销售，基本上都由整车厂主导（见图 4-5）。

随着汽车产业多重宏观政策要素叠加（电动化、智能化等），中国的汽车产业将迎来一次百年不遇（超越美国、日本汽车产业）的大机会，整个产业结构在发生巨大的变化：产业链得到简化的同时智能技术开始应用于汽车之中。最为典型的便是衍生出了智能驾驶这样的全新产业价值链（见图 4-6）。

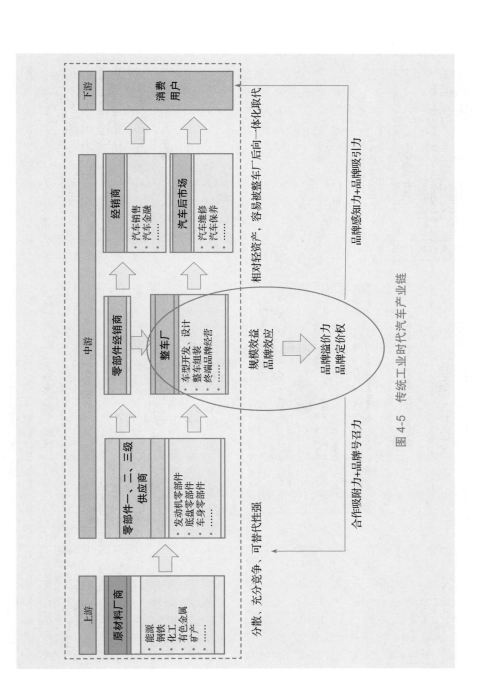

图 4-5　传统工业时代汽车产业链

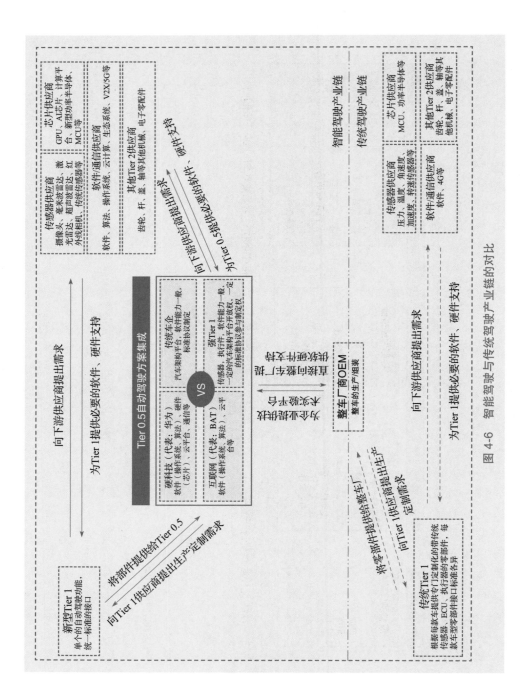

图 4-6 智能驾驶与传统驾驶产业链的对比

　　例如华为就是跨界进入该领域的代表之一，除了鸿蒙操作系统之外，其汽车业务重点涵盖"智能座舱""智能驾驶""智能电动"三大业务板块。类似华为这样做智能化的企业，在新型 Tier 1<sup>⊖</sup> 和传统 Tier 1 之间生长出了一个 Tier 0.5 的节点，构建自动驾驶方案集成的新价值。

　　产业技术与数字技术相整合，为这个古老的产业价值重塑创造了全新的可能，过往以传统造车势力为主导的竞争结构也正在发生根本变化。

　　其中不仅有一批"虎视眈眈"的造车新势力，例如最早席卷全球的新势力特斯拉，以及正在冉冉升起的"蔚小理"（蔚来、小鹏、理想），而且还看到百度、小米、滴滴这些互联网平台纷纷进入造车的行列，产业格局正面临全新的洗牌（见图 4-7）。

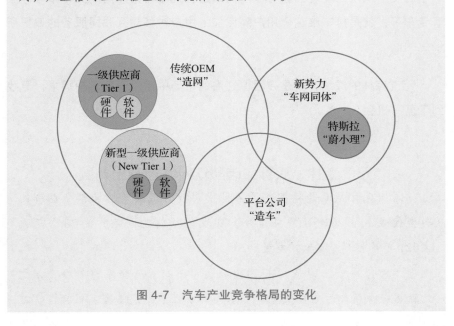

图 4-7　汽车产业竞争格局的变化

---

　　⊖　Tier 1 是一级供应商，是跟主机厂签订供应合同的供应商，后文提到的 Tier 0.5 是新型的智能汽车部件供应商，Tier 2 是二级供应商，是跟一级供应商签订合同的供应商。

### 4.2.2 客户分析

客户分析就是"看小"，即通过挖掘现有客户和潜在客户的需求与偏好来寻找机会。

看小是指对客户痛点的分析，这方面需要看得更为细致：你今天在服务谁？他对你为什么满意？为什么不满意？你未来还有可能服务谁？他又有什么痛点？不论是现在的还是潜在的客户，他们的偏好有什么变化？

这些痛点和偏好的变化就可能代表着一个新的机会，甚至可以孕育出一个历史上从未出现过的新行业。例如过去几年非常热门的共享单车、共享专车等，就是打车难这个用户痛点加上用户对移动互联网服务的偏好所催生的。

元气森林的成功，就是在看似红海的市场中通过洞察客户需求，寻找到了蓝海机会。

---

**元气森林：双寡头碳酸饮料赛道突出重围**

元气森林是近几年抓住了 Z 世代消费升级趋势的新消费品牌的典型代表，从 2018 年成立至今，实现了从创业到年营收 70 多亿元（2021 年营收）的跨越式发展。

尤为值得关注的是，在 2020 年《第一财经》金字招牌榜中，元气森林一举超越百年巨头可口可乐和百事可乐，荣登金字招牌榜榜首（见表 4-1）。

表 4-1　2020 年《第一财经》金字招牌榜

| 品牌 | 偏好度 |
| --- | --- |
| | −8%　　　　　　　　　　　　　8% |
| ⬆元气森林 | 7.44% |
| ⬇可口可乐 | 6.70% |
| ⬆百事可乐 | 2.83% |
| ⬆雪碧 | 1.39% |
| ⬇北冰洋 | 1.25% |
| ⬆健力宝 | −0.51% |
| ★伊利伊然乳矿气泡水 | −0.52% |
| →美年达 | −0.60% |
| ⬇黑松沙士 | −0.66% |
| →娃哈哈格瓦斯 | −1.09% |

资料来源：高莉珊. 元气森林超过可口可乐，26 个品类榜首易主：2020 年金字招牌榜单揭晓［EB/OL］.（2020-10-12）［2022-05-05］. https://www.yicai.com/news/100795470.html.

元气森林是怎么做到在竞争激烈的双寡头碳酸饮料赛道突出重围的呢？

其实元气森林抓住的最大的 10 倍速机遇就是 Z 世代群体。元气森林洞察到了 Z 世代女性消费群体对健康碳酸饮品的需求，创造性地推出了元气森林果味气泡水，主打"零糖零卡零脂"的价值，开创了碳酸饮料全新的品类，并通过营销迅速打开市场。

Z 世代是怎样的一个群体呢？他们与 70 后、80 后的成长环境有很大的不同，他们对价格不敏感，愿意为悦己和社交买单，愿意为品牌溢价买单，所以元气森林的各个品类定价均高于市场普通定价，5.5 元或 6.5 元的定价对于一般的消费者来说算是中高价位。但 Z 世代群体接受更开放和潮流的文化，所以元气森林的包装相比普通的饮料就有很大不同，体现的是年轻和活力。

Z世代群体既对饮料的爽口感有要求，也对健康有要求。物质极大丰富的Z世代一族，在追求时尚的同时也希望拥有健康的生活方式。普通的碳酸饮料容易发胖，而低糖碳酸饮料又不好喝，这也为元气森林创造了市场空间。

当然，随着元气森林的成功，市场上各类企业开始跟风模仿，并且对元气森林所谓的健康成分提出了质疑。这些都是元气森林的成长烦恼，它需要在快速发展的过程中不断构筑自身在产品品质上的护城河。但是这个案例无疑是在红海存量市场中通过洞悉客户寻找全新机会的案例典范。

企业在进行客户分析的时候，通常会罗列出诸多客户痛点，真正考验企业的反而是"化繁为简"，找到客户真正的刚需，避免太多锦上添花的满足。很多时候，真正的客户痛点反而是行业性质的难题，解决起来也可能会触碰行业的利益格局，这些恰恰涉及企业艰难的战略选择与取舍。

例如，家电在中国已经是一个相对比较成熟的行业，但是家电的售后服务始终是行业乱象，电器和售后服务作为行业两个相对独立的利益主体，如何解决客户界面的一站式服务、优质服务供给少等问题，便成了难啃的骨头。京东推出了送装同步和家电售后一站式服务平台，从表面上看是在解决客户的痛点，而实际上则是对行业的改造，涉及行业资源整合与重新配置，且考验着企业能否从改革中实现盈利，因此需要长期的坚持与定力。

### 4.2.3　竞争分析

竞争分析就是"看左右"，通过深入了解竞争对手来寻找制胜策略和差异化优势。

竞争分析主要是看竞争动向：市场上有哪几类竞争对手？谁是最主要的竞争对手？它们正在做什么？在商业模式和技术上有何创新？与对手相比，企业的优势是什么？劣势是什么？以此帮助企业获得市场洞察，以明确在竞争格局中的有利定位。例如《隆中对》中，诸葛亮就为刘备找到了一个能够充分发挥其优势（即帝室之胄）的目标市场（荆州和益州）。

在数字化转型快速袭来的今天，行业的边界已经变得越来越模糊，因此企业在洞察竞争对手的时候，需要特别关注以下两点：

● 跨界竞争对手的动向

元气森林就是一个典型的跨界竞争者。元气森林的创始人唐彬森早期进入的创业领域是游戏业，曾被誉为"开心农场"之父，2016 年才跨界进入软饮行业。也正是"外行"，反而更容易站在需求侧视角看待市场的变化和消费的变化。

● 竞争对手的独特定位

在竞争分析中，除了关注与主要竞争对手相比的优劣势之外，还需要特别关注竞争对手的市场定位。

例如，在智能汽车市场中的新势力"蔚小理"，虽然都是车网同体的智能汽车生产商，但其对汽车的认知有巨大的差异。

小鹏汽车是典型的对标特斯拉的车企，提供的是"有科技感的智能汽车"；而蔚来则认为智能汽车的本质是用户体验，生产智能汽车是为了提供更好的用户服务，甚至未来会提供覆盖用户全生命周期的出行服务（汽车也许可以直接租用，而不需要购买）。

与小鹏汽车、蔚来汽车不同的是，作为最晚入局的理想，反而通过理想 ONE 这款车打爆了市场。理想的独特之处在于选择了二孩、三孩家庭作为独特的细分市场。有趣的是，理想并非将新能源车厂作为主要竞争对手，而是将存量的燃油车车厂作为主要竞争对手。理想 ONE 就是针对汉兰达等欧美 SUV 无法解决中国家庭对车体宽大及车内家庭便捷性等痛点进行的产品创新，独创性地提出"移动的家"，而不是"冰冷的智能车"，并且运用增程式技术解决电动车充电麻烦、续航不足的问题。虽然理想的技术受到了汽车行业众多厂商和专业人士的诟病，但它确实在商业上取得了弯道超车的成功。

当然，每一个企业的战略成功均需经过对宏观环境、行业环境、客户及竞争对手的综合分析和洞察，而非依靠单一洞察要素就能够明确企业的战略定位与赛道选择。同时，在这个信息爆炸的时代，企业也会获得方方面面的市场、用户和竞品的信息，只有看到趋势以及趋势带给企业的机会和威胁，才叫真正的洞察。

企业进行市场洞察，可以通过三个步骤来完成。

● 第一步：搜寻信息

时刻留心和关注宏观环境、行业、客户、竞争对手的变化，以确保获取的情报是准确且可信的。

- 第二步：洞察机会和威胁

从纷繁的信息中寻找对企业所在赛道有重大影响的机会与威胁，同时客观分析自身的优势与劣势。

- 第三步：市场选择

基于对机会、威胁、优势、劣势的分析，对企业的行业赛道或细分市场进行选择和取舍。

市场洞察在"领先的战略"中是非常重要的变量因素，企业需要站在实现战略意图和消除差距（尤其是机会差距）的角度，验证市场机会的假设与市场通路的闭环逻辑。也正是由于市场洞察的存在，使得业务设计具备了更为充足的依据（见图 4-8）。

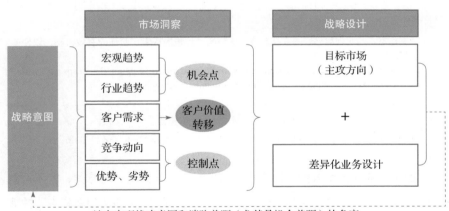

图 4-8　市场洞察与战略其他模块之间的逻辑关系

市场洞察体现出来的是一个企业洞见大势、捕捉机会的能力，需要体现企业对市场的"敏锐"（Sharp），在对环境的敏感中探索"终局"。因此，市场洞察也是帮助企业领导人在"不确定"（变化）中寻找"确定"（不变）的过程。

## 4.3 创新焦点

所谓"创新焦点"（Innovation Focus）是指为实现战略意图或拥有持续优势的一种积极探索、验证的有效机制，以便更好地跟上外部市场节奏（见图 4-9）。

创新焦点：为实现战略意图或拥有持续优势的一种积极探索、验证的有效机制，以便更好地跟上外部市场节奏。
Innovation Focus：An active system of exploration and experimentation that keeps pace with external markets, to achieve strategic intent or sustain advantage .

图 4-9　BLM 之 "创新焦点"

资料来源：国际商业机器公司. IBM Business Leadership Model［Z］. 2006：8.

如果企业缺少有效的机制来积极探索、验证与紧跟市场脉搏，就不可能实现自身的战略意图或拥有持续的优势。因此，BLM 中的"创新焦点"并非指若干创意，而是要求企业领导者从广泛的资源中过滤想法，通过试点和深入市场的试验探索新想法，谨慎地进行投资和处理资源，以应对行业的变化。

创新焦点由"未来业务组合""模式创新""市场试验"三个核心要素构成。

### 4.3.1　未来业务组合

所谓未来业务组合（Strategic Portfolio Management），也称为"成长地平线"，是指企业基于三条成长曲线（H1、H2、H3，H 是地平线 Horizon 的缩写），将战略落地为具体产品和服务的组合，且确保其能够得到有效管理的过程（见图 4-10）。

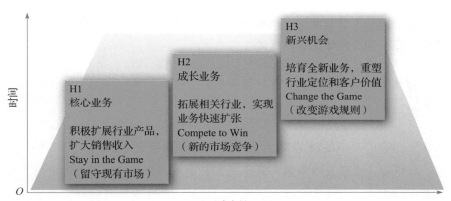

| 定义与特征 | 管理重点与指标 |
|---|---|
| 核心业务：<br>收入与利润的主要来源 | 近期的利润表现与现金流，例如：<br>· 收入增长目标<br>· 利润目标<br>· 核心竞争力目标，等等 |
| 成长业务：<br>市场增长和扩张机会的来源 | 收入的增长和投资回报，例如：<br>· 通过并购、联盟、投资等进入新的行业<br>· 发布新产品，等等 |
| 新兴机会：<br>未来长期增长的机会点 | 回报的多少和成功的可能性，例如：<br>· 产品按时保质发布<br>· 市场宣传与产品推广<br>· 原型客户体验效果，等等 |

图 4-10　未来业务组合：成长地平线

未来业务组合管理，可以从"产品或业务组合"和"差别化管理"两个维度来认识。

### 1. 产品或业务组合

如果说三条成长曲线是对企业业务的宏观描述，那么产品或业务组合就是在成长曲线中的具体产品和服务的组合。

三条曲线对企业来说，更倾向于行业赛道和业务模式的选择，而产品或业务组合则是具体的业务载体。

以华为消费者业务的三条曲线为例。

**华为消费者业务的未来业务组合**

华为消费者业务的第一曲线是智能手机，那么在第一曲线中的业务组合即手机终端＋终端云的组合，而将手机终端再做拆分，即为针对高端商务市场的华为品牌手机和针对年轻时尚中端市场的荣耀品牌手机（已于 2021 年剥离出华为体系）。

第二曲线为多品类智能终端，依照华为 2019 年的全场景智慧化战略，即与手机紧密连接的 8 大智能终端，包括平板、PC、手表、耳机、电视、音箱、车机、眼镜，除此之外的其他智能设备交给生态伙伴。

第三曲线为 5G+AIoT 智能物联网，其业务组合包括针对 C 端家庭用户的全场景解决方案，针对生态伙伴的技术与产品赋能，以及底层芯片等（见图 4-11）。

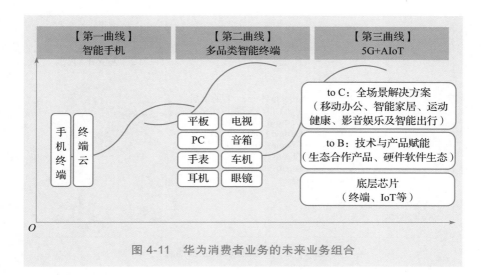

图 4-11　华为消费者业务的未来业务组合

　　"成长地平线"体现了业务的成长路径，在这条成长路径中，最关键的是从哪个"焦点"长出去，这个焦点其实就是企业赖以生存的基因或核心。对华为来说，核心的基因就是技术，因此消费者业务无论是手机、智能硬件，还是 AIoT 智能物联网，均是从华为的核心技术生长出去的，虽然是不同的业务形态，但背后的核心竞争力基础是完全一致的。

　　谷歌（Google）同样是具备"成长地平线"业务系统的典范。

### 谷歌的未来业务组合

　　谷歌被认为是当今最具有创新力的公司之一，从大家熟知的搜索、广告，到安卓系统、智能家居，再到智能时代的无人驾驶、虚拟现实以及智慧医疗等，谷歌的产品和服务一直在不断演变（见图 4-12）。但实际上谷歌的 H1、H2、H3 业务始终处在一个战略主轴、一个核心能力上，那就是谷歌年复一年积累下来的庞大数据以及强大的数据分析和应用能力。

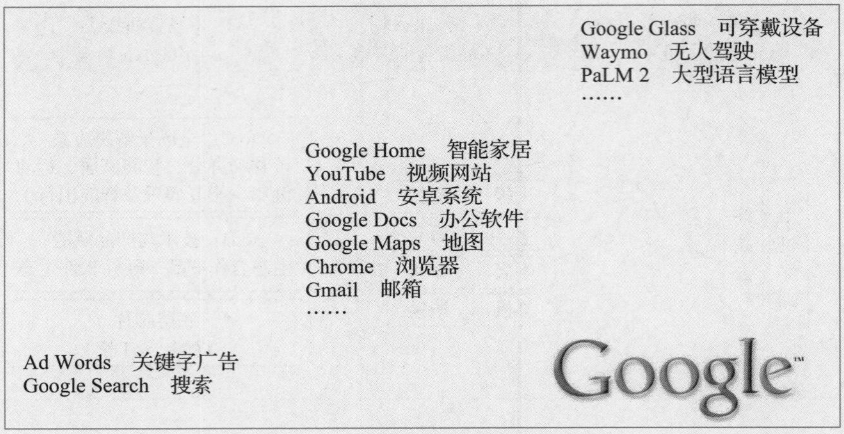

Google Glass　可穿戴设备
Waymo　无人驾驶
PaLM 2　大型语言模型
……

Google Home　智能家居
YouTube　视频网站
Android　安卓系统
Google Docs　办公软件
Google Maps　地图
Chrome　浏览器
Gmail　邮箱
……

Ad Words　关键字广告
Google Search　搜索

Google™

图 4-12　谷歌的未来业务组合

### 2. 差别化管理

在 BLM 中，"H1、H2、H3"除了可以彰显未来业务组合的成长路径，还揭示了企业如何有效地管理不同类型的产品或业务组合。这对于企业在运作不同业务类型的事业部或部门时，具有较强的实操意义，避免企业用一刀切的方式来发展不同类型的业务。

在管理不同类型的业务时，企业需要形成不同的战略目标、对人才的要求以及考核重点。通常来说：

H1 的业务组合与第一曲线的发展阶段相吻合，即企业需要不断进行渐进式创新，通过产品的不断优化迭代来提升销售收入与利润，也为全新的业务开发提供充足的现金流。

H2 的业务组合与第二曲线的发展阶段相吻合，即企业需要进行的是递增式创新，这个时候考核的关键点在于市场规模的快速扩大，因此需要发布全新的产品或服务。

　　H3 的业务组合与第三曲线的发展阶段相吻合，即企业需要进行的是跃迁式创新，这种创新需要企业进行小步快跑的创新试验，因此考核的是最小化商业闭环的构建，尤其是要论证市场空间与产品的价值。

## 4.3.2　模式创新

　　模式创新（也称潜在业务设计，Potentical Business Design），其实就是企业需要思考是否存在业务模式创新的可能性。任何一个企业，如果它已经存在一段时间，都会有一个习以为常的业务模式（这里的业务模式就是指 BLM 中的"业务设计"模块，后同），在很大程度上，这个模式是由过去决定的。在过去的某个时间点，当时的想法、市场条件和企业的资源条件下，企业选择了适合当时的模式。

　　当原有模式成立的前提条件已经不存在或发生了变化，如果不做模式上的创新，就无法保证企业可以继续赢利，甚至无法保证收入的增长。

　　以"从产品到解决方案"的模式切换为例来说明模式创新。

　　无论出售什么产品，随着竞争对手的增加，价格必然会下降，那么利润也会随之减少，但有一种企业却可以从产品视角跳出来，转变为提供解决方案的供应商。这样的企业通常伴随客户的时间足够长，深度理解客户，理解客户使用产品的一系列需求。如果能够提供全方位和一体化的解决方案，就能够获得更高的利润。

　　这就是解决方案型的盈利模式，"解决方案模式"最典型的就是 IBM、华为（to B 业务）等公司。例如 IBM 的产品肯定不是最新最快的，客户购买 IBM 的产品就是为了放心，因为"它更懂我"。IBM 过往的成功完全是因为懂客户、长期伴随、客户离不开它而获得的利润空间。

关于模式创新，在本章的"业务设计"模块会有更详尽的阐述与分析。

### 4.3.3　市场试验

市场试验（Inmarket Experiment），是指企业需要形成有效的管理机制、试验机制来推动未来业务组合的成长与模式创新，让创新不再随机发生（见图 4-13）。

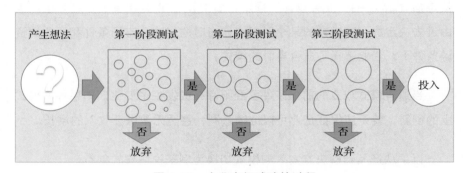

图 4-13　企业市场试验的过程

通常来说，效率型管理的特点在于公司化、流程式与可管控，而创新型管理的特点则在于小团队、开放式与试错。领先企业的领导人能够始终有效地平衡两者，通过有效的机制来推动创新不断发生。

当然，持续创新对任何一家企业而言，都是不容易的。因为创新代表着对过去成功模式的颠覆，而且是自我颠覆。因此，企业常常需要设置一些机制来保障持续创新。例如通过专门的立项来确保成长型业务获得有效的资源和支持，平衡成长型业务和现有核心业务之间的关系；通过系统性的试点，去管理新想法的不确定性和投资风险等。

但根本原则是，要让大企业拥有小企业般的灵活。

以腾讯的微信为例，在互联网从 PC 端转向手机端的大潮中，世界上几个老牌的 IM（Instant Messaging，即时通信）服务商在这个大潮中掉队了，包括美国微软的 MSN。全世界有四家公司把握住了这个时间窗口，腾讯算是其中唯一的一家老牌公司。

2010 年，看到移动互联网的发展趋势后，腾讯同时组建了三个团队开发手机端的即时通信产品，这三个团队有各自不同的底层逻辑和产品理念，但都叫"微信"，谁做成了就直接推向市场。与很多企业一开始就把产品定义好的"非黑即白"的做法不同，腾讯创始人马化腾认为，互联网产品的定义完全是由用户投票决定的。所以产品测试阶段不应去定义它应该是黑还是白，而是有一个灰度周期。在这个灰度周期里，用用户的口碑决定产品的走向。容忍失败、允许适度的浪费、鼓励内部竞争和试错，由此看来，腾讯能够拿到移动互联网的船票，并不是偶然。

因此，"创新焦点"不是单个的"创意"，而是企业不断验证和探索的行为、机制和能力。创新焦点的核心是"奇"，需要体现出企业"守正出奇"的能力。

所谓"守正"，是指企业要始终遵循和坚守自身的核心。这个核心本质上就是企业的基因禀赋，如苹果的基因是产品、华为的基因是技术、沃尔玛的基因是运营等。

所谓"出奇"，就是企业需要不断突破现有业务边界，从机会差距的视角不断探索与破界，企业方能持续构建不断进化的业务创新系统，确保长期可持续发展。

## 4.4 业务设计

"业务设计"（Business Design）是 BLM 中"领先的战略"的最后一个模块，也是企业战略设计的核心落脚点。

所谓"业务设计"，也可以称为商业模式或业务模式，是指以价值创造为核心的业务要素选择。根本上回答的是企业"为谁服务""创造什么价值""如何获利"等一系列商业基本问题（见图 4-14）。

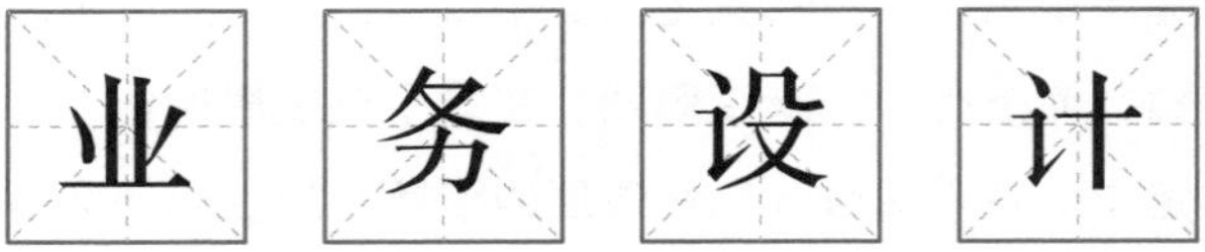

业务设计：指以价值创造为核心的业务要素选择，涉及客户选择、价值主张、价值获取、活动范围、战略控制。
Business Design：Business design involves five elements:client selection, value proposition, value capture, scope of activities, strategic control .

图 4-14  BLM 之"业务设计"

资料来源：国际商业机器公司. IBM Business Leadership Model［Z］. 2006：8.

企业领导人需要深度认知企业现有的业务设计，始终以外部洞察为基础，着眼于更好地利用内部能力来持续改进与变革，积极探索可替代的业务设计，为企业创造全新的发展空间。

### 4.4.1　业务设计包含的五个核心要素

业务设计包含五个核心要素："客户选择""价值主张""价值获取""活动范围""战略控制"。

1. 客户选择

"客户选择"（Client Selection）指的是企业选定的客户群。客户选择需要回答的核心问题是"企业究竟为谁服务，为谁创造价值"。

"客户选择"有三个核心内涵。

● 选择客户的依据或标准

客户的选择需要精确到具体的人、角色及特征，企业通常会用一二线城市、下沉市场等分类来对客户或市场进行区隔。例如拼多多的客户群体，会被误认为是下沉市场的消费者，但对其来说，一二线城市也拥有一批忠诚的消费群体。因此，以"价格敏感性"用户来定义拼多多的用户会更精准，用户的需求和偏好特征往往比物理属性更为重要。

● 谁是我的客户，谁不是

没有一家企业可以服务所有的客户群体。描述客户选择的时候，确定"谁不是我的客户"更容易让企业有所取舍。以"儿童"为例，就会发现这个客群非常宽泛，儿童也可以分为学龄前、K12 等不同细分人群，例如教育市场，有的产品更适合学龄前，有的则更适合小学和初中生。

● 选择的目标客户代表快速增长的市场

正如"市场洞察"所讲，企业始终需要洞察"客户到底是如何发生变化的"。企业选择的目标客户要代表未来趋势，例如前文所谈到的元气森林，选择 Z 世代中有健康诉求的女性群体作为典型用户，无论是 Z 世代还是健康诉求，均代表了未来的"可成长性"。

"客户选择"通常是业务设计中最直接的承接，基于对现有市场和新市场的判断，来决定是否需要对"客户选择"进行创新的设计。

● 第一步：盘点现状

目前的产品或服务是满足哪类客户的？哪类客户对我们的产品或服务最满意？

● 第二步：创新思考

是否存在着哪些潜在的客户群体目前不在服务范围内？有哪些客户需求或者偏好并未得到满足？我想选择哪些客户？我想放弃哪些客户？

GE（通用电气）就曾在杰克·韦尔奇带领下，通过客户选择的创新，开创了解决方案新模式。

### GE 的"客户选择"创新

20 世纪 90 年代，GE 发现，无论销售什么产品，小到医疗设备，大到航空发动机，其他竞争对手都可以仿制、生产，甚至上规模，它们纷纷和 GE 抢夺市场份额，因此容易演变为价格战，各自的盈利空间反而不断压缩。

随着客户对产品和技术越来越熟悉，产品的技术规格的重要性大大降低，只要采购的机器设备可以正常运转即可，因此同样品质下更低的价格成了客户的显性化需求。

那么对 GE 来说，是否就意味着只能与对手在价格战中不断吞噬企业利润呢？

GE 并未停留于此，而是洞察到了客户的潜在需求，即服务。

客户使用一台机器，不仅仅在于机器本身，而是希望其产生更大的经济效益，如果哪家供应商能帮他们做到这一点，他们愿意为此付出溢价。但是，经济效益最大化，并不是客户的工程师们关心的事情，而是企业的高管真正想要的。

洞察到了这一点，GE 开始将自己的目标客户从"工程师"转向了"企业高管"，同时，也将原本提供给客户的单纯产品转向了产品加服务的一体化解决方案，形成了服务的溢价效应，反而形成了自身的差异化，也就此开创了制造业服务标杆。

即使到今天，我们发现以 B 端客户为主的行业仍在学习和效仿这种"制高点"模式，即以中大型甚至是行业头部企业作为标杆客户，通过高层营销和战略性合作，为客户提供端到端的一体化解决方案，以获取更大的溢价空间并且建立与客户的长期黏性关系。IBM、华为（to B 业务）等均是这种模式的典范。

华为消费者业务的第一条成长曲线——智能手机获取的巨大成功，也是"客户选择"创新的典范，即完成了"为运营商做贴牌手机"到"为终端消费者提供中高端品牌手机"的成功转身。

## 华为消费者业务的"客户选择"创新

1998 年，《华为基本法》第一条明确定位华为要"成为世界一流的设备供应商"，不再涉足终端产品。2010 年，华为进军美国主流通信市场严重受阻，通信设备供应领域的增长面临危机。

2010 年 12 月 3 日召开的 200 多名高管参加的座谈会上，华为创始人任正非决定进军终端消费者领域，并对华为终端重新定位：

"明确华为终端公司的最终客户是最终消费者，确定消费者业务与运营商管道业务、企业网业务一起成为公司的三大业务领域，强调要做华为品牌，着力于手机终端进行研发和品牌渠道建设。"⊖

任正非表示："我们不是防守者，我们是一个进攻者。只有进攻才可能成功，防御是不可能成功的，现在我们要改变我们以前不做品牌的策略。"

在手机业务取得巨大成功之后，华为消费者业务转向智能穿戴设备和全场景智慧生活业务时，仍旧坚持中高端的客户路线，只是将客户从个人用户扩充到了家庭用户。从华为消费者业务长期发展目标中即可窥见一斑："两个下一代，一是让每个个体的下一代手机仍然使用华为，二是让每个家庭的下一代仍然是华为用户。"

历史上，众多领先企业均因为客户选择的创新而实现了全新的发展（见表 4-2）。

表 4-2　客户选择的创新

| 企业 | 不只服务于 | 还服务于 |
|---|---|---|
| ABB | 行业买家 | 收购的工程公司 |
| 可口可乐公司 | 消费者 | 主要的装瓶商 |
| 迪士尼公司 | 儿童 | 家庭 |
| 通用电气 | 采购代理商、工程师 | 需要解决方案的客户、企业高管 |
| 英特尔 | 原始设备制造商 | 终端用户 |

⊖ 吴越舟. 直抵终端：华为手机的长征路［EB/OL］.（2019-05-29）［2020-05-05］. https://www.cmmo.cn/article-215557-1.html.

（续）

| 企业 | 不只服务于 | 还服务于 |
|------|-----------|---------|
| 微软公司 | 消费者 | 程序开发商、原始设备制造商 |
| 嘉信理财公司 | 投资者 | 投资咨询师、区域银行、区域经纪公司 |
| 斯沃琪 | 消费者 | 手表制造商、手表分销商 |
| 美国热电公司 | 行业买家 | 投资人、公司内的创业人才 |

资料来源：斯莱沃斯基，莫里森，安德尔曼. 发现利润区：6 版［M］. 吴春雷，译. 北京：中信出版集团股份有限公司，2018：321-322.

### 2. 价值主张

"价值主张"（Value Proposition）也称客户价值定位、用户心智，是指企业为了满足客户的某种需求，通过一个实际的产品和服务，让客户切实感知到对他的价值，并且在他心中产生较为深刻的影响。通俗来讲，价值主张就是给客户一个"非你不可"的理由，因此需要回答"企业究竟为目标客户创造什么独特的价值"这个问题。

领先的企业，向客户提供的不只是产品与服务，还应该有"价值"，例如：

- ▶ 星巴克售卖的不是咖啡，而是休闲（第三空间）。
- ▶ 法拉利售卖的不是跑车，而是一种近似疯狂的驾驶快感和高贵。
- ▶ 劳力士售卖的不是手表，而是奢侈的感觉和自信。
- ▶ 希尔顿售卖的不是酒店，而是舒适与安心。

即便是同样的产品，不同企业也可以形成自身独特的价值定位。

例如，可口可乐和百事可乐对年轻的消费群体来说都是碳酸饮料，不同的是，可口可乐吸引偏好于"经典"或"传统"的年轻消费者，而百事可乐会吸引"先锋"或"叛逆"的年轻消费者，因此百事可乐会不断变换每个时代的先锋明星来彰显其独特价值。

价值主张对客户来说，不只是产品或服务的功能性体现，更彰显了其与客户之间的情感连接，正是这种情感连接，形成了客户的忠诚与习惯性购买。

因此，很多以 C 端消费者为客户群体的企业（尤其是互联网企业）多采用"用户心智"的概念以强化价值主张。例如京东的用户心智为"正品行货"，拼多多的用户心智为"便宜低价"，淘宝的用户心智为"产品丰富度"，不同的用户价值使得同一个客户可能会在不同的消费场景选择不同的购物平台。

1993 年，迈克尔·特里西与弗雷德·维尔斯马在《哈佛商业评论》上发表了《亲近客户及其他价值原则》一文，其中做了一个非常有益的探讨：

**"选择价值原则还是选择客户？"**

该文章认为当一家企业决定以一项价值原则为核心时，也就同时选定了它将要服务的客户类别。事实上，选择价值原则和选择客户类别根本就是一回事。（此处所谈的价值原则就是价值主张。）

因此，企业依靠贩卖"价值"来获得成功并不是什么新的观点，难点在于：

**"在众多市场中如何定义客户价值。"**

该理论对战略大师迈克尔·波特的竞争战略论做了很好的继承与延

展，也成为企业探索客户价值主张的有效分类原则，即：

"企业要想取得市场领先地位，有三种途径：卓越运营、产品领先和客户亲密（见图 4-15）。成功企业会选择其一做到出类拔萃，而在另外两条上力求达到行业标准。"

图 4-15　三种类型的价值主张

● 卓越运营（Operational Excellence）

卓越运营型价值主张与迈克尔·波特的低成本战略如出一辙，是指以具有竞争力的价格、最便捷的方式为客户提供可靠的产品与服务。

卓越运营型价值主张的企业，并不只是"价格便宜"，它们对客户提供的是"高性价比"的产品与服务，其特点包括适当选择、稳定供应、可靠品质、敏捷高效、持续改进等，因此卓越运营也通常被称为"总成本最低"。此类价值主张的典型企业包括戴尔、沃尔玛、富士康等。

"采取卓越运营型价值主张的企业目标是要在产品的价格和便利性上成为行业领先者。它们会想方设法最大限度地压缩一般管理费用，取消中间的生产步骤，削减交易成本和其他'摩擦'成本，并优化跨越职能和组织界限的业务流程。"[⊖]因此运营管理全流程诸如供应、生产、分销、风险控制等均是企业需要重点建设的领域，确保在竞争中获得领先的优势。

沃尔玛就是卓越运营型价值主张的典范，其为客户创造的"天天低价"的价值已经持久深入人心，在任何时代，沃尔玛均在坚守着自身对客户的价值承诺。

### 沃尔玛：卓越运营型价值主张

沃尔玛是依靠小镇起家的，与其他城市型百货企业最大的不同在于服务的消费群体的差异。沃尔玛始终服务的是以小镇作为根基的大众消费群体，这部分消费群体无论是在沃尔玛创业时代还是当下，均对产品与服务的性价比有较高的诉求。

---

⊖　特里西，维尔斯马. 亲近客户及其他价值原则 [J]. 哈佛商业评论，2005 (1)：143.

　　而沃尔玛的创始人山姆·沃尔顿也一直秉承着"为消费者节省每一分钱"的价值主张，从 1962 年成立第一家沃尔玛折扣超市的时候，便打出"天天低价，包您满意"的口号。

　　对沃尔玛来说，"天天低价"意味着沃尔玛的所有产品均要比其他竞争对手低 20%（山姆·沃尔顿对企业的要求），而且但凡沃尔玛所到之处，都能够让当地的物价降低 5% ~ 10%。

　　要做到"天天低价"，沃尔玛需要创造出独特的低成本业务价值链，例如去掉中间商以获得更低成本的商品，构建自身的区域密度模型，并且在扩张的过程中采用区域填满策略确保经营效率，引入技术优化商品库存系统、信息系统，实现全球门店连接等，甚至用低价来倒逼品牌商与生产厂商降低成本等。

　　"90 年代初，在众多的零售商中，沃尔玛率先提出硬纸包装盒是个浪费，纸盒并不能提升消费者对止汗剂的使用体验，还占据了货架空间，运货时，额外的重量要耗费更多的成本。身为零售商的沃尔玛告诉生产商：不用盒子了。于是止汗产品不再有盒子。在每件止汗产品中，纸盒的成本大约占到 5 美分。沃尔玛像惯常所做的那样，把节省下来的金额分成两份，让生产商和消费者各得两三美分。"⊖

　　正是沃尔玛对价值主张的坚守，消费者对它的信任程度（美国本土）已经到了这样的地步："对购物者来说，这就是沃尔玛效应：无论沃尔玛标价多少，你都感到放心，因为这里的价钱一定是最便宜的。你可以想都不想就抓起一瓶肌丽沐浴油放进购物车里。"⊜

　　2022 年 1 月美国的通胀率同比上升 7.5%，创下 40 年来最大的

---

⊖　费什曼. 沃尔玛效应 [M]. 张桦，译. 北京：中信出版社，2007：3.
⊜　同上，第 199 页。

年度涨幅。星巴克、亚马逊纷纷宣布涨价的时候，沃尔玛却在提价方面十分谨慎。沃尔玛美国区负责人约翰·富尔纳（John Furner）表示，各门店提供的降价数量与 2021 年第一季度末大致相同。ADPI（Adobe Digital Price Index，Adobe 公司发布的一个经济指数）的数据显示，在美国在线零售领域，1 月份食品杂货价格上涨了 5.8%，创下历史新高。<sup>⊖</sup>而沃尔玛 56% 的收入来自食杂，这恰恰体现了沃尔玛对消费者价值的坚守。

当然，沃尔玛给客户创造的价值不局限于"天天低价"。在服务领域，沃尔玛是最早提出"无理由退换货"的零售商之一，并且由山姆·沃尔顿亲自开创了"三米微笑"服务原则，以此营造消费者宾至如归的感知。

### ● 产品领先（Product Leadership）

"产品领先"是指为客户提供具有领先优势的产品和服务，不断改善客户对产品的使用体验，从而使竞争对手的产品因过时而被淘汰。通常来说，此种类型的企业提供的产品与服务特征在于潮流引领、前沿科技、卓越性能、迭代快速、持续颠覆等。

这种类型的企业通常能够引领客户的需求，将最新的产品推向市场，甚至完全超出客户的想象，给客户带来"惊喜感"。拥有该种类型价值主张的企业包括鞋服领导者耐克、瑜伽领域的新锐品牌 lululemon、手机领

---

⊖ 胡慧茵. 拆解美股财报丨沃尔玛扭亏为盈：不惧供应链混乱和通胀压力四季度营收创纪录，还有多大增长潜力？[EB/OL]. （2022-02-19）[2022-05-05]. http://www.21jingji.com/article/20220219/herald/7b04958620c66b5e864a9852bb05f2ca.html.

导者苹果、新能源汽车领导者特斯拉等。

"追求'产品领先'的企业，始终致力于提供一流的产品和服务。要实现这一目标，它们必须在三个方面挑战自我：

"第一，它们必须富有创造力。这主要是指认可并采纳通常源于企业之外的创意。

"第二，这种创新型企业必须迅速将创意商业化。为此，它们必须以速度为目标来设计所有的业务和管理流程。

"第三，也是最重要的一点，即便是企业最新的产品和服务刚刚解决的问题，产品领先者也必须坚持不懈地为之寻求全新的解决方案。如果它们的技术即将被别人超越，那么企业应该宁愿用自己的新技术把它淘汰。产品领先者不会停下脚步洋洋自得，它们会迫不及待地让自己更上一层楼。"⊖

拥有"产品领先"型价值主张的企业通常是科技驱动的，尤其是在产品极致性能的持续开发与领先上。因此产品全生命周期的管理诸如创意、开发、上市、迭代、升级等均是企业需要重点建设的领域，确保在竞争中获得领先的优势。

例如，如果市场推出一款新的划时代手机产品，大多数人的首选可能仍会是苹果。这种产品领先实际上已经给用户心智造成深刻的影响。

"2021 年的中国智能手机市场，上演了一场'滑铁卢'——在 2020

⊖　特里西，维尔斯马. 亲近客户及其他价值原则 [J]. 哈佛商业评论，2005 (1)：147-148.

年华为屡次被美国以'贸易清单'打压，导致影响产品生产之后，苹果史无前例地降价促销，进一步挤占了中国智能手机厂商的高端市场空间。根据第三方市场调研机构的最新统计数据，2021 年 10 月，苹果在 5000 ~ 8000 元、高于 8000 元这两个高端手机的主要价格区间的市场占有率已经达到了 83.6% 和 94.1%。2020 年同期，这两个数字不过是 42.5% 和 13.7%，同比分别上涨了 96.7% 和 586.86%。苹果在短短一年里再次成为中国高端手机市场的'霸主'，已经成为不争的事实。"⊖

由此足见苹果在中高端市场消费者心智的统治性影响，纵使国产其他品牌遇到了华为出让市场的历史性机遇，其产品的硬核实力仍旧是一道跨不过去的门槛。

然而华为的折叠屏手机业务，却因坚定选择了产品领先型的价值主张，再次牢牢占领了高端品牌市场的用户心智。

## 华为折叠屏手机：产品领先型价值主张

2022 年 4 月 28 日，华为正式发布全新折叠旗舰款：华为 Mate Xs 2。

作为华为发布的第五款折叠旗舰，华为 Mate Xs 2 在折叠、硬件、交互和生态多个维度均有亮眼表现。超轻薄、超平整、超可靠成为华为 Mate Xs 2 的最大卖点。

华为从 2019 年进入"折叠屏"赛道以来（与苹果错位竞争，开创全新细分品类），不断攻克难关，以三年发布五款的频率不断校正被称作"完美"的平衡点。在折叠屏手机远未形成规模之时，华为便瞄准

---

⊖　钱德虎. 中国手机业不能再输的一场仗［EB/OL］.（2022-01-05）［2022-05-05］. https://www.huxiu.com/article/486076.html.

赛道开启了"闯关模式"。

根据 IDC 所发布的《2021 年中国折叠屏手机市场研究报告》，折叠屏手机全年出厂约 150 万台，只占国内智能手机份额的 0.5%。在远未普及之前，其定位更像手机中的"超跑"，是各家手机厂商软、硬实力最直观的体现。2021 年中国折叠屏手机市场份额如图 4-16 所示。

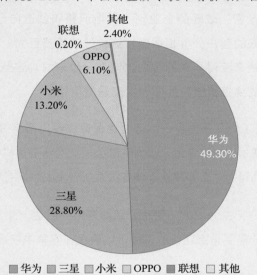

图 4-16　2021 年中国折叠屏手机市场份额

资料来源：钛媒体. 三年五代，华为折叠屏的高歌猛进［EB/OL］.（2022-04-29）［2022-05-05］. https://www.tmtpost.com/6095038.html.

● 客户亲密（Customer Intimacy）

"客户亲密"是指精确细分并瞄准市场，针对这些缝隙市场的需求提供合适的产品和服务。通常来说，此种类型的企业能够精准洞察客户需求，有精准的渠道触达客户，为客户提供精准匹配的定制化解决方案，灵活响应客户的各种要求，随着客户的需求变化而持续提供增值价值等。

"在客户亲密方面做得出色的企业，一方面对客户有着深刻的了解，另一方面在运营上又有相当大的灵活性，这两个方面的有效结合使得它们几乎对所有的需求都能迅速响应——无论是定制产品，还是满足客户的特殊要求，它们皆应付自如。因此，这些企业能够获得很高的客户忠诚度。

"如果说追求'卓越运营'的企业竭尽全力使自己的运营精益而高效，那奉行'客户亲密'战略的企业则不断地调整和创造自己的产品和服务，使之同越来越细的客户分类相适应。这种做法耗资巨大，但亲近客户的企业愿意现在花钱来获得长久的客户忠诚。一般来说，这些企业所看重的是客户对于企业的终身价值，而非一次交易的价值。

"企业的员工们几乎会尽一切努力确保每位客户都能得到真正想要的东西，至于初始成本则很少考虑。因为这些公司非常清楚这样一个原则：'一次交易的盈亏与公司同一个客户建立终身关系所带来的利润有着重要区别。'"⊖

因此，客户全生命周期的管理，诸如洞察、触达、交互、交易、复购、留存等均是企业需要重点建设的领域，以确保在竞争中获得领先的优势。

例如，在"客户选择"中介绍的 GE 将客户群体从采购工程师转向企业高层，本质上就是客户亲密型价值主张的创新。

## GE：客户亲密型价值主张

GE 解决方案业务设计与过往业务较大的变化在于：

**首席执行官营销：** 韦尔奇是首席执行官营销模式的先驱者，GE综合运用自身对客户的系统认知，为客户制订出新的解决方案，将企

⊖ 特里西，维尔斯马. 亲近客户及其他价值原则 [J]. 哈佛商业评论，2005（1）.

业当前的客户关系拓展为更长期，具有更高价值的关系。例如，"20世纪 90 年代中期与福特公司进行谈判时，韦尔奇直接与福特公司首席执行官亚历克斯·特罗特曼面谈，他为福特公司提供了一系列产品和工艺技术方面的解决方案，为福特节省了资金，并且增强了它的盈利能力"。⊖由于这种高层的互动要求对客户经济系统有高度的敏感性，因此，其产生的效果远远好于简单的高价值销售。

　　**提供融资、售后等一体化解决方案：**"韦尔奇非常看好金融服务的前景，他们没有将融资当成销售更多产品的手段，而是将其作为能够给客户带来利益的解决方案的核心，因为价值已经从制造转移到服务上。"⊜除此之外，GE 也为客户提供设备的维护、检修、零部件替换等一系列服务，部分领域的售后服务能够做到超过 30% 的利润率。这使得 GE 赢得了市场竞争。

价值主张对企业领导人的启示在于：

● 当企业选定了某一价值主张时，也就选定了它所服务的客户

偏好卓越运营的客户画像："这种类型的客户根据价格、便利性和质量的综合因素来确定价值，其中价格起决定性作用。这些客户对他们购买的品牌不很挑剔，他们更为关注的是价格越低越好，麻烦越少越好。他们不愿意为得到某一品牌的商品或一项优质服务而放弃低价和便利性。无论是消费者还是企业客户都想要优质商品和服务，但他们更想以低廉的价

---

⊖　斯莱沃斯基，莫里森，安德尔曼. 发现利润区：6 版 [M]. 吴春雷，译. 北京：中信出版集团股份有限公司，2018：89.
⊜　同上，第 91 页。

格，或者便利的方式，或者既低廉又便利的方式获得它们。"⊖

偏好产品领先的客户画像："对这类客户而言，新颖、独特与罕见的产品是最重要的，这些客户同服装购买者一样，对时尚和潮流情有独钟。在工业领域，他们看重的是最前沿的产品或部件，要求企业提供最新的技术。对于服务型企业，他们就会要求供应商帮助他们在自己的市场中抓住突破性机会。"⊜

偏好客户亲密的客户画像："第三类客户更为关注的是获得完全符合他们愿望或需求的东西。如果能使他们获得满足自己特殊需要的东西，他们情愿在价格或送货时间等方面做出一些妥协。对这类客户而言，产品的独特性和服务方式才是最重要的，至于由此而造成的合理溢价或购买不便则算不了什么。这类客户判断一种产品或一项服务的价值，是看它多大程度上像是为自己度身打造的。"⊜

- 在同一家企业中，不同类型的业务会存在不同类型的价值主张

例如，华为的运营商业务就是典型的客户亲密型价值主张，每个国家的运营商都是华为的"大客户"，而其铁三角组织（客户经理、解决方案经理、交付经理）也是适应该种价值主张而衍生出来的，目的就是通过不同角色为客户创造良好体验与信任关系。而华为的消费者业务就是典型的产品领先型价值主张，对华为来说，全面对标苹果，创造伟大的产品，"将华为品牌打造成国际化、高端化、时尚化的全球标志性科技品牌"，便是华为对手机业务未来发展的核心价值定位。

---

⊖　特里西，维尔斯马. 亲近客户及其他价值原则［J］. 哈佛商业评论，2005（1）：150.
⊜　同上。
⊜　同上。

● 领先企业会选择一项价值做到极致，而在其他价值上力求达到
行业标准

在一项客户价值上做到绝对领先对手已然是很不容易的事情。例如电
商经常谈及的"多快好省"，虽然不同的电商均在四个方面力求精进，但
事实上消费者已经将不同的价值赋予了不同的电商平台。例如，京东在
"好"字上占优，同时在"快"字上不断精进，"同城购、小时达"对京东
来说就是一次在快上的颠覆，"当日达"被"即时达"的体验所超越；而
淘宝则在"多"字上占优，占据消费者的"逛心智"，而随着社交电商如
抖音、快手的侵蚀，其"逛体验"也在被随机性推送的冲动消费体验所威
胁；拼多多则在"省"字上占据了一席之地。

但凡致力于领先的企业，均需要在一项价值上做到极致，同时在其他
价值上构建新的竞争壁垒。例如亚马逊做到了用户"无摩擦"极致体验之
后，逐步在沃尔玛的优势"低成本"上进行渗透，旨在构建低成本的组织
能力。而沃尔玛也是在做到了"品质低价"的成本优势之后，在电商时代
不断优化用户体验，做到线上线下"无摩擦"购物体验。

任何商业战略的核心都是"为客户创造价值"，它决定了企业是否能
够找到一个与众不同的创造价值的办法，并且形成自己的核心竞争力。因
此，"价值主张"通常被认为是业务设计的"灵魂"，而业务设计的本质就
是对客户的价值进行设计，这是业务设计各个要素的核心所在。

在企业进行"价值主张"的设计时，还需要考虑"价值主张"的延续
与创新。

● 第一步：盘点现状

为什么客户选择从我们这里购买？和竞争对手相比，购买我们产品最重

要的理由是什么？如果企业停止营业，谁／在多大程度上会受到什么影响？

● 第二步：创新思考

有哪些新的、能够为企业业务创造更大生存时空的价值主张可供选择？

价值主张的创新，既包括在原有的客户或市场中改变价值主张的类型，即"在原有跑道中切换跑步方式"（例如，GE 从产品领先型向客户亲密型价值主张转变），也包括选择全新的客户或市场，即"在全新的跑道中切换跑步方式"（例如，华为的消费者业务践行自主品牌中高端战略，就是从卓越运营型向产品领先型的价值主张转变）。

无论是哪种方式的"跃迁"，对企业来说，均需要在业务设计与执行体系进行一次大升级或大切换。也就是说，支撑价值不断放大的不只是单纯的产品或服务，而是客户的价值创造系统。正如很多企业之间的竞争并非产品的竞争，而是一个产业链和另外一个产业链之间的竞争一样。

3. 价值获取

"价值获取"（Value Capture）是指一家企业如何通过为客户创造价值而获得回报，需要核心回答的问题是"企业如何赢利"。因此，价值获取也就是我们通常所说的"盈利模式"。

在《发现利润区》一书中，核心阐述了企业应关注利润而非规模的重要意义：

Business
Leadership
Model

"在过去，以利润为核心的思维并不是战略制定过程中的关键部分，因为这样做没有必要。经典的战略原则是，获得高市场占有率自然就能赢得利润。因此形成的因果序列是，先创造或者获得比较优势，接下来利用比较优势赢得市场占有率，最后市场占有率将提高企业的盈利能力。但是规则改变了，日新月异的技术变化和风险资本的大量涌入，降低了许多行业的进入门槛和服务成本。在新的环境中，经营模式错误的企业所拥有的巨大市场占有率是一种负担，而并非优势。"<sup>⊖</sup>

在机会红利逐步消失殆尽的今天，规模还是利润这个问题很值得企业领导人深思。

## 规模还是利润

在中国的商业世界中，"被资本助推"的行业与企业，崇尚的是"先规模再经济"的法则，甚至过分夸大"估值"在企业价值侧的影响，因此会陷入运用资本获取用户流量和市场份额以期获得领先，再利用资本进行输血避免资金链断裂的循环中。网约车大战中胜出的滴滴，持续亏损构建物流体系的京东……一个个鲜活的商业成功案例也让更多企业持续地前仆后继。

并非所有企业都能如此幸运，曾领跑于在线教育市场的 VIPKID，创办于 2013 年，曾吸引到顶级投行红杉资本的"五连投"，D+ 轮还同时获得腾讯和拥有马云为 GP 的云锋基金的青睐。该企业彼时可谓资本市场的宠儿，依靠北美外教一对一英语培训的创新模式打开了市场，并借助资本杠杆迅速成为市场的领导者。纵使拥有较高的用户口碑，

---

⊖ 斯莱沃斯基，莫里森，安德尔曼. 发现利润区：6 版［M］. 吴春雷，译. 北京：中信出版集团股份有限公司，2018：38-39.

它也难逃由于北美外教高成本而造成的始终难以实现盈利的困局。

据《信息》（*The Information*）2019 年 4 月报道，VIPKID 在 2018 年前十个月的净亏损超过 22 亿元。VIPKID 在裁员转型做精细化运营之前，首单亏损率约为 25%，与主要竞争对手 51Talk 4%、VIPJR 8% 的亏损率相比，存在较大的差距。并且竞争对手选择成本更低的菲律宾籍外教，相对于北美外教，他们在授课时间上没有时差的困扰，同时，东方国家温和谦逊的文化风格，也让家长满意度颇高。⊖

号称互联网行业第八次资本大战的社区团购，也在政府监管下逐步趋冷，各互联网平台改变以往的扩张策略，开始收缩战线，将聚焦优势区域经营提效与盈利作为核心诉求。

社区团购的爆发源于极低的获客成本，即通过"团长模式"大大降低了互联网动辄上百的高昂获客成本，也正是这样的"诱惑"导致各平台纷纷入局。但是该业务也有先天局限，如生鲜品类的本地供应链优势极难构建，同时还有高昂的仓储履约成本等。正如当年的京东，基础设施的构建非一日之成，需要持续的资金投入，因此，在没有验证商业模式的时候，各大平台就再次启动了资本大战抢夺地盘，试图用规模换取资源垄断。此外，更受诟病的是，社区团购除了给消费者带来价格上的短暂优惠之外，其究竟在社会效率的提升上带来了什么价值呢？

2022 年，随着疫情再次爆发与经济下行，互联网企业开始了新一轮的瘦身运动，在这场瘦身运动中，首当其冲的是社区团购相关业务。例如美团关闭了北京等区域的相关业务，而京东更是几乎解散了所有区域，仅保留一部分内容合并进入零售板块。

---

⊖ 新熵. VIPKID 裁员之谜，1 对 1 在线教育成本之殇［EB/OL］.（2021-05-24）［2022-05-05］. https://zhuanlan.zhihu.com/p/374875651.

种种迹象均表明，"有利润的增长"是企业获取长期健康发展的基本法则。

那么，企业究竟如何获取利润呢？

Business
Leadership
Model
"一般来讲，企业通过销售产品或收取服务费来获得价值，但是企业也往往容易局限在这些传统的价值获取方式上。创新型企业会采取更加广泛的价值获取机制，包括融资、辅助产品、解决方案、价值链下游的参与、价值共享及其他多种方式，而这些创新的做法为客户创造了价值，也因此从中获得了回报。" ⊖

企业在进行"盈利模式"的设计时，需要思考的是如何匹配客户选择与价值主张，并且需要思考是否存在盈利模式创新的可能性，帮助企业获得更大的利润空间。

● 第一步：盘点现状

企业现有的盈利模式是怎样的？这种盈利模式是否是最优选择？

● 第二步：创新思考

有哪些新的盈利模式可供选择？是否可以在客户价值创新的领域探索全新的盈利模式？

《发现利润区》一书介绍了多达 22 种企业的盈利模式，在这里我们与大家分享几种常见类型（见图 4-17）。

---

⊖ 斯莱沃斯基，莫里森，安德尔曼. 发现利润区：6 版［M］. 吴春雷，译. 北京：中信出版集团股份有限公司，2018：12-13.

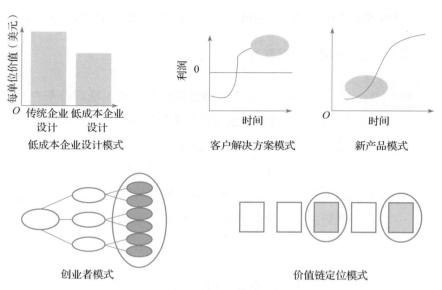

图 4-17 企业的不同盈利模式

资料来源：斯莱沃斯基，莫里森，安德尔曼. 发现利润区：6 版 [M]. 吴春雷，译. 北京：中信出版集团股份有限公司，2018：60-73.

- 低成本企业设计模式

低成本企业设计模式并非指一味压低成本，而是低成本的业务设计。通过再造业务设计获得低成本优势的企业，通常专注于积累经验获得低成本。低成本企业设计模式在获取利润上显而易见的优势在于，在同样的收入水平下，对成本控制的优势使其能够获取比对手更高的利润，或是同等利润水平下提供更高性价比的产品与服务。

低成本企业设计的典型代表是西南航空、沃尔玛、戴尔、富士康、联想等。例如，沃尔玛在早年创业的过程中，就是运用区域低成本的业务设计战胜了彼时无论是规模还是零售经验都更厉害的凯马特等一系列美国巨头。

## 沃尔玛的低成本企业设计模式

沃尔玛的成本优势不是单纯依靠经营不断提效，而是在小镇创业和扩张过程中（20 世纪 70 ～ 90 年代），创造性地设计了"配送中心周围 500 公里范围内的饱和式填满策略"（1 个配送中心服务 100 家门店）。沃尔玛通过前期的"配送中心 +100 店"模式在美国西南区域进行填满，然后快速复制到全国。

也正是这种对业务的独特设计，使得沃尔玛并非像其他竞争对手一样疯狂跑马圈地，而是将区域做透，从而在自身规模尚未能与竞争对手匹敌的阶段实现较低的成本，从而获取稳定的利润。

虽然早年沃尔玛的规模并不是最大的，但是这种门店、物流、品牌商高度协同的网络效应，使得沃尔玛的商品动销、周转、人员等各种成本，远低于行业水平。

也正是山姆·沃尔顿对小镇商业的独特设计，使沃尔玛一举打破了彼时在城市零售商业体中必须要实现 40% 以上毛利的基本规则，将零售企业的毛利水平降到了 25% 左右。

因此，管理大师汤姆·彼得斯认为山姆·沃尔顿是可以与亨利·福特媲美的企业家。正如亨利·福特虽然没有发明汽车，但他改变了美国汽车的工业生产方式一样，山姆·沃尔顿也改变了美国服务业，影响了整个行业的成本效率结构。

● 客户解决方案模式

客户解决方案模式是指企业为了了解客户、制订解决方案、发展与客户的良好关系而愿意为此进行投资。由于建立与客户之间的良好关系需要大量的投入，在这种模式下，初期会出现亏损，但其后便会产生可观的利润。

通常来说，to B 业务的开展符合"二八原则"，即 20% 的客户贡献企业 80% 的收入和利润，因此聚焦大型客户、全方位地了解客户和与客户构建深厚的关系便成为成本中最大的投入部分。而一旦形成了客户的深度购买习惯，后续的利润便会非常可观。GE、IBM、华为（to B 业务）、ABB、惠普等均是这种盈利模式的代表。

例如，前文提到的 GE 从产品到解决方案，就是价值获取方式变化的典型案例，随着 GE 客户选择与价值主张的变化，其利润也从产品单一来源扩展为配件、融资和服务等多样化来源。

## GE 的客户解决方案模式

　　GE 通过运用首席执行官营销方式，为客户提供除了产品之外，融资、产品售后等一系列的服务，因此其利润区就从过往的产品收益，向自选配置、零配件、融资、服务等一系列区域进行扩展（见图 4-18）。

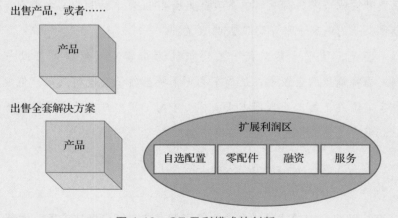

图 4-18　GE 盈利模式的创新

资料来源：斯莱沃斯基，莫里森，安德尔曼. 发现利润区：6 版 [M]. 吴春雷，译. 北京：中信出版集团股份有限公司，2018：79.

　　杰克·韦尔奇由于看好金融服务的前景，将融资当成能够给客户带来利益的解决方案的核心，此时给客户的价值已然从制造转移到了服务上。同时，GE 也将目标盯向能够积极开辟融资业务的地方。GE 资本公司每年都要收购 30 家保险、信用卡和其他金融公司。到 1995 年底，该公司的资产总值高达 1860 亿美元，一跃成为美国第三大银行。

　　除了金融服务之外，GE 还制造喷气式引擎，为购买它们的买家提供融资支持、对产品进行维护和检修，并提供零配件等。通过这样的价值切换，GE 在某些领域通过对售后服务的关注创造出了超过 30% 的利润，回避了激烈的价格竞争，通过价值升级创造了更多价值获取的方式。

　　客户解决方案模式也一定程度上佐证了互联网企业进入传统产业领域、期望用数字化来颠覆和改造传统产业的挑战与困难。其巨大的屏障在于对行业和客户的认知。例如传统的 to B 领域盘踞着大量的细分行业和市场的服务者，过往 10 年甚至 20 年的时间积累形成了其独有的对行业的深刻洞见与理解，以及与客户的深度信任及属地化服务响应机制，这不是擅长"空军作战"的互联网企业可以迅速"轰炸"的。

### ● 新产品模式

　　新产品利润是指企业的主要利润来自新产品的推陈出新，新的高利润产品被推向市场之后成长很快，随着它们变得成熟，利润便会下降。

　　一个经典的例子便是手机行业。从功能机到智能机，再到诸如折叠屏手机等创新产品，手机制造企业均在不断创造自己的下一代手机来获取更大的盈利空间。例如苹果、小米等企业每年均会有一次新产品的发布会，发布新的产品之后，原有的产品将会进入降价行列。

这也就意味着在这种模式下，产品的更新换代变得非常重要，企业需要不断迭代全新的产品推向市场，用新的产品来获取高额的利润。遵循这种新产品模式的行业包括汽车、复印机、工业设备等制造行业。这些行业中，产品具备很强的周期性，企业制胜的关键是在新一代产品中获得令竞争对手难以企及的领先优势。

- 创业者模式

创业者模式是指企业的利润来自不同独立的创业主体自主面向市场所带来的潜力空间。

<table>
<tr>
<td>Business Leadership Model</td>
<td>"随着企业的不断发展壮大，'规模不经济'效应也会凸显出来：日常开支增加，决策制定缓慢，与客户的关系变得疏远。为了应对这些消极因素，一些企业可以建立小规模的利润中心，以此来将自己的责任最大化，并保持与客户的紧密接触。有的企业通过分立出子公司来保持与客户的近距离联系，各子公司都对利润和股票价格负责。这种模式释放出了积极向上的强大力量，分公司的管理者持有自己公司的股票，如果绩效良好，他们会获得巨额回报。"<sup>⊖</sup></td>
</tr>
</table>

3M便是这种创业者模式的典范，每个分公司均是1亿美元左右的小型机构，可以自主进行创新，同时共享企业层面的技术、管理与价值观系统。而很多大型企业，也是通过不断拆分自己的业务独立成公司上市的方

---

⊖　斯莱沃斯基，莫里森，安德尔曼. 发现利润区：6版［M］. 吴春雷，译. 北京：中信出版集团股份有限公司，2018：63-64.

式，来确保各自业务如同创业体一般快速发展，例如京东、腾讯、阿里等旗下均有不同类型的独角兽企业。

● 价值链定位模式

价值链定位模式是通过重新定位企业在价值链中的位置，来改善利润结构。

Business Leadership Model

> "在许多行业中，利润主要集中于价值链的特定部分，而价值链中的其他部分利润则较少。例如在个人电脑行业，利润集中在微处理器和软件领域；在化工行业中，利润主要集中在生产领域而非分销领域。" ⊖

例如随着中国在技术上被卡脖子，国产替代的热潮兴起之后，众多致力于在国产替代的机遇下实现领先的企业均积极在产业链的高价值端（例如芯片领域）进行布局。2004 年，华为成立海思芯片，一方面是为了防范供应链的风险，另一方面也是向价值链高价值区转移的战略布局。

行业价值链的结构性变化，便是企业在盈利模式创新上的机遇。例如传统的汽车行业高利润区集中在产业链上游，即车厂，而随着数字化转型对传统汽车行业的颠覆，汽车行业出现了智能汽车的全新产业链。在新的产业链中，智能汽车依靠的是硬件 + 软件的智能终端模式，因此具备数字化，尤其是强大数据和连接能力的平台厂商便成了产业链的全新控制者，反而传统的、竞争力较弱的车厂沦为"代加工"的角色。这种产业链的变化会形成全新的竞争格局，也给企业创新盈利带来了机会和可能。

通常来说，价值获取方式与企业的价值主张类型保持一致。例如卓越

---

⊖ 斯莱沃斯基，莫里森，安德尔曼. 发现利润区：6 版 [M]. 吴春雷，译. 北京：中信出版集团股份有限公司，2018：70.

运营型价值主张的企业一般通过"低成本模式"获取利润，产品领先型价值主张的企业通过"新产品模式"获取利润，而客户亲密型价值主张的企业通过"客户解决方案模式"获取利润等。

然而，领先的企业不只是局限于这种狭隘的利润获取方式，它们通常能够组合 2 ~ 3 种盈利模式来提升或保护企业获取利润的能力。

例如，对沃尔玛来说，不仅仅依靠低成本获取稳定的利润，还包括重新构建自身在产业链中的定位，以成为价值链的领导者。过往，零售商在整个产业价值链中只是"渠道"的角色，而沃尔玛却构建了从客户一直到品牌商甚至工厂端的全产业链的控制力，其自有品牌就是帮助其改善利润空间的重要方式。

### 4. 活动范围

"活动范围"（Scope of Activities）是指企业的业务活动及其提供的产品和服务。需要回答的核心问题是"企业需要从事哪些业务活动"。也就是说，企业需要有效设计业务活动的边界：哪些是企业内部完成的？哪些是需要分包、外购或是与合作伙伴一起完成的？

不管进入哪个行业，都很难做到一家企业什么都做，往往是企业自身提供部分产品和服务，而合作伙伴提供其他的产品和服务，或者企业扮演产品生产的角色，而合作伙伴扮演了渠道、服务等其他角色。这样集合在一起，才能完成对客户价值创造的完整过程。

在活动范围上，比较热门的话题是"生态圈"，但做生态圈并不容易，因为一旦有任何薄弱环节，或者是逆流，这个"圈"就可能转不起来。共赢与共同繁荣是生态运作的基本法则，只有企业一方获取利益，而其他伙伴利益受损，哪怕是产业链中弱势的一方，也会影响到整个生态的健康运转。

例如有一家全球著名的轮胎企业，出产过一款领先的产品，叫"智能型防爆轮胎"——也就是说，这个车胎如果发生了故障，竟然可以做到自动填充，并且不减速地跑完 50 公里。这 50 公里，代表用户可以有足够的时间跑到最近的一个修车厂。从理论上来说这样一款好产品应该会受到市场的广泛欢迎，而实际情况是推广到市场之后，并不畅销。因为这款产品的生态圈设计出现了一个小瑕疵，而这个瑕疵恰恰出在整个汽车产业里最不起眼的"维修"环节。

为什么问题出在这儿了呢？因为凡是要修轮胎，修理厂就需要引进一套新的设备，这套新的设备价格不菲，并且补胎的方法、设备都跟传统的不同，技工需要重新培训学习。修理厂原本都是小本经营，谁都没有那么大的财力去推动这种生产线。所以这款轮胎热销了没多久，马上就被"生态伙伴"顶了回来，车厂也就不再订购了。

如果说客户选择、价值主张和价值获取是最基础的"商业三问"（我为谁服务，创造什么价值，我如何获利）的话，活动范围既是价值创造的具体业务载体，也可以理解为企业的业务价值链环节。

企业需要从现状和未来两个角度重新思考业务活动范围：

- 第一步：盘点现状

企业在价值网中负责哪些关键的增值活动？哪些业务活动或者功能是企业内部可以完成的，哪些需要分包、外购或者与合作伙伴一起提供？对共同获利的合作伙伴的依赖性有多大？

- 第二步：创新思考

基于现有或全新的价值主张，是否存在业务活动范围调整与创新的机会，可以增加或减少哪些活动，使得企业与价值网中的合作伙伴取得更加良性的协作关系？

不同的价值主张会形成企业对活动范围不同的设计。例如，不同类型眼镜的品牌便拥有不同的价值主张与活动范围的设计。

## 眼镜品牌的不同价值主张与活动范围

### 1. 沃尔玛：折扣连锁超市

低价便捷的价值主张要求其构建低成本为核心的活动范围。

与集团低成本战略保持高度一致，沃尔玛在眼镜品牌的价值主张一如以往延续低价策略，因此其眼镜设计与生产均交由合作伙伴来进行，以降低成本，眼镜在自身遍布全球的沃尔玛连锁超市进行售卖，确保消费者的快速可触达和便捷性购买。

### 2. Luxottica：世界知名的高端时尚眼镜制造与零售商（拥有亮视点、雷朋等知名品牌）

时尚潮流的价值主张要求其高度关注设计与零售，确保与客户需求的时刻同步。

对于 Luxottica 来说，服务的目标客户为注重时尚的中高端消费群体，因此在高品质的基础上追求前沿和潮流即成为它的价值主张。因此企业将设计、品牌和零售作为牢牢掌握在手中的核心价值创造活动，充分发挥意大利作为时尚之都的设计优势，同时构建多品牌的时尚品牌眼镜店，满足不同类型消费群体对时尚的需求。

### 3. Zoff：日本知名快时尚眼镜制造与零售商，日本家喻户晓的眼镜品牌

快时尚品质低价的价值主张要求其构建从研发、制造到销售的一

体化效率活动。

对于 Zoff 眼镜来说，主打品质低价，其构建了独特的 SPA 商业模式——自主研发、制造、销售的产业一体化系统，每套镜架需要 40 多道工序、150 多个小时才能完成，同时又能够提供快速配镜服务，因此，对消费者来说，Zoff 的眼镜从设计到生产都是非常可靠的。

三种品牌的不同价值主张对应的不同活动范围的设计如图 4-19 所示。

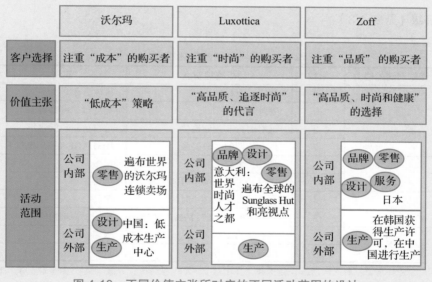

图 4-19　不同价值主张所对应的不同活动范围的设计

### 5. 战略控制

"战略控制"（Strategic Control）是指企业保护其利润的能力，核心回答的问题是"企业如何形成产品差异化和有效保护利润"。战略控制的目的是保护企业设计创造的利润流，防止竞争造成的负面影响。

战略控制也可以理解为"差异化竞争优势"，只是相对于差异化竞争优势来说，战略控制可以帮助企业更有效地评估差异化竞争优势对企业保护利润的水平和程度。

也就是说如果企业进入了一个产业链，需要考虑如何能够在其中获得一个不可替代的角色和竞争壁垒，如果随时可以被其他企业替代，那就叫作没有战略控制点。

在《发现利润区》一书中，将战略控制的水平分为高、中、低等不同等级（见表 4-3 ）。

表 4-3　不同级别的战略控制水平

| 保护利润的能力 | 指数 | 战略控制点 | 实例 |
|---|---|---|---|
| 高 | 10 | 制定行业标准 | 微软、甲骨文 |
| | 9 | 管理价值链 | 英特尔、可口可乐 |
| | 8 | 绝对的行业领导地位 | 可口可乐、沃尔玛 |
| | 7 | 拥有长期的客户关系 | IBM、GE（通用电气） |
| 中 | 6 | 品牌、版权 | 很多 |
| | 5 | 产品开发领先两年时间 | 英特尔 |
| 低 | 4 | 产品开发领先一年时间 | 罕见 |
| | 3 | 具有 10% ~ 20% 的成本优势 | 纽柯、西南航空 |
| 无 | 2 | 具有平均成本 | 很多 |
| | 1 | 没有成本优势 | 很多 |

资料来源：斯莱沃斯基，莫里森，安德尔曼. 发现利润区：6 版［M］. 吴春雷，译. 北京：中信出版集团股份有限公司，2018：56.

什么是最高级别的战略控制点？

通常是指企业有能力"制定行业标准"。也就是在一个行业里，如何区分好与坏，是这家企业说了算。这是最厉害的战略控制。例如微软，不论微软的产品是否跟得上潮流，企业的办公系统还是要用它的，这就是定义行业标准带给企业的战略控制点，以及由它产生的保护利润的强大能力。

此外，较高级别的战略控制点还包括：

▶ 管理价值链，例如英特尔、可口可乐等。

▶ 绝对的行业领导地位，例如可口可乐、沃尔玛等。

▶ 拥有长期的客户关系，例如 GE（通用电气）、IBM 等。

具备高级别战略控制点的企业保护利润的能力也是非常强的。通常来讲，领先企业拥有的不只是一个战略控制点，例如可口可乐，其拥有行业的绝对领导地位（规模、消费者价值地位等），同时又能够管理价值链。这归功于 20 世纪 80 年代可口可乐从一家原浆供应商到渗透到产业链的瓶装、物流、渠道等不同环节，成为不折不扣的价值链的管理者。华为也是如此，从在运营商业务上构建绝对的长期客户关系作为战略控制点，到随着规模的不断扩大逐步演变为行业领导者，甚至希望依靠芯片或鸿蒙系统来构建对价值链的管理和控制。

中级别战略控制点通常是指品牌、独有的知识产权、产品开发的领先（两年）。这种类型的战略控制点对企业利润有一定的保护能力，但相对高级别来说，其保护利润的能力就弱了一些。因此我们会发现，仅仅依靠产品开发的领先是难以获得持久的利润保护能力的，例如对苹果来说，产品创新只是其竞争优势的一环，其伟大之处在于重新定义了什么是智能手机（制定行业标准），以及通过构建起的苹果操作系统与开发者生态来管理价值链。

低级别战略控制点通常是指产品开发的相对领先（一年），或具备一定的成本优势，这种类型的战略控制点对企业利润的保护能力相对较弱，而且随着技术的发展、竞争对手的进入，企业的产品领先优势和成本优势也会削弱。例如元气森林果味气泡水大获成功之后，市场上便涌现了一批类似的气泡水饮料，且价格相对低廉。因此对元气森林来说，不断开发全新的产品来引领市场就需要成为其持续构建的能力。

因此，如果拿这个标准再来思考沃尔玛的战略控制水平，就不是"低成本"这么简单了，其构建起的是更高级别的管理价值链和行业领导地位等高级别战略控制点，才会出现前文谈到的，沃尔玛一句话，供应商就需要全部去除外包装，这就是管理价值链的强大影响力与竞争壁垒。

当然，低、中、高不同的战略控制水平都属于有竞争壁垒存在，值得我们反思的是，市场上可能 99% 的企业属于"无"战略控制，即只拥有平均成本或缺乏成本优势。之所以市场会存在如此多"昙花一现"的企业，多半是因为机会导向获取了暂时成功之后，并没有构建起能够抵御竞争和保护利润的核心能力。

"战略控制"对企业领导人来说是一个非常有益的概念，业务设计对企业的独特性即在于为客户创造独特的价值，形成差异化的竞争优势，持续获取利润和保护利润，避免被竞争对手侵蚀。

Business
Leadership
Model
　　"每一个领先的企业都至少包括一个战略控制点。最好的企业设计具有两个或更多的战略控制点。例如可口可乐公司具有品牌、低成本物流体系、管理价值链和在全球居于绝对领导地位（市场占有率）的战略控制点。微软公司的战略控制点在于拥有行业标准、在多个产品系列占绝对主导地位及品牌等战略控制点。"㊀

㊀　斯莱沃斯基，莫里森，安德尔曼. 发现利润区：6 版 [M]. 吴春雷，译. 北京：中信出版集团股份有限公司，2018：56.

因此，企业领导人需要通过"战略控制"来不断反思企业对客户和行业的独特价值，以及持续的价值增值。

- 第一步：盘点现状

我们为什么是一家不可或缺的企业？我们现在如何跟进客户需求？我们为什么可以在价值链里赢得主导地位、获得价值分配的权利？

- 第二步：创新思考

如何确保为客户提供持续的价值增值？如何驱动业务的持续创新以进入更高的价值区，不断提升企业保护利润的能力？

## 4.4.2　创造以客户为中心的业务设计

中国企业的业务设计创新是否有一些共性的方向呢？

答案是有的。

创造以客户为中心的业务设计，是整个中国企业转型升级的方向，也是当下中国致力于领先的优秀企业正在积极布局的领域。

从中国企业 500 强榜单中可以看到，中国企业 500 强的整体规模持续扩大（见图 4-20），并且与 2002 年相比，2021 年的榜单入门门槛增幅达到了近 19 倍（见图 4-21）。

与收入规模增长形成鲜明反差的是，中国企业 500 强的整体利润率却没有显示出同样的持续上扬态势，与 2002 年相比，2021 年的利润率甚至下降了 0.53%（见图 4-22）。

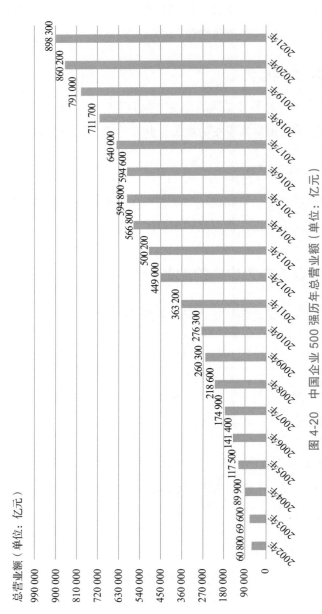

图 4-20  中国企业 500 强历年总营业额（单位：亿元）

资料来源：中国企业 500 强 20 年课题联合项目组.《中国企业 500 强 20 年报告》(全文) 发布 [R/OL]. (2021-09-29)［2022-05-05］. http://www.zqcn.com.cn/qyxw/5457.html.

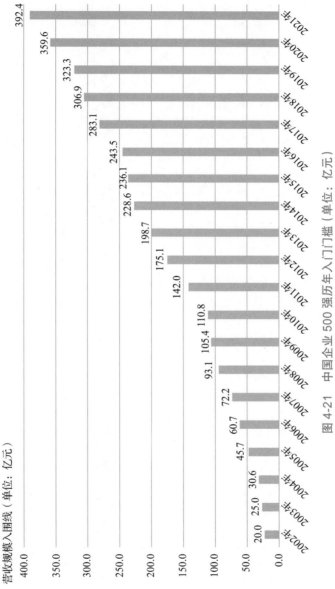

图 4-21　中国企业 500 强历年入围门槛（单位：亿元）

资料来源：国资小新. 数说中国企业 500 强：入围门槛连续提高，世界级企业加速涌现［R/OL］.（2020-09-28）［2022-05-05］.
https://www.thepaper.cn/newsDetail_forward_9381339.

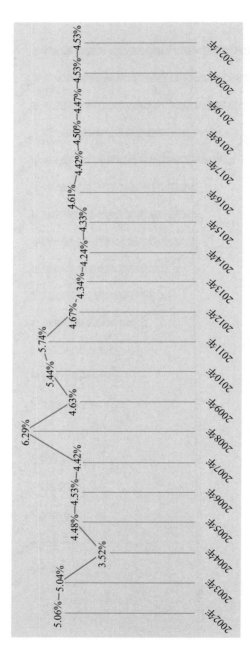

图 4-22　中国企业 500 强历年整体利润率

可以说，中国企业正面临着由富到强、由规模增长转向价值增长的时代，而这样一个转变并不会自然而然地发生，正如《发现利润区》一书所说：

Business
Leadership
Model

"利润将分配给那些经营模式更具价值的企业，而不是市场份额最高的企业。"

随着整个社会从"供不应求"的时代进入"供给严重过剩"的时代，企业也越来越重视"客户"，并且将"以客户为中心"作为企业文化等，希望渗透到企业的方方面面，但也会容易陷入概念化的误区。

以客户为中心的源头在于洞察客户，即企业需要对以下问题有明确的认识：

**客户究竟是怎样变化的？**

对企业来说，真正的"以客户为中心"，其实是形成独特的"以客户为中心的业务设计"，首先需要将以客户为中心的思想真正渗透到企业的业务活动中。

"以客户为中心"对企业来说意味着：

● **业务价值链的转换**

企业需要克服从自身出发的惯性，转向从客户需求出发思考应该提供什么产品和服务、建立怎样的竞争优势——并且越大的企业，越要刻意克服这种惯性。

企业领导人必须改变传统的业务价值链，传统价值链的出发点是企业的核心竞争力，即企业资产（资源驱动），然后会走向投入要素和原材料，其后是产品和服务、渠道等，最后到达客户。而以客户为核心的思想，其出发点是客户，最终目的地是资产和核心竞争力（见图 4-23）。这其实是调转了传统价值链的方向，使客户成为价值链上的第一个环节，其他环节紧随其后，因客户需求而变化。

**传统价值链**
始于资产和核心竞争力

**现代价值链**
从客户开始

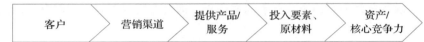

图 4-23　业务价值链的转换

资料来源：斯莱沃斯基，莫里森，安德尔曼. 发现利润区：6 版［M］. 吴春雷，译. 北京：中信出版集团股份有限公司，2018：20.

例如，美的的"T+3"按需定产就是典型的业务价值链的改变，其中 T 即周期的意思，T 为客户下单周期，"T+1"为物料准备期，"T+2"为工厂生产期，"T+3"为物流配送周期。T+3 的订单模式，即从接到客户需求后只有三个环节，而且不超过 12 天就能把货物直接给到消费者。这就从过去的以产定销变成了以销定产，打掉渠道环节，缩短跟用户的距离，从而提高渠道和通路的效率。

● 调整管理者的时间安排

要了解客户的需求和偏好，企业各级管理者就不能只坐在办公室里。

"不幸的是，即使到今天，高层管理人员仍会将 70% 的时间花在'企业或行业内'，剩下的 30% 花在'企业或行业外'，而且零星分配给供应

商、证券分析师、记者、董事会以及客户等。"⊖

在客户价值发生转移的新环境中，企业将会面临很大的被新兴对手或跨界对手颠覆的风险。沃尔玛的创始人山姆·沃尔顿先生在其自传《富甲美国》中写道：

Business
Leadership
Model

> "前不久，我在某本商业刊物上读到，1976 年业界前 100 名折扣销售商中，已经有 76 家不在了……我开始思考究竟是什么使得它们失败，而我们又是为什么一直保持良好势头的。一切归结为一点，它们不关心顾客，不关心店铺，没有使店里的员工具备端正的态度，它们会失败，因为它们甚至从未试着真正关心过自己的员工。"

因此，企业需要重新安排从上到下的时间，把大部分的时间和精力花在聆听客户的需求，共同探讨如何去满足这些需求上。在明确自己如何为客户创造价值之前，要先去理解客户是如何创造自己的价值的，并且持续地关注客户创造价值的过程以及其中的变化，最终将它转变为对客户需求和偏好的认知。

- 扩展发现客户的视野

"旧经济秩序中，人们关注的焦点是直接客户。为了发现并维持客户，企业需要大规模开阔自己的视野。在一个价值不断转移的世界中，企业的目光必须同时盯住价值链上的两个、三个甚至四个客户群。"⊜

---

⊖ 斯莱沃斯基，莫里森，安德尔曼. 发现利润区：6 版［M］. 吴春雷，译. 北京：中信出版集团股份有限公司，2018：22.
⊜ 同上，第 29 页。

　　这意味着企业的关注点需要从单一客户维度扩展至整个产业链维度，去探索价值链不同环节例如制造商、品牌商、分销商、消费者等的经济动机，将产业链的不同角色从过去只是供应关系转变为伙伴甚至是客户价值创造关系。

　　例如对电商平台来说，品牌商可能在价值链中属于商品供给方，但电商平台也提供了大量的数字化赋能的价值，平台可以从中获得广告甚至是解决方案的收益等。

　　如果说企业的战略是一个"有逻辑的创意"过程的话，这个"创意"的核心就体现在业务设计模块。业务设计是企业家真正的作品，体现了企业家对企业内外部资源整合、企业价值活动的"巧妙设计"，即便是洞察到了同样的机会和需求，不同企业的业务设计也会造就不同的伟大，因此也说明了"一个好战略的背面也是一个好战略"的说法。

　　例如商业界总是将沃尔玛与 Costco（好市多）进行对比，其实两家企业都是伟大的企业，均做出了适合自身企业的独特业务设计。

　　对沃尔玛来说，业务设计的核心是为大众消费群体提供品质低价的产品和服务，而在战略控制角度，形成的是以区域为核心的绝对领导地位，并且能够做到供应商需要按照沃尔玛的规则来生产和制造产品。

　　而对 Costco 来说，无法做到像沃尔玛那样丰富多样商品下的低成本优势，因此选择了一个细分群体，即中产阶级，为他们提供更高品质且低价的产品和服务，并且打破了"越多越好"的基本假设，在只有 3000 左右 SKU 的情况下实现极致的成本优势。Costco 的商品周转率、毛利率以及单店的坪效均好于沃尔玛，而且，从盈利模式来看，Costco 真正的盈利不是依靠商品，而是依靠会员费。

### 4.4.3　战略对执行体系的要求

业务设计在 BLM 中，表面上是一个模块，实际上要完成两个步骤（见图 4-24）：

▶ 回顾现有的业务设计。

▶ 形成期望的业务设计。

对市场的洞察
- 现有的业务设计所依赖的客户需求和经济上的假设是什么
- 这些假设还成立吗?什么可能使这些假设发生改变
- 什么是客户的首要优先级事项?它们正在如何发生变化
- 正在发生的技术革新是什么?对企业的影响是什么
- 是什么将你和你的竞争对手的业务设计区分开来

| 回顾现有的业务设计 | 形成期望的业务设计 |
|---|---|
| −客户选择 | −客户选择 |
| −价值主张 | −价值主张 |
| −价值获取 | −价值获取 |
| −活动范围 | −活动范围 |
| −战略控制 | −战略控制 |

战略意图
- 现有的业务设计是否有效支撑了企业的战略优先级与价值诉求

对能力的要求
- 这个业务设计是否建立在现有的优势和能力上
- 能否获得需要的新能力
- 新的业务设计是否与企业的价值观保持高度一致

创新焦点
- 企业是否需要创造新的业务组合来匹配新的价值来源?这种价值来源可持续吗
- 有什么可替代的设计（模式创新）可以满足下一轮的客户优先事项，并且帮助企业获取高价值区
- 企业所从事的创新探索是否能够助力和影响客户的成功，对企业甚至是社会产生积极有益的价值

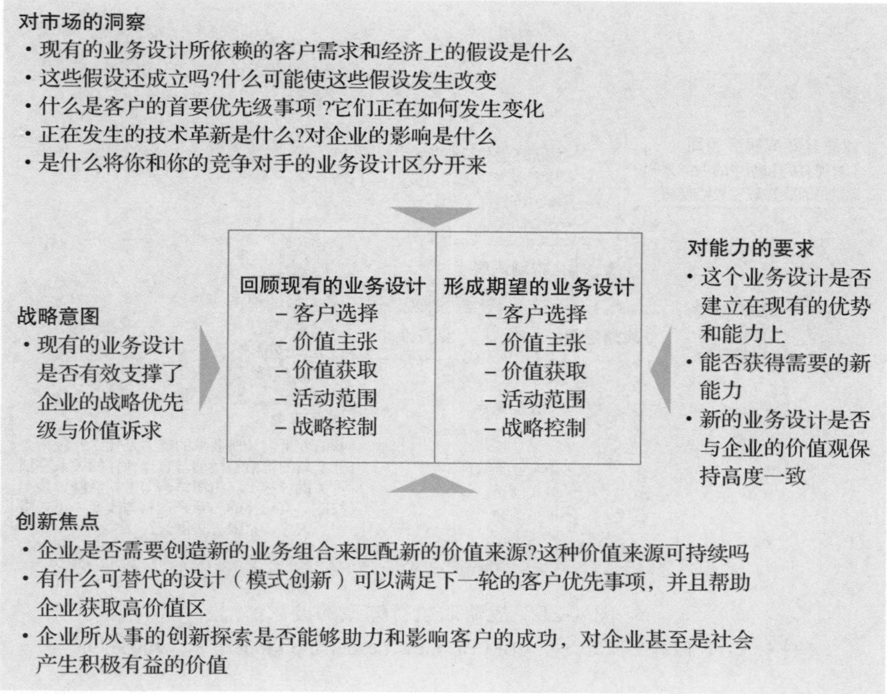

图 4-24　如何进行业务设计

资料来源：国际商业机器公司. IBM Business Leadership Model［Z］. 2006：11.

　　一旦企业决定对业务设计进行改变，相当于跑步运动员切换了跑道或改变了跑步方式，是需要一些新的能力建设（原有优势能力与新能力的组合）方能够承接未来业务设计提出的要求的。这个能力要求，依靠企业的执行体系去承接，也因此建立了战略和执行的纽带关系。

　　对企业领导人来说，业务设计的实施要求对组织当前的能力进行实事求是的评估，了解组织的不足，采取正确的措施缩小组织当前的业绩和期望的业绩之间的差距，并且参照期望的业务设计矫正企业的关键任务与组织体系（正式组织、人才、氛围与文化），以确保期望的业务设计能够实现最初的目标（见图 4-25）。

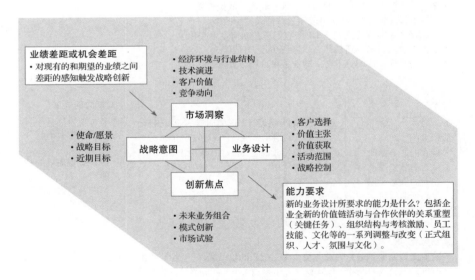

图 4-25　战略对执行体系的要求

资料来源：国际商业机器公司. IBM Business Leadership Model［Z］. 2006：9.

## 4.5　高管层启示与实践

战略意图、市场洞察、创新焦点、业务设计，这 4 个要素共同支撑了企业"大脑系统"的有效运作，只有当它们协调一致，企业才可能选择和规划一条适合自己的道路。因此，形象一点比喻，领先的战略对企业领导人来说就是"选路"的过程。

战略设计要求企业高管层具备快速整合数据和经验的能力，能统揽全局并认识到其中的优先事项。好的战略能够通过市场变化令组织做出及时决策，来调动员工的积极性。好的战略可能来自敏锐洞察或者直觉，但必须基于和客户的沟通以及大量的经验和数据之上，高管层团队的领导力也突出表现在客户洞察和突破性思维上。

例如：

"战略意图"模块对企业高管层的要求在于确定组织目标、优先工作和竞争优势。

企业可参考的领先实践包括：

▶ 设定企业明确的、符合时代发展趋势（而非自嗨）的发展愿景，并且能够得到组织上下的认可。
▶ 各业务或部门根据企业战略目标设定清晰的业务或部门目标，并确保其与企业战略方向和重心保持一致。
▶ 将企业的战略目标通过有效机制向下贯彻与拆解，将组织目标转化为可量化与评估的部门目标和个人目标。

"市场洞察"模块对企业高管层的要求在于始终将重心放在了解客户

需求、竞争对手的动向、技术进步和宏观经济环境变化上，辨别企业的机会和威胁。

企业可参考的领先实践包括：

▶ 创建并持续优化市场研究框架，从广泛渠道中获取外部环境变化信息（建立信息数据库等），深入研究客户、竞争对手、合作伙伴和供应商的特点、需求和业务模式，为战略决策提供及时和准确的依据。

▶ 确保企业各级管理者都能够时刻关注环境变化所引发的机会和威胁，并据此调整战略及行动方案。

▶ 建立预警机制，将外部环境评估与商业洞察分析等固化为工作流程，并通过有效渠道反馈到管理层，以及时采取应变措施。

"创新焦点"模块对企业高管层的要求在于通过主动的试验机制和与外部市场同步的业务拓展来创造新的业务机会。

企业可参考的领先实践包括：

▶ 通过有效的漏斗机制从广泛的信息来源中收集和筛选有价值的商业创意，并转化为一系列业务创新项目。

▶ 系统性地使用原型开发、概念测试、市场检验和其他早期数据收集的方法来寻找和验证业务创新的机会。

▶ 有效管理未来业务组合，确保投资增长及对行业变化做出有效应对，持续探索实现战略目标的路径。

"业务设计"模块对企业高管层的要求在于通过合理的客户选择、价值主张和活动范围等来捕捉最大的客户价值与企业价值。

企业可参考的领先实践包括：

▶ 不局限于原有的业务设计，开发出多种业务模式的选择并进行可行性评估。

▶ 有效追踪目标客户群体与需求变化，并通过产品与解决方案的更新迭代来确保客户价值的传递与创造。

▶ 与价值网的伙伴开放合作，在有效获取支持的同时，实现与生态共赢。

▶ 不断强化企业独特且难以复制的竞争优势，为客户提供持续的价值增值并保护企业利润。

▶ 时刻关注技术演进，并有效地将技术应用于业务模式创新与企业核心竞争优势的构建上。

上述既是企业可参考的领先实践，也是企业对照领先实践对自身组织在执行各个模块时的一次诊断，具体诊断内容和说明，可以参照"附录B：BLM 诊断罗盘"。

# 第三把钥匙：领先的执行

执行，致力于将战略通过组织的能力转变成市场的结果。

"领先的执行"在 BLM 中包括四个模块（见图 5-1），核心凸显了其理论源头《创新跃迁》中的"一致性"（Congruence）思想。

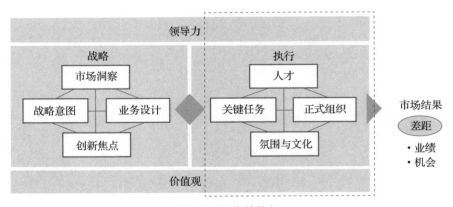

图 5-1　领先的执行

▶ 通过"关键任务"的识别找到战略落地的焦点，将业务设计转化
为一系列具体的业务活动（战略设计到战略行动的一致性）。

▶ 让"正式组织""人才"和"氛围与文化"这三个组织能力能够有
效匹配"关键任务"（组织能力与战略行动的一致性）。

## 5.1  关键任务

所谓"关键任务"（Critical Tasks），是指支持业务设计，尤其是价值
主张不可或缺的业务价值活动（见图 5-2）。

关键任务：是指支持业务设计，尤其是价值主张不可或缺的业务价值活动。
Critical Tasks：The key activities necessary to fulfill the requirements of the business design and its value proposition .

图 5-2  BLM 之"关键任务"

资料来源：国际商业机器公司. IBM Business Leadership Model［Z］. 2006：12.

通俗来说，关键任务需要回答"从客户视角出发，要有效传递价值需
要完成的任务是什么？"这一问题。关键任务必须代表企业在业务设计时
对"活动范围"的设定，因此不仅要实现内部关键活动之间相互统一，还
要做到与价值网合作伙伴的关键活动相匹配。

"关键任务"是企业执行体系最重要的起点，也是连接战略和执行的
轴心点，具备如下几个核心特征：

▶ 业务设计，尤其是业务设计的核心——价值主张是依靠关键任务来承接的，关键任务不是概念，而是一个个具体行动。

▶ 关键任务通常也包含企业的核心业务流程的设计、落实和完善。

▶ 关键任务是执行体系中其他三个模块（正式组织、人才、氛围与文化）的基础。

区别于普通的任务清单，关键任务就像企业打仗时需要明确的几个关键焦点，有了这些焦点，公司上下才能够捏成一个拳头，在主航道搏击的时候，实现力出一孔。因此，很多企业也会将关键任务称为"战略关键举措"或"必赢之战"（Must Win Battle）。

战略存在选择和取舍，而到了执行体系，也同样是层层选择和取舍的过程。关键任务的关键决策即在于集中优势资源投入怎样的业务活动，确保战略能够被有效落地。关键任务的一次次胜利，也是企业差异化竞争优势不断做强做厚的过程。因此，关键任务的核心是"投在哪"，需要体现出"聚焦"和"击穿"的力度。

在企业中，什么类型的行动才能称得上"关键任务"呢？

战略大师迈克尔·波特在《哈佛商业评论》发表的文章《什么是战略》中，揭示了战略的本质，即：

Business
Leadership
Model

"任何一家公司，只有当它建立起一种能够长期保持的具有差异化的竞争优势时，才可能在竞争中脱颖而出。战略的实质存在于独特价值活动中——针对外部竞争对手，选择一套不同的业务价值活动，或者不同于对手的方式实施业务价值活动。"[一]

---

⊖ 波特. 什么是战略 [J]. 哈佛商业评论，2017（1）：96.

构建企业差异化竞争优势的独特"业务价值活动"，其实就是 BLM 中
"关键任务"的真正内涵。

我们从企业的利润公式来深入分析一下企业关键任务的几种基本
类型：

**利润 = 客户数量 ×（单客收入 − 单客成本）× 时间积累**

利润的基本公式中有四个要素：

● 客户数量

一般来说，客户数量越大，企业收入越高，会为企业带来规模效应，
从而增加利润。

它由企业的"客户管理活动"决定（C 端或 B 端客户）。"客户管理拓
展并加深了与目标客户的关系。客户管理通常包括选择目标客户、获得目
标客户、保持目标客户、增长客户业务一系列相关的业务活动。"[一]例如，
互联网平台追求流量的获取与增长就是这个道理。

● 单客收入

单个产品均价越高，或单个客户购买企业越多的产品组合，企业收入
越高，也会为企业带来规模效应，从而增加利润。

它由企业围绕着客户进行的"产品 / 服务创新活动"决定。"产品 /
服务创新通过开发新产品、方法和服务，帮助企业渗透新的市场与细分客

---

㊀　卡普兰，诺顿. 战略地图：化无形资产为有形成果［M］. 刘俊勇，孙薇，译. 广
　　州：广东经济出版社，2005：37.

户。产品 / 服务创新包括识别新产品和服务的机会、对研究和开发进行管理、设计和开发新产品和服务、将新产品和服务推向市场等一系列业务活动。"⊖企业产品线越丰富，在一个客户处获得收入的潜力就越大，而且越是领先、创新的产品，客户越愿意为其付出溢价。

### ● 单客成本

单客成本由企业的"运营管理活动"决定，企业的运营效率越高，总成本及摊到每个客户的成本就越低。"运营管理是企业基本的、日常的流程，通过这一流程企业能够做到生产它们现在的产品和服务并交付给客户。"⊖运营管理包括企业的供应、生产、交付和风险控制等一系列业务活动。

例如拼多多之所以起势速度很快，一个核心的原因在于其极低的获客成本。在互联网平台获客成本已经上升至百元级别的时候，拼多多借用微信流量，通过"微信熟人 + 团购砍价"的社交连接进行创新，曾经创造了低至"1 元"的获客成本，也正是这种方式，帮助拼多多形成了在创业期的原始积累。

### ● 时间积累

时间积累是从利润公式中衍生出来的要素，即企业持续获利的时间越长，总利润就越高。它不仅是简单的时间概念，更反映了企业由于在社会中逐步扮演关键角色，由此形成品牌美誉，从而获得客户的长久信任与利润的"溢价效应"。

时间积累要素通常由企业的"法规与社会活动"所决定，即通常意义

---

⊖ 卡普兰，诺顿. 战略地图：化无形资产为有形成果［M］. 刘俊勇，孙薇，译. 广州：广东经济出版社，2005：37.
⊜ 同上。

的社会责任——它是影响一个企业生命周期的重要因素。"社会责任有助
于企业在生产和销售所处的社区和国家持续赢得经营的权利。有些公司不
满足于仅仅遵守法规确立的最低标准，它们希望表现优于法规限制，从而
建立声望，成为所在社区的最佳雇主。"<sup>⊖</sup>社会责任包括环境安全、关爱员
工、服务社会等一系列企业活动。

在中国的商业世界中，也正在涌现一批有着家国情怀的企业，它们在
攻克行业难题、解决社会问题、大力改善基础设施等各个领域发挥着关键作
用，而这些社会责任的彰显，也会给企业带来更多的客户、社会公信力与美
誉度。

企业的利润总量，就是被以上四个要素综合决定的。因此，企业的关
键任务识别与选择围绕着"客户管理活动""产品 / 服务创新活动""运营
管理活动"和"法规与社会活动"等业务价值活动展开，它们也是差异化
竞争优势的核心落脚点。

企业在开展关键任务的过程中，需要关注的是：

● 不同类型的关键任务（业务价值活动），其投资回报周期并不相同

通常来说，运营管理的改善会在 6 ~ 12 个月内取得正向反馈与效
果，而与客户管理相关的关键任务需更长的回报周期，通常为 12 ~ 24
个月，产品 / 服务创新相关的关键任务需要 24 ~ 48 个月才能产生收入和
利润改善，法规与社会活动即社会责任相关的关键任务则需要更漫长的回
报周期（见图 5-3 ）。<sup>⊜</sup>

---

⊖  卡普兰，诺顿. 战略地图：化无形资产为有形成果 [M]. 刘俊勇，孙薇，译. 广
州：广东经济出版社，2005：38.
⊜  同上，第 39 页。

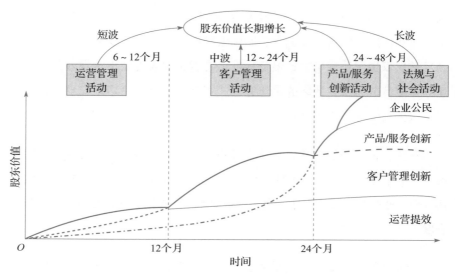

图 5-3　四种类型的关键任务对企业价值的影响

资料来源：卡普兰，诺顿. 战略地图：化无形资产为有形成果［M］. 刘俊勇，孙薇，
译. 广州：广东经济出版社，2005：39.

"运营管理活动"的特点在于从聚焦投入起会很快形成效率改善的效果，但是到达一定峰值之后便会出现企业效率提升的瓶颈，并且运营管理是一个长期的建设过程，需要企业的长期投入与坚持。京东的物流体系建设就是其在运营管理中的独特业务活动，帮助京东形成了强大的竞争优势。

"客户管理活动"的特点则是在投入一定时期之后能够显现出效果，但是随着客户数量的不断挖掘，也会出现瓶颈（客户的总量总是有限的）。因此对企业来说，一方面要探索全新的市场，另外一方面，也要从客户数量的获取转变为客户留存与黏性的增加，在存量客户中不断增强多产品组合销售的能力。GE 从产品向解决方案业务设计的转变，就是通过聚焦高层客户、提升客户黏性、提供产品与服务组合等一系列关键任务，为企业带来新的增长与利润空间。

"产品／服务创新活动"的特点在于需要一段时间积累，然后会在一定时期内形成爆发式的增长。这也是为什么很多企业在产品创新的初期非常艰难，因为产品需要经历长期投入的过程，需要等待市场检验，研发的成本不是依靠某一款产品的收入而进行摊平的。

例如医药企业通常需要构建长达 10 年的产品规划管道（Pipeline），因为一款药品从创意到研发到临床等过程中可能会出现诸多导致失败的因素，但是一旦产品研发和上市成功，就会为企业带来长期的市场收益与回报，风险越大，回报也会越大。这也是华为曾提出"板凳要坐十年冷"的原因，华为从 2004 年布局芯片，就是在产品／服务创新的业务活动上长期投入的典型例子。

而"法规与社会活动"则需要比"产品／服务创新活动"更漫长的积累。企业要想活得长久，就需要真正成为"企业公民"，承担社会责任甚至是国家使命，而回报往往来自国家的认可与公信力。

例如沃尔玛的创始人山姆·沃尔顿是历史上第一位被授予美国自由勋章的企业家。1992 年，美国总统布什在向山姆·沃尔顿颁发勋章时，对其给予了高度评价："山姆·沃尔顿，一个真正的美国人，在他身上，体现了自由企业精神和美国梦。他关心员工，服务社区，希望把一切变得更好，这是他生平事业的特点。通过设立面向拉丁美洲的奖学金，他将人们的距离拉得更近，同他人分享是在他身上体现得如此完美的美国理想。他是忠诚的丈夫和父亲、受人爱戴的企业领导者和热忱倡导民主的政治家，他向人们展现了信念、希望和勤奋工作的价值……"㊀足见沃尔玛在美国国家层面的影响力。

㊀　沃尔顿，休伊. 富甲美国：沃尔玛创始人山姆·沃尔顿自传［M］. 杨蓓，译. 南京：江苏凤凰文艺出版社，2015：310-311.

● 关键任务的核心是为了支持价值主张，从而构建差异化竞争优势

在上一章的"业务设计"模块，我们介绍了三种类型的价值主张，即卓越运营、产品领先和客户亲密。

那么，如何根据价值主张来进行关键任务的选择与取舍呢？

通常来说，企业选择了某种类型的价值主张，则自然选择了与之对应的业务价值创造活动，确保企业形成独特的、有别于竞争对手的业务价值活动；与此同时，在其他两类价值主张相关的业务价值活动中确保没有明显的缺项，力争达到行业平均水平（见图 5-4）。

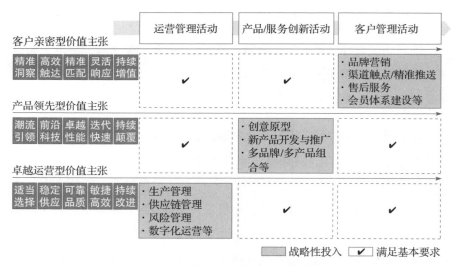

图 5-4　价值主张与关键任务的对应关系示意

对于卓越运营型价值主张的企业，应首要在运营管理的价值活动上具备自身的特色，同时确保产品/服务创新与客户管理达到基本要求。例如京东通过物流体系的持续建设构建起了强大的运营优势，但其也同样在不断优化用户体验以及增强服务能力等方面进行精进。

对于产品领先型价值主张的企业，应首要在产品/服务创新上大力投入，确保企业不断输出领先于市场的产品与服务。

除了产品本身在技术研发上的大力出奇迹之外，企业也可以在"产品创新"的不同业务价值活动环节中（产品创意、开发、设计、上市等）找到自身可以聚焦的优势。

## SHEIN 神奇的"上新速度"

SHEIN，作为跨境快时尚服装电商平台，对标 ZARA 快时尚的成熟业务设计，却运用电商平台做到了比 ZARA "更快"和"更多"。

这背后源于 SHEIN 独特的产品开发活动，与 ZARA 大量雇用知名设计师进行产品开发不同的是，SHEIN 运用数据和算法了解不同区域消费者的需求，用数据来指导"普通资质"的设计工作者快速设计和产出不同款式的服装。它采取每日上新的模式，平均 4 万～5 万件/周的上新速度远远超过 ZARA（每周上新 2 次，每年上新 1.2 万件）（见表 5-1）。

表 5-1　快时尚品牌美国官网上新数量、速度与价格对比

| 上新周期 | 品牌 | 周期上新总数 |
| --- | --- | --- |
| 每日上新 | SHEIN | 周 49 196 件 |
| | ZAFUL | 周 431 件 |
| 每季上新 | H&M | 秋季 1 687 件 |
| 每周上新 2 次 | ZARA | 年 12 000 件 |

| 品类 | SHEIN | ZAFUL | H&M | ZARA |
| --- | --- | --- | --- | --- |
| 价格范围（美元） | 1～169 | 1～82 | 3.99～199 | 9.9～410 |
| 畅销款价格范围（美元） | 5～25 | 5～20 | 9.99～50 | 35.9～400 |

资料来源：雨果网. SHEIN 凭什么这么"快"？[EB/OL].（2022-004-08）[2022-05-05]. https://www.cifnews.com/article/121118.

对于"客户亲密型"价值主张的企业，则取决于企业的"客户管理"能力有多强，即便如此，"客户亲密型"价值主张的企业也需要有效控制成本。凡是做客户解决方案的企业，均怕自己的成本过高。因为如果什么业务都是定制的，且每次都要匹配客户的独特需求，这种"非标"带来的代价就是高成本且复用性低。若成本难以控制，利润就会被不断地挤压。我们看到不少标榜客户解决方案的企业，实质是一个"集成"公司，缺乏自身的产品或服务硬核，大多数产品和服务内容以外购为主，就缺少了战略控制点，变成一个只能"赚取中介费"的企业。

因此，无论是选择哪种类型价值主张的企业，均需要在其对应的关键任务层面寻求有效平衡：充分体现业务活动的独特性以彰显客户价值，同时，规避明显的短板，提升企业的综合竞争力与抵御风险的能力。

- 弥补业绩差距和弥补机会差距的关键任务有较大差异

弥补业绩差距的关键任务通常会聚焦在原有业务价值活动的强化上，原因在于其业务设计本身并没有发生变化，这种情况下，关键任务的目的是巩固和增强企业现有的核心竞争力。

而弥补机会差距的关键任务通常会产生全新的业务价值活动，核心的原因在于企业将会从原有的业务设计切换到全新的业务设计上去。

深入研究细分行业领先者，并在对标的基础上形成错位，是企业进入一个全新领域时通常可以采用的方法。

例如华为消费者业务形成全新的中高端自主品牌的业务设计之后，便需要在消费者品牌、渠道建设等全新的业务活动上完成从 0 到 1 的建设。它在最初高端手机推向市场失利的情况下，采用的就是跟随策略，以快速构建起支持手机业务的"核心能力"。

## 5.2　正式组织、人才、氛围与文化

正式组织、人才、氛围与文化合在一起，通常被称为"组织能力"或"组织系统"。这三个部分通常需要进行系统性审视，其在 BLM 中的意义在于"一致性"，即通过组织能力与关键任务的一致性检查，确保企业的战略真正转化为可执行的组织系统。

而正是这种"一致性"，能够时刻提醒企业领导人，当企业面临机会差距，尤其是需要"跃迁式创新"的时候，应及时诊断由惯性而形成的障碍，并推动组织变革。

### 5.2.1　正式组织

所谓"正式组织"（Formal Organization），是指明确的组织结构、绩效与管理机制等，以确保关键任务能顺利完成（见图 5-5）。

正式组织：明确的组织结构、绩效与管理机制等，以确保关键任务能顺利完成。
Formal Organization: Explicit structures, management and measurements systems to ensure that critical tasks and processes are satisfactorily performed .

图 5-5　BLM 之"正式组织"

资料来源：国际商业机器公司. IBM Business Leadership Model［Z］. 2006：12.

通常来说，"正式的组织包括明确的结构、职责、流程、衡量方法，

以及管理者用于指导、控制和鼓励个体和团队完成关键任务的制度。一般来说，高层管理者对正式的组织制度具有的控制权是最大的。不过中层管理者也掌控着一系列正式流程，例如晋升、职位设计和子单元的组织设计，而且他们可以量身定制培训和奖励体系，尽可能地满足下属的需要"。<sup>⊖</sup>

通常，企业可以从四个维度来确立企业的正式组织：

第一，组织结构与管控。这也是谈及"组织"时最为熟悉的概念，它包括组织的基本结构（区域、产品、行业等维度）、各单元角色与职责分工、管控模式设计、管理层级设置、人员组合和配置、考核与激励等。它是正式组织中最为关键的要素，它影响着其他相关的组织流程与制度。

"世界上不存在最佳的组织结构，每一种战略分组的选择都各有利弊。因此，在可能的选项中如何抉择，要考虑的不是外部条件，而是诸如单元自身的战略和愿景这样的内部条件。这样一来，分组选择就会反映出单元的战略，并促进执行该战略所需的关键任务的完成。"<sup>⊜</sup>

第二，作业流程与协同。即用来保障企业内部各部门运转的流畅性、各部门相互衔接的工作流程与机制。业务作业流程是企业业务价值链活动在组织内部的有效编织与组合，促使不同部门相互协作以高效地为客户创造价值，它包括一系列内部业务与管理的流程设计、赋能、授权、IT 系统等。

---

⊖ 塔什曼，奥赖利三世. 创新跃迁：打造决胜未来的高潜能组织［M］. 苏健，译. 成都：四川人民出版社，2018：94.
⊜ 同上，第 95 页。

　　需要关注的是，企业不仅需要编织与构建组织内部不同单元与部门之间的流程与协作关系，也需要将企业与客户、供应商及价值链各类合作伙伴有效地连接起来。这既包括在流程、系统等层面的联动，也包括构建委员会、项目团队等方式。

　　例如，在零售行业中，最为著名的跨企业协作就是沃尔玛与宝洁的供应链协同模式。宝洁开发并给沃尔玛安装了一套"持续补货系统"，双方企业通过 EDI（电子数据交换）和卫星通信实现联网。借助于这种信息系统，宝洁除了能迅速知晓沃尔玛物流中心内的商品库存情况外，还能及时了解商品在沃尔玛店铺的销售量、库存量、价格等数据。这样不仅能使宝洁及时制订出符合市场需求的生产和研发计划，同时也能对沃尔玛的库存进行单品管理，做到连续补货。

　　第三，日常管理机制。即用来保障企业的日常有效运作、问题解决与风险管控的机制，包括战略规划与目标分解、经营分析、决策机制、问题解决机制、创新机制、风险管理机制等。

　　第四，组织效能评估。对组织而言，如果缺少了评估，就很难有效管理与优化。组织效能评估的方法有很多，例如基于平衡计分卡的组织绩效评估、管理人员评估、客户满意度评估、员工满意度评估等都是常见的组织效能评估方法。

　　为确保"正式组织"与"关键任务"的一致性，企业需要审视目前的"正式组织"的设计是否能够为实现关键任务和内部资源整合提供帮助。

　　列举一个真实的客户案例：

A企业是一家快速发展的金融科技企业，它在2018年制定的关键任务之一是"推动行业解决方案的销售"。

通过前期的访谈调研，我们发现，A企业的组织现状主要是围绕占企业营收80%以上的成熟业务去布局销售和研发资源的，显然和提供综合解决方案的组织能力要求并不匹配。

具体而言，A企业在"正式组织"上的核心障碍有两项：

**组织结构：**所有的销售和研发资源紧紧围绕着当前公司的核心业务，而在行业解决方案开发的资源投入上比较薄弱；

**激励机制：**原来的销售团队激励都是提成方式，所以团队更关心的是收入总额，而非收入结构。成熟业务的体量大，自然就导致销售团队难以有兴趣去销售行业综合解决方案这样的全新业务。

由此可以看出，A企业的正式组织和关键任务并不匹配，若照此实施，可以预见"推动行业解决方案的销售"这个关键任务难以真正落地。这个逻辑看似简单，却很容易在企业战略落地中被忽视，出现战略到执行的"断裂"。

因此，正式组织其实是企业的内部驱动机制，决定企业的运营效率。它解决的是战略到执行"顺不顺"的问题，正所谓"利出一孔"，才能"力出一孔"。正式组织的核心是"筹"，要特别体现出"运筹调配"的味道。

## 5.2.2　人才

所谓"人才"（Talent），是指人力资源的特质、能力以及竞争力。要使战略能够被有效执行，员工必须有能力、动力和行动来有效完成关键任务（见图 5-6）。

人才：人力资源的特质、能力以及竞争力。要使战略能够被有效执行，员工必须有能力、动力和行动来有效完成关键任务。
Talent：The human resource characteristics, capabilities and competencies. For effective strategic execution, people must have the skills, motivation and commitment to accomplish the critical tasks .

图 5-6　BLM 之 "人才"

资料来源：国际商业机器公司. IBM Business Leadership Model［Z］. 2006：12.

通常，判断一个企业是否具备人才优势，表面是考验其人才的储备情况，实际却是考验其人才管理的组织能力。

但是，企业的各级管理者往往会忽视人才管理的重要性。他们往往会简单地认为人才管理就是人力资源部门的责任，由此造成人才管理和企业战略脱节，从而影响战略的实现。因此 BLM 中的 "人才"，不只是对人才数量与质量等的评估与策略，还包括如何形成选、用、育、留的机制，这也是企业在人力资源管理层面的基础设施建设。

例如华为当年的人才招聘策略就堪称经典，非一流大学、贫苦出身的应届毕业生，构成了华为早年员工队伍的核心特色，也正是这样的导向，一方面高度匹配了华为 "以奋斗者为本" 的核心价值观，另一方面也有效地支撑了华为的国际化发展（军事化管理，高度服从组织调配）。

不可否认，从前端到后端，从业务部门到管理支持等所有岗位的有效贡献是企业实现战略的基础。但是，其中那些可以形成差异化优势，并且直接影响到关键任务的"关键岗位"，通常是企业领导人在战略层面需要特别关注的。

如何识别影响关键任务所必需的关键岗位呢？

可以按照如下两个步骤来进行：

▶ 第 1 步：回顾关键任务，明确对应的业务价值创造流程。
▶ 第 2 步：根据业务流程，梳理战略实现必需的关键岗位。

列举一个真实的客户案例：

> B 企业是一家快消品企业，之前主要通过代理商开拓二三线市场，从 2018 年开始，企业设定了关键任务，其中之一就是"通过直营门店的建设拓展一线市场"。这个关键任务所对应的最主要的工作流程就是"客户获取"流程，当把这个关键工作流程定位明确之后，就能够去匹配所对应的关键岗位了。
>
> 为了在第三季度之前完成 100 家门店的开设任务，对应的关键岗位就是门店店长和直营门店管理团队，但是企业目前并没有相应的人才储备。
>
> 因此企业需要用外部人才引入、内部店长选拔与发展、直营门店管理团队提升等一系列"人才"举措，来解决关键岗位在数量和质量上与关键任务匹配的问题，同时借此机会统一门店经营理念和方法。

定位关键岗位之后，还需要将关键岗位描述清晰，并通过人才盘点来评估当前人才准备度并制定对应的人才策略与行动计划。

关键岗位可以从三个维度来定义，即"知识""技能"和"态度"。关键岗位的精准化定义也会成为企业开展招聘、培训和人才发展等工作时的重要参考和依据。

人才盘点可以帮助企业厘清关键岗位上的人才队伍支撑关键任务的准备度。例如，合适的员工是否被安排在了合适的岗位上，组织内部是否有足够的人才数量支撑战略落地等。

列举一个真实的客户案例：

C企业是一家本土医药企业，近年来在国内市场开拓上面临挑战，管理层期待通过"首仿药的上市和营销模式的升级"来实现企业业绩的增长。

在这个雄心勃勃的目标背后，实则反映的是销售人才的巨大缺口。因为企业管理层和人力资源部都很自然地意识到，当前销售团队的薄弱环节在于销售能力低于预期。

C企业期待打造一支专业销售团队，帮助其新药在三甲医院推广，但当前销售团队的主要经验是在二三线市场，且是关系型的销售方式，这其实是难以满足战略要求的。

因此，在关键任务明确之后，C企业针对匹配战略的专业销售岗位进行了一次精准化定义：

**知识要求：** 为满足新药推广需求，专业销售人员必须对药品所属的治疗领域具备专业知识，同时，需要对医院药品的采购流程和竞争对手的策略有充分了解和把握。

**技能要求：** 专业销售人员需要具备顾问式的销售能力。同时，面对重要的三甲医院，销售人员需要具备大客户营销的能力以及在组织内整合资源的沟通与协调技能。

**态度要求：**由于是新产品在新客群的推广，难度可想而知，需要专业销售人员具有高敬业度和进取精神，倾尽全力去争取一切可能的机会。

通过"知识""技能""态度"三方面的岗位描述对销售团队进行评估，结果显示目前全国范围内大约1000人的销售团队中，仅有1/5的人能够满足向专业化的顾问式销售转型升级的要求（见表5-2）。

表 5-2　C 企业销售团队准备度评估

| 关键岗位描述 | 销售 |
| --- | --- |
| 知识 | ● 药品知识与临床治疗使用建议<br>● 医院新药引进的决策流程<br>● 客户知识 |
| 技能 | ● 顾问式销售<br>● 大客户营销<br>● 沟通与协调技能 |
| 态度 | ● 敬业坚韧<br>● 学习进取 |
| 数量要求 | 1000 人 |
| 合格数量 | 约 200 人 |
| 准备度评估 | 严重不足 |

专业销售人才队伍的巨大缺口也给C企业明确了人力资源建设的方向，即匹配关键任务。因此，人力资源部门随即开展了一系列诸如专业销售人才的招募、现有销售团队的专业化能力提升、考核与激励的调整、职业发展通道的重新设计等行动举措，也在此基础上营造专业导向而非关系导向的销售文化。

因此，BLM 中的"人才"，对企业领导人来说，既是关键任务落地的关键，也是企业人才竞争力的体现。核心解决的是"愿不愿"和"能不能"的问题，需要体现出"源源不断生长和涌现"的味道。

## 5.2.3 氛围与文化

所谓"氛围与文化"（Climate&Culture），是指组织的行为方式。有效的组织文化会培养、反馈和强化关键任务的有效执行（见图 5-7）。

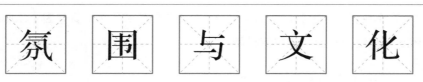

氛围与文化：组织的行为方式。有效的组织文化会培养、反馈和强化关键任务的有效执行。
Climate & Culture：Patterns of behavior in the organization. An effective organizational culture will nurture, reward and insist on effective execution of the critical tasks .

图 5-7　BLM 之"氛围与文化"

资料来源：国际商业机器公司. IBM Business Leadership Model［Z］. 2006：12.

如果说 BLM 中的正式组织模块"反映出了正式的结构、奖励体系和职能分工"，而氛围与文化模块则更似"非正式的组织，它反映出了自发的结构、奖励体系和职能分工。自发的标准和价值决定了组织的文化，形成了社群控制系统。"⊖

《创新跃迁》一书非常重视氛围与文化对激发企业创新所发挥的作用：

---

⊖ 塔什曼，奥赖利三世. 创新跃迁：打造决胜未来的高潜能组织［M］. 苏健，译. 成都：四川人民出版社，2018：99.

Business
Leadership
Model

"对任何组织而言，它不但是为了完成某个任务或目标而形成的机器，而且还是由人组成的群落。为完成任务而设定权力体系并不能完全控制人们的思想和行为。这个群落会通过社会交往产生自己的一套标准和影响力网络。这套标准和影响力网络可能会促进，也可能会阻碍组织任务的完成。因此，管理者绝不能抹杀或压制社群的力量，而是要引导并利用它。"

那么，是否有方法可以判断企业这些无影无形的氛围与文化呢？

在企业界应用较为广泛的文化分析是由美国组织行为专家奎因（Quinn）1988 年开发的企业文化价值模型。

该模型将氛围与文化划分为两大维度：

**第一个维度是企业的内外部导向性：**它可以确定组织文化是"内部聚焦型"还是"外部聚焦型"。"内部聚焦型"组织通常关注内部聚焦和一体化（internal focus and integration），而"外部聚焦型"组织通常关注外部聚焦和差异化（external focus and differentiation）。

**第二个维度是企业的稳定程度：**它可以用来确定组织文化是"集约型"还是"授权型"。"集约型"组织通常关注稳定性和控制（stability and control），而"授权型"组织通常关注灵活性和自行决策（flexibility and discretion）。

这两个维度将企业文化划分为四大类型，分别是等级（控制）型（Hierarchy）、市场（竞争）型（Market）、部落（合作）型（Clan）、委员（创造）型（Adhocracy⊖）（见图5-8）。

---

　⊖　Adhocracy 由 Adhoc（临时的）和 cracy 两个单词构成，本意为临时委员会组织，在《组织文化诊断与变革》中被直译为"委员型文化"，多用于形容灵活型组织（旨在发挥个体的积极性和创造性）。

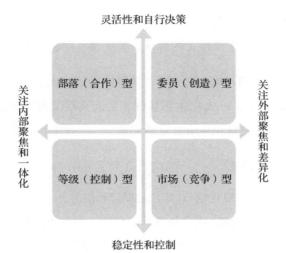

图 5-8　企业文化价值模型

资料来源：卡梅隆，奎因. 组织文化诊断与变革：3 版［M］. 王素婷，译. 北京：中国人民大学出版社，2020：48.

## ● 等级（控制）型文化：结构严谨且聚焦内部

等级型文化源自当代最早的组织形态，马克思·韦伯（Max Weber，被称为组织理论之父）对理想的官僚组织的描述，就是等级型文化的组织原型。"在 20 世纪之交的转折时期，组织面对的主要挑战是高效地为日益复杂的社会提供产品和服务。韦伯（1947）提出了广为人知的七大经典特征：规则、专业化、贤能管理、等级、所有权分离、无人情味和责任。"⊖

此种文化类型的企业内部有非常正规和明确的层级与架构。企业根据具体的流程、政策等管理员工的工作，整个组织因为规章制度和政策凝聚在一起。优秀的领导是重要的协调人和组织者，维持组织顺畅运行。企业重视组织的长期稳定性、可预测性和效率。

⊖　卡梅隆，奎因. 组织文化诊断与变革：3 版［M］. 王素婷，译. 北京：中国人民大学出版社，2020：50.

这样的组织文化优势在于掌控技术、善于成功复制、具有稳定的组织目标等，而劣势则在于受规则约束、决策缓慢、对机会响应速度较慢等。

例如 1920 ～ 1970 年的 50 年，是美国管理史上的黄金时代（大规模标准化生产），诞生了一大批依靠管理革命而实现规模化领先的企业，杜邦、福特汽车等均是这种主流文化的代表。

● 市场（竞争）型文化：结构严谨且聚焦外部

市场型文化源自 20 世纪 60 年代后期流行的另外一种组织形态，它的基本假设在于，"外部环境充满了敌意而非仁慈，顾客很挑剔，只对价值感兴趣，组织的职责是提高其竞争地位，管理层的首要任务是驱动组织获得更高的生产力、成效和利润。清晰的目标和积极的战略可以带来生产力和盈利"。⊖

此类文化类型的企业以结果为导向，节奏快，注重对财务指标的追踪和业绩底线达成。优秀的领导通常是努力自驱的贡献者和竞争者，并且往往高标准、严要求，组织因为"赢"的信念凝聚在一起，组织重视有竞争力的举措和目标达成。

这样的组织文化优势在于卓越领导力、市场响应、决策迅速、自上而下的变革速度，而劣势则在于眼光短浅、方向变化快、人力资源发展投入有限等。

例如 GE 从产品向解决方案的模式转变，也是从等级型文化向市场型文化的切换，其"数一数二"的战略体现出了 GE 充分面对市场，敢于与对手展开竞争的姿态。同样，IBM 在郭士纳的带领下，也从相对自满、傲慢的等级型文化转变为时刻关注市场和客户的市场型文化，同时并未失掉自身系统、规则的文化底色。

---

⊖ 卡梅隆，奎因. 组织文化诊断与变革：3 版［M］. 王素婷，译. 北京：中国人民大学出版社，2020：54.

● 部落（合作）型文化：结构灵活且聚焦内部

部落型文化源于 20 世纪 60 ～ 70 年代众多学者对日本企业的研究，他们"发现了美国市场型和等级型组织设计形式与日本部落型组织设计形式之间的根本差异。共同的价值观和目标、凝聚力、参与性、个性化以及'我们'的集体意识渗透于部落型组织中"。[一]

此种文化类型的企业通常具备"家文化"的基本特征，具有相对和谐的组织氛围。领导者被认为是导师甚至是家长的角色。组织内承诺度极高，整个组织因为忠诚和传统凝聚在一起。组织强调长期福利和员工发展，重视团队合作、参与感和共识。

这样的组织文化优势在于目标一致、普遍的高承诺、以达成共识为驱动的决策制度、合作伙伴高忠诚度等；而劣势则在于对市场变化反应慢，以共同的特征为傲却无视这些特征是否能带来积极成效，拘泥于一种做生意的方法即"我们的方法"，对供应商的要求不灵活等。

例如动画电影制作商皮克斯（1986 年成立，拿下 17 个奥斯卡奖项，其中 10 次获得最佳动画长片奖）就是部落型文化的典型代表。"皮克斯制作的影片不仅质量精良，远远高于平均水平，而且其制作方式与众不同。大部分电影公司依赖于名气大的人才，但是皮克斯恰恰相反，它形成了一种紧密联结的文化，成员密切配合，进行大量协作，彼此学习，努力优化每一部作品。所有人的合同都是长期的而且是与公司签订的，而不是属于一个特别的项目。"[二]

---

㊀ 卡梅隆，奎因. 组织文化诊断与变革：3 版 ［M］. 王素婷，译. 北京：中国人民大学出版社，2020：55.

㊁ 同上，第 56、57 页。

● 委员（创造）型文化：结构灵活且聚焦外部

委员型文化源于信息时代应运而生的组织形态，这种组织的基本假设在于，"创新和前沿精神带来成功，组织的主要任务是开发新产品和新服务，为未来做好准备，管理层的首要任务是促进创业、创造力以及前沿性活动。人们认为调整适应和创新可以带来新资源和利润，因此组织强调形成关于未来的发展愿景、有组织的无序状态和有约束的想象力"。[⊖]

此种文化类型的企业内部有活力，倡导创业精神和创造力，员工愿意冒险。在这种文化氛围中，优秀的领导通常富有远见，愿意革新并为此承担合理风险。整个组织因为创新与尝试凝聚在一起。组织强调先进的产品和服务，重视快速发展和获取新资源，并随时准备迎接挑战。

委员型文化的组织多见于企业的创业阶段，或是需要大量生产创新型产品和服务的中大型企业。例如 3M 就是委员型文化的典范，它的组织特点在于每个产品公司均是 1 亿美元左右的小型机构，可以自主进行创新。3M 视新产品为生命，以其为员工提供创新的环境而著称。1929 ～ 1966年，3M 的灵感领袖威廉·L. 麦克奈特（William L. McKnight）的思想精髓被完好无损地从老一辈 3M 人传给了新的 3M 科学家和工程师。这一思想精髓的核心就是雇用好的员工，让他们以自己的方式工作，并容忍错误。其中最为著名的就是鼓励员工分出工作时间的 15% 投入到创新领域等。

这样的组织文化优势在于快速响应市场、分散决策系统、拥有创造力和创业精神（尽管并非特指小的或新的企业）等，劣势在于后续支撑跟不上、有热情但缺乏行动、组织沉淀差、一味崇尚灵活组织结构而忽略了规则约束等。

---

[⊖] 卡梅隆，奎因. 组织文化诊断与变革：3 版 [M]. 王素婷，译. 北京：中国人民大学出版社，2020：58.

从上述的文化类型也可以看出，企业的氛围与文化其实是与正式组织密切相关的，其目的是共同匹配企业战略与底层价值诉求。

在瞬息万变的当下商业世界中，一个企业的文化与氛围通常是四种类型的组合，而非单独强化某一象限，且很大程度与企业自身的行业特性、业务模式和价值观高度相关。例如标准配件制造商由于对产品标准化和品质有较高的要求，因此等级文化会促进该类业务、确保稳定供应，但并不排斥以客户为中心积极面对市场进行竞争。而高科技制造商，则需要在产品侧不断推陈出新和引领市场，因此更需要以委员型文化作为主流，但也需要企业形成稳固的流程与结构。

在以一种文化占据主导的中大型企业中，也会根据业务发展阶段与特性而呈现出不同类型的子文化。例如委员型文化通常会在等级型或市场型文化为主导的企业中，作为创新业务单元的子文化特征而存在，目的是打破严谨和约束性的规则与流程，促进创新业务单元以快速迭代的方式进行产品与服务创新。

对于需要从原有业务设计切换到全新业务设计的情况，企业通常要克服巨大的文化惯性与阻力。例如，对于一家历史悠久、层级严格的企业，新的战略如果要求大量的创新尝试以及灵活的组织结构，企业文化就要从等级型文化向委员型文化进行偏移，或是在原有的等级型主流文化下构建致力于创新的组织结构与子文化系统。一旦企业在进行业务转型时忽略了文化，很容易造成失败。

因此，文化变革被认为是在企业转型中极为重要的手段和方式。

正如组织发展大师埃德加·沙因在《企业文化生存与变革指南》一书中提到的：

Business
Leadership
Model

"在创始阶段，文化与战略几乎是同一回事，而
当企业发展到一定阶段的时候，战略与文化也没有先
后顺序。战略受到文化约束，文化决定战略是否能够
成功。"⊖

## 5.3　检查组织的一致性

战略到执行并非一个自然发生的过程。

任何企业若要保持健康、良性运转，就必须保证执行体系四大构件
（关键任务、正式组织、人才、氛围与文化）与战略的一致性，以及四大
构件之间的一致性。在应对成熟市场时，基于成熟的业务设计实现四大构
件的持续优化；而在应对新兴市场时，基于崭新的业务设计重新匹配四大
构件的一致性。

组织的一致性检查包括三个层面：

▶ 关键任务是否与业务设计，尤其是价值主张保持一致？
▶ 目前的正式组织、人才、氛围与文化是否与关键任务保持一致？
▶ 正式组织、人才、氛围与文化相互之间是否保持一致？

一旦"不一致"发生了，就可能会成为差距的根源（见图 5-9）。

---

⊖　沙因. 企业文化生存与变革指南：变革时代的企业文化之道［M］. 马红宇，唐汉
　　瑛，等译. 杭州：浙江人民出版社，2017：IV.

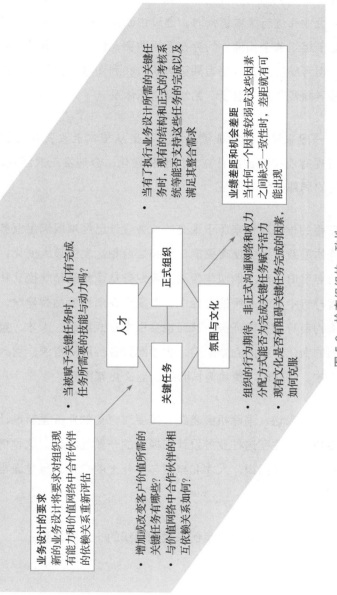

图 5-9　检查组织的一致性

资料来源：国际商业机器公司. IBM Business Leadership Model [Z]. 2006: 12.

业绩差距的根源通常来源于组织能力跟不上或无法满足当前的业务发展，例如企业在进行区域扩张时，通过诊断发现缺乏足够的区域领军人才。或来源于组织各个构件之间存在矛盾冲突，例如企业倡导以客户为中心的文化，但考核仍只是围绕短期销售收入和利润展开，并未树立以客户为先的考核导向及客户满意度、黏性等指标体系。

因此，一般来说，消除业绩差距，不是从根本上改变企业的业务设计，而是对现有业务设计的补充、扩展和强化，会涉及正式组织、人才、氛围与文化的局部优化与调整。

机会差距的根源通常来源于现有的业务设计已经难以满足业务发展的诉求，业务的重新设计会使得关键任务和之前相比发生较大变化，需要构建全新的业务价值活动。例如华为消费者业务从运营商贴牌模式转向面向终端消费者打造中高端品牌的过程中，就需要在消费者品牌建设、渠道建设等领域重构自身的关键任务，从而也会引发正式组织、人才、氛围与文化等一系列的变化，如成立新部门、重新配置各部门的资源、引入新业务所需要的人才、构建以消费者为核心的创业文化氛围等。

因此，一般来说，消除机会差距，需要对企业的业务重新设计。企业领导人需要特别关注在这种业务设计切换下的一致性检查，这种情况通常会带来一系列在正式组织、人才和氛围与文化上的变化，也是通常意义的"组织变革"。

列举一个我们实际的客户案例来说明组织的一致性检查。

## "通信网络建设商"向"行业信息化专家"的价值转型

我们所服务的一家 T 企业（千亿量级企业），从 2015 年开始在原有业务出现增长瓶颈的时候，就积极探索新市场与新业务，并通过 3 年时间初步完成了从"通信网络建设商"向"行业信息化专家"的战略转型。

在这个转型的过程中，T 企业的目标客户从原有的运营商大客户转向了有信息化需求的行业企业和政府客户，而价值主张也从过去的注重低成本运营转向了向客户提供一体化信息化解决方案。在这种变化下，整个业务设计对组织能力提出了全新的需求，即构建一体化解决方案的能力，因此"面向行业头部企业，以一体化解决方案打开局面构建标杆案例"便成了企业的一项重要的关键任务。

但是这项关键任务的落地却遇到了重重阻碍。

为什么呢？

核心原因在于 T 企业过往构建的所有组织系统，均是围绕运营商客户体系而构建的。客户自身专业程度高，有对接设计、监理、工程等不同专业的对口机构与部门。不仅如此，过往的客户还要求较高的属地化服务，因此客户的每个省公司都要求 T 企业在当地构建独立的分公司，由此形成了 T 企业百余家独立法人结构的专业公司和地市分公司的局面。在过往这种松散的组织体系下，T 企业采用的是财务管控的方式，即高度授权一线，也因此缺乏对一线的控制力，面对转型，自然难以快速调动一线资源。

与此同时，过往的关键任务更加强调 T 企业需要不断增强贴身服务和快速响应的能力，因此缺乏销售或解决方案的相关组织角色。

见图 5-10，我们会发现，T 企业面对过往的客户体系，提供的是基于客户的贴身属地专业化服务，此时关键任务、正式组织、人才、氛围与文化等组织的四大构件都是相互匹配的。

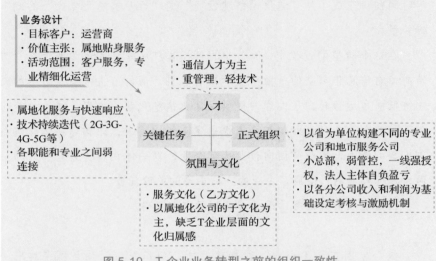

图 5-10　T 企业业务转型之前的组织一致性

但是，在 T 企业从传统业务向全新业务领域发展的时候，无疑是一次跨越，即业务设计的创新。其中最核心是客户价值的改变，从过往以专业分工为主导的属地服务价值向以行业为核心的一体化整合式解决方案价值转变。如果说过往是独立作战的话，那么这次面向新市场和新机会，T 企业需要的是军团作战模式，打造行业级解决方案与专业整合力（见图 5-11）。无疑，这对组织能力提出了全新的挑战。

因此，T 企业启动了匹配全新的关键任务的组织改造。

"一体化"的底层，是企业使命、愿景与核心价值观的高度一致。

因此 T 企业首先推动改变的是氛围与文化，即构建 T 企业层面的共同
情感归属（尤其是激发国企干部队伍的家国使命与责任感），对过往
百余家独立法人机构的分散文化做了一次真正意义上的统一，而这种
统一不仅依靠文件的下达，更通过不同层级的实战赋能与人才发展项
目，在促进共同学习和战斗的过程中营造"One T 企业"的组织氛围。

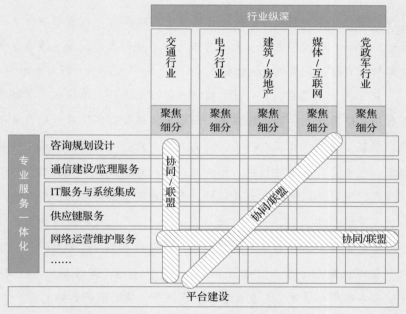

图 5-11　T 企业的行业级解决方案模式

与此同时，T 企业也借机更新了企业文化，将"上善若水的乙方
文化"更新为"上善若水的利泽文化"，这代表着企业从过往的"贴
身周到服务"向"行业信息化专家"的身份进行切换，从"摆脱生存
困境，活出尊严"到"价值升级，活出精彩"。T 企业在文化上的更

新赋予了组织上下意义感，建立了在组织变革中"个人"与"组织"的强连接。

在人才方面，T企业改变了过往"重管理，轻技术"的人力政策导向，开始梳理专业序列，并提升专业人才在企业中的地位与价值，其中包括将过往的通信设计专业人才定位于行业信息化咨询顶层设计专家，将边缘化的 IT 专业人才（过往 T 企业以 CT<sup>⊖</sup>人才为主）的积极性充分调动起来。同时，T 企业开始着手构建销售与行业解决方案队伍：一方面，从内部激活一批愿意拓展新市场的人才；另一方面，从外部引入有行业背景的专业销售人才。

在正式组织层面，T 企业在现有组织体系之外，单独成立了新业务部门，随着新业务的不断拓展，衍生出能够聚合不同专业的行业条线，将铁三角角色（客户经理、解决方案经理、交付经理）逐步构建起来。在业务开展的过程中，形成"能力一点生成，多点拥有"的组织模式，同时兼顾统一性与灵活性，例如将某些实力较强、孵化出产品的专业分公司直接上升为"集团级产品中心"，从全国各地向产品中心输送资源。面对行业级的大型客户，则由总部大客户部门进行牵头和资源调配。至此，该企业形成了一种特有的"柔性组织"模式，并出台各类指标共背、利益共享的激励政策，鼓励创新业务发展。

T 企业的组织变革是一次非常典型的"软着陆"模式，即在没有根本性改变组织现有模式的基础上，以文化先行，激发一部分人先动起来，赋能组织与人员，同时根据业务的形势改变来针对性地做局部组织调整，逐步构建了全新的组织一致性（见图 5-12）。

---

⊖　CT，Communications Technology 的缩写，指通信技术。

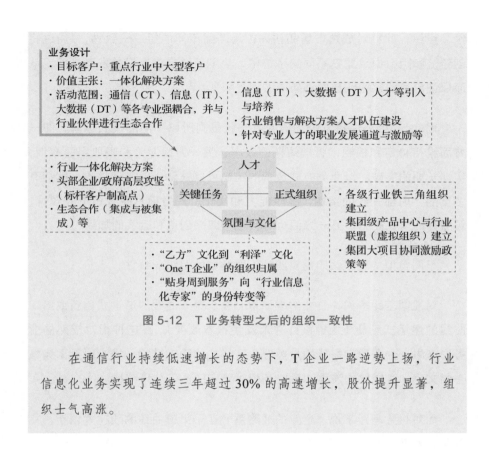

图 5-12　T 业务转型之后的组织一致性

　　在通信行业持续低速增长的态势下，T 企业一路逆势上扬，行业信息化业务实现了连续三年超过 30% 的高速增长，股价提升显著，组织士气高涨。

# 5.4　推动"二元性"组织持续进化

　　在传统的企业中，由于仅存在一种类型的组织形态，企业难以同时平衡好效率与创新，致使很多已经获得成功的企业在环境变化时难逃生存危机，甚至是轰然倒下。《创新跃迁》一书所倡导的"组织一致性"，既主张通过差距诊断，构建组织系统与战略的匹配，同时也主张企业构建"二元性"组织，即针对成熟市场和新兴市场匹配不同的组织一致性，"通过将创新流和阻力面放置在不同的系统中，为创新流提供良好的发育空间，从而保证自身能够在跃迁式创新中占得先机"。<sup>⊖</sup>

因此，"组织保持竞争优势的方法就是同时以不同的模式运营，即一方面维持稳定和控制，管理短期的效率；另一方面冒险和吸取经验教训，实现长期的突破。以此类方式运营的组织可以被称为是二元性的，即拥有多重的、内部一致的架构，竞争能力和文化。一方面具备效率、一致性、可靠性的内在能力，另一方面也有实验、即兴创造和运气的加持"。<sup>⊖</sup>

不同类型的差距关闭需要匹配不同类型的组织一致性。

对业绩差距来说，企业的战略重心在于第一曲线的渐进式创新或第二曲线的递增式创新（业务设计并未发生根本改变），在这种相对成熟的业务形态中，企业通常需要的是类似金字塔式的稳定结构，推崇以效率为核心的文化，有成熟的流程体系以及相对稳定的员工队伍结构。

而对机会差距来说，企业的战略重心在于第三曲线的跃迁式创新，在这种相对新型且需要探索的业务形态中，需要的是"重回创业状态"，因此创新业务需做适度隔离，避免强大的组织结构和文化惯性制约创新业务的发展。在这种情况下，企业需要的是灵活作战、快速迭代的团队，自驱型的组织文化与自下而上的创新涌现，而组织成员则需要相对年轻化和多元化。

---

⊖ 塔什曼，奥赖利三世. 创新跃迁：打造决胜未来的高潜能组织［M］. 苏健，译. 成都：四川人民出版社，2018：108.
⊜ 同上，第 181 页。

　　甚至很多时候，这种团队反而是传统业务的"内部颠覆者"。对领先企业来说，若无法从企业内部基因突变和进化，则很容易被外部颠覆。例如柯达虽是第一个发明数码相机的企业，但却被强大的成熟业务和组织惯性给扼杀了。而腾讯则成功从内部孵化出微信，虽然其一定程度上对 QQ 造成了较大威胁，却为企业构建了全新的价值航道。

　　约翰·科特在《变革加速器》一书中，将此种组织模式称为"双元驱动系统"，即一个组织，两种模式（见图 5-13），这与《创新跃迁》一书中的"二元性"组织的内涵如出一辙。这种思想在中国最典型的实践便是改革开放时期的深圳特区模式。

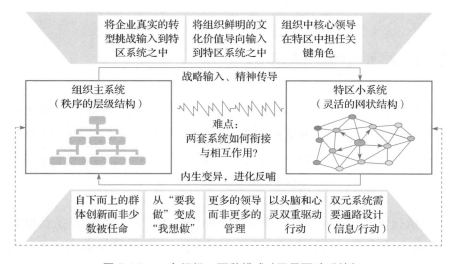

图 5-13　一个组织，两种模式（双元驱动系统）

　　在改革开放中办"特区"、设立试验田的思路，为特别需要稳中求进的大型企业转型建立了范式。建特区就是为了探新路，开放、试错、赋能、释放活力。而建特区不是为了始终让"特区"独立存在，其最终目的是让"特区"的活力和范式能够反向带动组织进化，从而形成全新的组织一致性。

组织始终保持"二元性"进化，是企业不断成长与领先的典型特征，但这并不代表"特区"永远是特区，正如企业的业务会不断演进一般，特区业务不断成熟并逐步演变为主导业务设计的时候，特区业务所构建的组织系统就会演变为组织的主流系统，而不再是"边缘"。

正如微信当年于腾讯而言仅是一个创新业务，但随着微信成为腾讯的主导业务之后，其组织便会围绕微信及微信生态展开组织系统不同构件的全新匹配。

## 5.5　高管层启示与实践

对企业领导人来说，如果说"领先的战略"好比选路的话，"领先的执行"就好比是造车，要真正实现战略蓝图和目标，必须根据不同的路况造出不同性能的好车。例如，如果在山路行驶就需要一辆性能优良的越野车，而在高速公路行驶则需要一辆跑车。

执行体系决定了企业取得结果的能力，战略是"想到"，执行就是"做到"，但往往"想到"和"做到"之间会有一道很难逾越的鸿沟。因此，对企业领导人来说，既需要根据战略构建组织的一致性，又要适应环境变化，有效管理组织惯性，从而推动企业的创新发展。

例如：

"关键任务"模块对企业高管层的要求在于确保企业将资源聚焦在成

功实施业务设计，尤其是价值主张需要的业务价值活动上，强化现有或构建新的差异化竞争优势。

企业可参考的领先实践包括：

▶ 有效识别影响战略成败的关键任务及行动举措，并给予足够重视与资源配置。

▶ 进行有效的资源管理，平衡当前运营需要与未来长期发展，避免顾此失彼。

▶ 获得各部门对关键任务的高度共识，并明确各部门的绩效目标和协作分工。

▶ 设置专项角色或机制，以适当的频率、节奏追踪与检查关键任务（含各项指标）落地的进展情况。

▶ 以关键任务为牵引，检查正式组织、人才、文化氛围与关键任务的匹配度并明确变革举措。

"正式组织"模块对企业高管层的要求在于确保正式的组织结构、作业流程、各项管理机制等有效服务于关键任务。

企业可参考的领先实践包括：

▶ 设计具有弹性及可塑性的组织架构及流程机制，以快速响应业务的需求与环境的变化。

▶ 设定与战略相一致的绩效目标和指标，并通过有效管理，引导部门资源投入和绩效目标达成。

▶ 制定匹配战略实现的激励机制，尤其要对新业务、新能力的发展有明确的激励导向与政策。

▶ 无论进行怎样的组织调整，都需遵循和坚守核心价值观的原则和
导向（杜绝杀鸡取卵的行为）。

"人才"模块对企业高管层的要求在于确保企业有充足的人才供给，
根本上是让人才培育与成长的能力来有效匹配关键任务，尤其是与业务创
新相关的关键任务落地。

企业可参考的领先实践包括：

▶ 根据战略规划来清晰定义当下以及未来所需要的关键人才及具体
要求。
▶ 通过有效的流程与机制来识别、引进、培养、保留关键人才，确
保健康的人才供应链。
▶ 基于长远发展的继任计划，确保当期有人可用的同时，及早储备
未来所需要的人才队伍。
▶ 具备将优秀人才放在关键岗位上历练的机制，为高潜人才提供施
展才华的机会和舞台。

"氛围与文化"模块对企业高管层的要求在于确保企业的氛围与文化
有效匹配不同的组织形态与战略目标，尤其是企业在进行业务设计变化的
过程中，企业高管层要善于运用文化变革推动企业的创新与进化。

企业可参考的领先实践包括：

▶ 将文化转化为员工的行为要求，并根据战略变化引导组织改变行
为习惯。
▶ 确保升迁机会、绩效奖金、加薪幅度等，皆与员工贡献度正相关，
公平公正。

▶ 营造高绩效的文化氛围，通过明确的政策与机制来协助经理处置
不适岗或低绩效的员工。

▶ 培育开放包容、创新试错的环境，对在工作中有创新行为的员工
给予及时认可与奖励。

上述既是企业可参考的领先实践，也是企业对照领先实践对自身组织
在战略各个模块的一次诊断，具体诊断内容和说明，可以参照"附录 B：
BLM 诊断罗盘"。

# 钥匙环：领先之魂

之所以把业务领先模型"一上一下"的两个部分称为钥匙环（见图 6-1 虚线部分），是因为领导力与价值观是贯穿战略到执行各要素的"环扣"，亦是业务领先的根本，因此，我们称其为"领先之魂"。

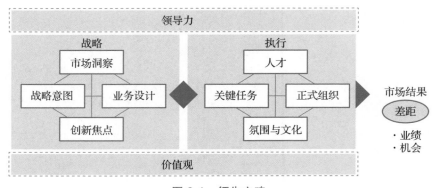

图 6-1　领先之魂

领导力和价值观，其实是企业不断地通过商业实践沉淀下来的领导行为和组织信念。如果说差距、战略和执行是企业成长的"明线"的话，领导力和价值观，就是企业成长的"暗线"。

## 6.1　领导力

所谓"领导力"（Leadership），是指将战略贯穿到执行上并取得结果，在变化的环境中持续破界和进化的能力（见图 6-2）。

领导力：将战略贯穿到执行上并取得结果，在变化的环境中持续破界和进化的能力。
Leadership：A capacity that is essential to create a business that rapidly and continuously adapts to meet a changing environment.

图 6-2　BLM 之"领导力"

资料来源：国际商业机器公司. IBM Business Leadership Model［Z］. 2006：4.

BLM 中，领导力的内涵有别于我们常规意义谈及的领导者个体素质、能力或管理风格，它本质上代表的是一种组织能力，或企业领导行为的集合。因此，此处的领导力更接近 BLM 的原词" Business Leadership Model"中 Leadership 的内涵，即业务领导力或商业领导力，其核心强调的是企业高管团队的群体使命：

**要想在千变万化的商业环境中取得成功，企业高管必须拥有强烈**

**的主人翁责任感和卓越的领导力来带动企业适应变化。**

因此，BLM 也会被称为"业务领导力模型"。"领导力"对企业领导人的意义在于，它是企业不断破界、扩展活动半径的体现，也凸显了企业各级管理者领导变革的能力。领导力的核心是"扩"，要体现出"不断破界"的味道。企业的转型和变革，根本上讲，就是领导团队的进化与蜕变。

正如企业需要构建"二元性组织"来同时应对企业的效率和创新两大挑战一般，企业中，也需要有两种不同类型的领导任务，即高效运营型领导任务和创新变革型领导任务。

● 高效运营型领导任务

高效运营型领导任务的核心是实现战略到执行的贯穿，效率和企业效益最大化。因此，该类领导任务包括清晰的目标制定与落实，设计和优化实现战略的组织治理结构与沟通网络，激发、辅导与支持各层级员工达成任务，同时，在业务不断发展的过程中推动个体的不断成长与发展，实现个体与组织的共赢。

高效运营型领导任务将不断推动组织的连续性创新，从中短期角度实现业绩结果，并在实现业绩结果的过程中，持续增强企业的中长期竞争优势。

● 创新变革型领导任务

创新变革型领导任务的核心是布局长远，帮助企业实现创新与进化。通常来说，企业的最高领导者需要持续关注并执行这些任务。因此，该类领导任务包括创造和传递战略愿景以感召整个组织，塑造企业文化，测试新业务，构建竞争力，引领创新与组织变革等。

创新变革型领导任务将不断创造机会差距，推动组织的非连续跨越，从中长期视角布局企业业务组合，并且在适合的时机引领业务转型与组织变革。

在企业发展早期，创始人仍然在组织中发挥核心作用的时候，高效运营型领导任务与创新变革型领导任务会同时由创始人来承担，而随着企业不断发展壮大，这些角色则难以集中在同一领导人身上，需要多元背景的领导团队，甚至是不同代际的领导团队来共同承载。

为什么沃尔玛在创始人离世之后没有由盛转衰，反而大放异彩？

通常，我们总能试图寻找将企业力挽狂澜的"英雄级领袖"，如拯救 IBM 的郭士纳、引领微软转型的纳德拉等，但是沃尔玛能够想到的除了创始人山姆·沃尔顿，还有谁呢？

沃尔玛的可贵之处恰恰在于其"领导集体"。在近 80 年的发展中，沃尔玛历经三代领导集体（包括家族成员与职业经理人），虽然不同的领导群体与创始人山姆·沃尔顿有着迥异的风格，却都流淌着共同的经营理念与价值信念，例如顾客是上帝、做最好的零售企业、先学会走再学跑，等等。

## 沃尔玛：跨越代际的卓越领导集体

沃尔玛的创始人山姆·沃尔顿是创新变革型和高效运营型领导任务都完成得非常出色的企业领袖。

小镇创业时期，沃尔玛的最小化业务模型并非单个门店，而是以物流配送中心为核心，覆盖周边 100 家门店，同时以信息网络实现业务活动之间的协同效应，构建起了独特的小镇商业，面对竞争对手，形成了低价的显著优势。

在沃尔玛不断发展壮大的过程中，山姆·沃尔顿始终关注的是经营效率和组织能力的建设，而非盲目扩张。从创业到区域第一，山姆·沃尔顿花了整整 35 年时间，其实就是在构建坚实的企业效率系统。尤其值得称道的是，沃尔玛在 20 世纪 80 年代拥有世界上第一个私人卫星系统，专门用来使全国门店实现快速的数据回传，以便提高销售和库存管理的有效性。

同时，山姆·沃尔顿并未将目光停留在组织内部，而是不断关注市场变化。1983 年，随着会员仓储模式的兴起，山姆·沃尔顿又在 65 岁之际启动了二次创业，开设了第一家山姆会员店，并且亲力亲为。

作为沃尔玛的第一代领袖，山姆·沃尔顿始终以高效运营和创新变革的领导任务为己任，为沃尔玛的长足发展奠定了坚实的效率与创新根基。而沃尔玛的继任团队也不孚众望，将沃尔玛从美国的商业巅峰推向了世界之巅。

第二代领导集体将美国模式发扬光大，进一步运用高效运营型领导任务来扩大企业版图，同时也如创始人一般，运用创新变革型领导任务积极探索全新的业务形态（超级购物中心、电商等）。而第三代领导集体则继续接棒，尤其是肩负起了互联网时代电商改革的重任，一方面将企业向平台化进行转型，另一方面也对传统零售业务进行资产的重新配置，以确保高效运营。

沃尔玛的"财富"不仅是强大的供应链优势，更得益于其跨越时代的低调领导集体。

　　沃尔玛选择继任者的标准非常一致，一线出身，低调务实，擅长经营，对零售行业有投入一生的热情。同时也非常不同，例如物流背景出身的格拉斯高度崇尚科技驱动，善于运用成熟的技术武装企业核心竞争力，并且比山姆·沃尔顿更大胆冒险和扩张；而 2014 年上任的董明伦从实习生开始就在沃尔玛工作，算是年轻的老干部，他是科技派的新代表，善于探索新技术，重新塑造用户体验。

　　一个企业难能可贵的是创始人能够带领企业不断破界，而更加难能可贵的是企业一代一代的领导集体前仆后继，始终以推动企业向前为己任，并且实现跨越时代的成长与进化。以拉长的时间为视角来审视领导力对企业领先的价值，显得更加弥足珍贵。

　　"领先企业的领导团队非常像杂技演员，需要同时保持好几个球在空中飞。也就是说，他们既需要传播一贯且清晰的愿景，又能主持多重的组织架构，不会令人费解，以至于让人感到虚伪"⊖领导力的多重一致性如图 6-3 所示。

　　领导力在企业中发挥的作用是"主动做功"而非"被动响应"，即便变化很多时候会带来失败，但是随机性的成功将可能会成为新一轮时代趋势下的企业主导设计，而这恰恰是进化论的精髓。

　　因此，BLM 中的领导力本质上也是企业家精神的体现。纵观那些领先的企业，我们会发现，它们始终是系统成长与持续进化的典范。华为厚积薄发三十年的 4 幅广告宣传图片，展现出了这家企业的商业领导力。

---

　　⊖　塔什曼，奥赖利三世. 创新跃迁：打造决胜未来的高潜能组织［M］. 苏健，译. 成都：四川人民出版社，2018：186.

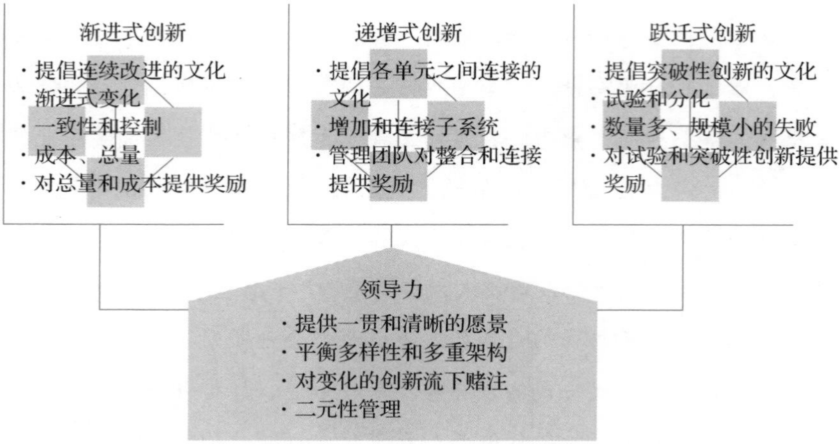

图 6-3　领导力的多重一致性

资料来源：塔什曼，奥赖利三世. 创新跃迁：打造决胜未来的高潜能组织［M］. 苏健，译. 成都：四川人民出版社，2018：187，本书有改动。

## 华为的领导力

### "聚焦主航道"

这是一个瓦格尼亚人长年在刚果河博约马瀑布附近捕鱼的故事（见图 6-4）<sup>⊖</sup>。刚果河并非世界上最长的河流，却是世界上流速最快的河流（因为河道落差大且深），因此被誉为"淡水机枪"，其平均流速为 8000 ～ 10000 立方米 / 秒。瓦格尼亚人需要修一个长长的栈道到河道中间，手里摇着一个编织的竹网，哪里水流大，就把这个竹网向哪个地方摆去。但凡鱼多的地方也是极为凶险的地方，在惊涛骇浪之中，瓦格尼亚人需要全神贯注，一边要站稳双脚，另外一边要不断摆动竹网捕捉大鱼。

---

⊖　心声社区. 厚积薄发系列广告［EB/OL］.［2022-05-05］. https://xinsheng.huawei.com/next/#/detail?tid=6794127.

华为用这个图希望表达"聚焦主航道"的信念。在很大程度上它体现了一种勇气，华为不甘于在一个小河沟里面捕鱼，而要在惊涛骇浪之中搏击主航道，不在非战略机会点上消耗战略竞争力量。因此必须全力以赴、全神贯注，这就是在主航道中搏击的时候需要的一种战略定力。

瓦格尼亚人在刚果河中捕鱼

不在非战略机会点上消耗战略竞争力量

图 6-4　聚焦主航道

### "苦难点亮未来"

这是美国摄影艺术家亨利·路特威勒的摄影作品《芭蕾脚》（见图 6-5）[一]。公众都知道"天鹅湖""睡美人"等芭蕾舞很优美，但是鲜有人了解那优美舞姿的背后是芭蕾舞演员的"烂脚"，正是因为热爱才能经受得了这样的苦难，才能跳出这样优美的舞。

因此，华为既提倡"敬业精神"，更提倡"乐业精神"，"苦难点亮未来，痛并快乐着"是华为的一种精神。

---

[一]　心声社区. 芭蕾脚［EB/OL］.（2021-09-22）[2022-05-05]. https://xinsheng.huawei.com/next/#/detail?tid=6425481.

图 6-5　苦难点亮未来

### "追求卓越"

图中的运动员是女飞人乔伊娜（见图 6-6）<sup>⊖</sup>，她之所以能够成为"女飞人"，其经验在于：把百米赛的十秒钟跑程，分成一千个动作逐个提升，最终实现了百米飞人的突破性成绩。

华为希望用这个图来表达"追求卓越"的理念，很大程度上，华为的创新绝对不是灵光一现，而是在分分秒秒中不断寻求奋进、精进，这才是企业真正的创新，它并不是简单想法的灵光一闪。

0.01秒是一生心血的厚积薄发

图 6-6　追求卓越

⊖ 心声社区. 0.01 秒是一生心血的厚积薄发 [EB/OL]. [2022-05-05]. https://xinsheng. huawei.com/next/#/detail?tid=6794177.

**"听到上帝的声音"**

这幅图展示了欧洲一批科学家寻找"上帝粒子"的场景（见图 6-7）<sup>⊖</sup>。这是欧洲的核子研究中心，几十年来一群顶级科学家都在这里寻找这个"上帝粒子"，所谓"上帝粒子"，就是接近光速的一个粒子。经过几十年，他们才隐约有过几次收获。

华为用这个图来号召一个组织为一件有意义的事情去长期坚持。

欧洲核子研究中心，数十年的厚积薄发
隐约听到了"上帝"的脚步声

图 6-7　听到上帝的声音

## 6.2　价值观

所谓价值观（Values），是建构企业决策和行动的底层原则，是企业生存的"指北针"（见图 6-8）。

---

⊖　心声社区. 厚积薄发系列广告［EB/OL］. [2022-05-05]. https://xinsheng.huawei.com/next/#/detail?tid＝6794171.

价值观：建构企业决策和行动的底层原则，是企业生存的"指北针"。
Values：Foundational principles to shape our decisions and actions.

图 6-8  BLM 之 "价值观"

资料来源：国际商业机器公司. IBM Business Leadership Model［Z］. 2006：4.

如果说"领导力"是推动企业不断向前发展的牵引力，"价值观"就是维系一家企业在剧烈变革和前进的过程中联结不散的凝聚力。

在 IBM 版本的 BLM 中，会发现价值观模块被直接称作"IBM 价值观"（见图 6-9），即代表 IBM 所有战略的根基和前提是其价值观。

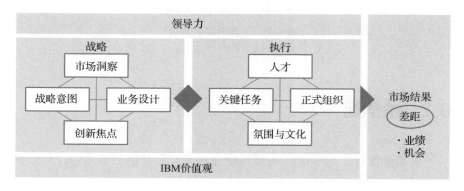

图 6-9  IBM 版本的 BLM

资料来源：国际商业机器公司. IBM Business Leadership Model［Z］. 2006：5.

既然领导力需持续进化和蜕变，价值观需要变化吗？

通常来说，价值观具有极强的"创始人烙印"，是其在自身成长过程
中的"笃信"，这些笃信转化为企业在
追求商业成功过程中的是非对错判断标
准与依据，即"什么是对的，什么是错
的，什么是我们追求的，什么是我们坚
决不允许出现的"等。通常我们听到的
"触碰红线"，其实就是违背了价值观基
本原则。

图 6-10　高瞻远瞩公司的永恒
不变和应时而变

资料来源：柯林斯，波勒斯. 基业长
青：企业永续经营的准则
[M]. 真如，译. 北京：
中信出版社，2009：XI.

吉姆·柯林斯在《基业长青》一
书中，巧妙地将企业的"变与不变"统
一在了中国哲学的阴阳太极图中（见
图 6-10 ）。

Business<br>Leadership<br>Model

"和许多人的一般常识相悖的是，面对不断变化
的世界，首先应该问的不是'我们应该怎样相应地变
化'，而是'我们自身代表的是什么，我们为什么存
在'，这应该是永远不变的，除此之外的任何东西都
可以随机而变。即使是在《基业长青》中研究过的高
瞻远瞩公司也要时时提醒自己，不要混淆核心和非核
心。什么应该永恒不变，什么应该应时而变，以及什
么是真正神圣的，什么不是。"⊖

这个阴阳太极图，也很好地诠释了 BLM 中"领导力"和"价值观"

---

⊖　柯林斯，波勒斯. 基业长青：企业永续经营的准则［M］. 真如，译. 北京：中信出
版社，2009：XI.

的关系。如果说是"领导力"让企业一代又一代的领导群体带领企业破界，让企业不断震荡前行的话，那么"价值观"则是企业的"根基"，是一代又一代的领导人共同坚守的底线，它须经得起时间和周期的考验，让企业在不断震荡前行中稳如磐石。

但是随着环境和企业自身的变化，随着一代又一代员工的更替，企业中会逐渐出现对价值观的一些误读。因此，企业需要在传承中不断刷新不同时代下对价值观的解读。

例如在 IBM 的价值观中，曾有一项叫作"追求卓越"，本意是无论何时，都要做到最好，但是当 IBM 强大起来的时候，这条价值观却慢慢变成了反应缓慢、自我中心、无视客户存在的借口。那个时候的 IBMer（IBM 员工的自称）认为自己才是最专业和最领先的，无论客户说什么，都坚持我给你的建议才是最好的，"追求卓越"变成了追求自我的满足，偏离了这条价值观本来的用意。因此 1992 年，郭士纳推动 IBM 转型的一项重要举措就是，重新澄清 IBM 的价值观。

因此，价值观的创新，并非对其进行改造，而是在新的时代背景和环境下，让价值观回归到本来的含义上，不忘初心，方得始终。

在我们所服务过的客户中，真正让 BLM 在企业里全面落地且发挥巨大价值的，首推华为。外界曾盛传华为学习 IBM 是"削足适履"，但就我们与华为合作的经验而言，并非如此。华为的学习，也是"有所学有所不学"的过程。

## 华为的学习智慧：什么学，什么不学？

任正非曾在答《世界报》记者问时说过："IBM 教会了我们怎么爬树，我们爬到树上就摘到了苹果。我们的老师主要是 IBM。"[一]

任正非之所以选择学习 IBM，就是认为一家企业长盛不衰是因为它有强大的基因，面对败局还能成功，这棵树的爬法不是一帆风顺的，而是有很多积累、爆发、转型的，而 IBM 恰是百年时间经历过生死转折，这种体悟与经验极为宝贵。

华为的"学习历程"经历了三个阶段：

第一阶段，华为向 IBM 学习的是集成产品开发、集成供应链等硬核竞争力的运营体系，都是补短板的。

第二阶段，华为不仅要做世界级产品，更要成为世界级企业，因此，华为开始学习领导力、财务等管理机制，这些内容对华为的组织软实力起到了重要的作用。

第三阶段，华为与咨询公司的合作，包括 IBM 在内，都是仅限于"树杈"上的内容，而非树根上的，现在的华为已经有了自己独特的经营逻辑，更多的是查缺补漏，甚至向外输出自身的领先实践。

我们对华为的学习智慧深有体会：

所谓学习，一定要知道自己是谁，自己想要成为谁。如果这点做不到，其实再怎么学也学不到精髓，因为那不是"你想成为的样子"。

外界都传华为对 IBM 的学习是削足适履，这是误读，华为从未"盲从"过。IBM 顾问深有体会，为华为做咨询项目的难度远高于其他企业。在华为做任何一件事情、一项决策都是在 PK 中产生的，他

---

[一]　虎嗅网. 任正非：我一贯不是低调的人　否则不可能鼓动十几万华为人［EB/OL］.（2013-11-30）[2022-06-22]. https://www.yicai.com/news/3158599.html.

们会不断地追问，打破砂锅问到底，任何一项决策，华为的人都会分成左右两派，PK 到底！也正因为如此，华为对咨询成果的认同程度和落地程度远高于其他企业。

华为非常喜欢学习，但是厌恶左学一个右学一个，一旦认同某样东西，就会长久坚持下去，因此就出现了华为十年磨一剑的 BLM 学习与应用的故事，而这也只是其中的一个缩影而已。

纵观华为通过各类咨询公司的学习，可谓博采众长，打造出了自身强大的竞争力体系。但是有一样东西华为始终保持着朴素的坚持，就是华为的价值观。

在价值观层面，华为一直在坚定地"做自己"，华为的"以客户为中心、以奋斗者为本"的底层价值信念，到今天都没有发生变化。正是对自身价值观的笃定与自信，使得华为可以放下姿态向外界吸纳优秀的东西，并为它所用。

回看那些基业长青的企业，如 IBM 等，纵使经历了多轮业务迭代，甚至是转型，其底层价值观仍旧保留了创始人时代的朴素信念。

IBM 第二代掌舵人小沃森（小托马斯·沃森，创始人托马斯·沃森的儿子）在《一个企业的信念》(*A Business and Its Beliefs*) 中，揭示了一个朴素的道理：

Business
Leadership
Model

"一切伟大企业都需要一套基本原则和信念，以指导它们顺利度过繁荣岁月和萧条岁月。一个公司取得成功的决定性因子在于，它忠实恪守这些基本信念。"⊖

---

⊖ 沃森. 一个企业的信念 [M]. 张静，译. 北京：中信出版社，2003.

小沃森在成为 IBM 的掌舵人之后，非常渴望与父亲不同，甚至超越父亲。但是在将 IBM 从家族企业完成向公众企业的转型、退居幕后之后，他反倒是对父亲的影响有了更为深刻的认知。他认识到，正是父亲创立的三个核心价值信条，构成了 IBM 真正的成功。

这三个核心的信条是：

▶ 尊重员工。

▶ 提供世界上品质最高的服务（IBM 即服务）。

▶ 在执行所有任务时都坚定地抱有这样的信念，即它们能够被出色地完成。

纵使 IBM 的文化在不同时代领导人更迭中不停随着企业战略而发生变化，IBM 一代又一代的员工却始终能够感受到这个百年企业的底色与韵味。而这家百年企业，也正在经历全新的转型洗礼，继续应时而变。

## 6.3　高管层启示与实践

对企业领导人来说，如果将领先的战略比喻成"选路"，领先的执行比喻成"造车"的话，领导力和价值观就好比企业的驾驶系统，领导人就是真正的"掌舵人"，负责把握方向盘、油门和刹车，始终确保企业在正确的路上，朝着正确的目的地前进。

综合来看，"选路 – 造车 – 驾驶"是企业高管层掌管全局能力的综合体现，确保整个企业系统实现有效和持续运转，而这些都是在一遍一遍实践中被管理、塑造和优化的。

这也是 BLM 被称为"总经理实践模型"的原因所在。

对企业高管层来说，领导力和价值观就是一种"自我投射"，投射到企业从战略到执行的方方面面，始终提醒着自己在"永远不变"和"应时而变"的对立统一中寻找平衡与分寸。

例如：

"领导力"模块对企业高管层的要求在于要拥有强烈的主人翁责任感和卓越的领导力来带动企业适应变化。

企业可参考的领先实践包括：

▶ 企业的管理团队能够敏锐捕捉环境变化（市场、技术等），并将危机意识传导给团队，增强组织紧迫感。

▶ 企业能够持续提升管理团队的成熟度，系统化推进业绩达成与组织能力沉淀。

▶ 企业的管理团队能够引领组织变革，包括创建全新的工作流程和组织能力等，以提升企业的适应性。

▶ 企业的管理团队能够保持持续探索的好奇心和行动力，不断提高自我认知，并带动组织进化。

▶ 任何情况下，企业的各级管理团队都能够遵循和坚守价值观的底线，坚定维护企业价值观。

"价值观"模块对企业高管层的要求在于要将企业的价值信念作为所有战略决策的指导原则，并将其奉为企业战略到执行过程中必须遵循的基本准则。

企业可参考的领先实践包括：

▶ 企业有自身独特的价值理念，并能体现在企业的各项战略与运营决策中（尤其是艰难时刻的抉择）。

▶ 通过各级经理与团队的定期价值观讨论，持续传递正确的价值导向，以核心价值观引导团队行为。

▶ 企业运用多种反馈与评估渠道了解价值观践行的现状，并通过各级经理与团队的沟通指导及时纠偏。

▶ 企业对于员工（尤其是经理人）做出违背价值观的行为及时采取行动，避免对企业造成负面影响。

上述既是企业可参考的领先实践，也是企业对照领先实践对自身组织在领导力与价值观模块的一次诊断，具体诊断内容和说明，可以参照"附录 B：BLM 诊断罗盘"。

BLM 所倡导的永不满足和因势而变，实际上反映了一个领先组织具备的战略智能水平。而现实情况是大型组织战略智能的潜力普遍难以发掘，个人创造性和组织同一性之间的对立统一是摆在所有企业领导人面前的难题，战略智能型组织的打造将成为智能时代企业管理的主旋律。

### 什么是"战略智能"？

战略智能就是企业能够敏锐感知环境的变化而不断进化自己的生存方式的一种能力，包括市场定位的选择、核心能力的成长和生存认知的刷新。其实就是遵循 BLM 的系统性成长思想，在企业不同发展阶段不断破界成长，同时始终保持企业的初心。

BLM 体现了企业发展的关键要素，统一企业各级领导团队对于企业系统成长观的思维方式与语言体系，同时也搭建起了"战略规划 – 战略解码 – 战略落地 – 战略评估"的战略体系闭环框架，实现企业短期经营与长期战略的"双轮驱动"。

本篇将从企业管理实操视角来审视 BLM 在企业中的体系性应用。

体 —— 系 —— 篇

如何运用BLM推动战略落地

BLM

BUSINESS

LEADERSHIP

MODEL

BUSINESS LEADERSHIP MODEL

BUSINESS
LEADERSHIP
MODEL

第 7 章

# 让战略能力根植于组织

让战略能力根植于组织，是企业从"创始人驱动"走向"系统驱动"的典型标志。这意味着，企业不再只是依靠"偶发的机会"取得成功，而是具备始终洞悉环境、选择路径并实现目标的行为方式与能力。

因此，如果说战略的"生成"来自企业领导人或领导团队，那么战略的"完成"，则是由组织来承载。一个企业的发展，真正要面临的考验不仅是少数领导人的"雄才伟略"，更是使战略从"生成"到"完成"的组织能力。

## 7.1　构建战略智能型组织

BLM 所倡导的永不满足和因势而变，实际上反映了一个领先组织具备的战略智能。而现实情况是企业战略智能的潜力普遍难以发掘，个人创造性和组织同一性之间的对立统一是摆在所有领导人面前的难题，战略智能型组织的打造将成为智能时代企业管理的主旋律。

什么是"战略智能"？

战略智能就是企业能够敏锐感知环境的变化而不断进化自己的生存方式的一种能力，包括市场定位的选择、核心能力的成长和生存认知的刷新。其实就是遵循 BLM 的系统性成长思想，在企业不同发展阶段不断破界成长，同时始终保持企业初心。

哈佛商学院教授约翰·韦尔斯在《战略的智慧》一书中，将不同类型的"战略智能"，类比为人类大脑的结构：

Business
Leadership
Model

"虽然大脑的结构高度复杂，但可以大体分为三大部分：原脑皮层，是比较原始的爬行动物脑，原脑皮层负责基本反射和自卫本能。古脑皮层又称间脑，见于简单哺乳动物，古脑皮层控制着很多有助于群体协调和学习的行为，从物种生存的角度来说，一个协调的群体的生存概率要远远高于个体。新脑皮层，又称高级脑，只存在于灵长类动物，包括人类。新脑皮层由一套高度复杂的神经元细胞所组成，负责具有象征意义的语言和推理技能。新脑皮层能够产生自我意识，可以提出诸如我们是谁和我们存在的意义是什么等深刻的问题，从而引出自我实现的需要，并激发我们去发现更大的目标。"⊖

⊖　韦尔斯. 战略的智慧：建立持久竞争优势的行动指南［M］. 王洋，译. 北京：机械工业出版社，2018：230-232.

据此，韦尔斯将企业的战略智能分成"高、中、低"3 个不同的层次（见图 7-1）。

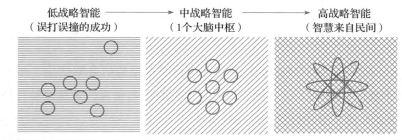

| 战略 | 战略盲目/机会驱动 | 明确的成功模式 | 分散智能/一致思维与行动 |
| --- | --- | --- | --- |
| 组织 | 零散/混乱 | 自上而下的管控与统一 | 协同共生/非正式网络 |
| 人 | 原脑皮层（爬行动物脑）主宰 | 古脑皮层（间脑）主宰 | 新脑皮层（高级脑）主宰 |

图 7-1　企业的战略智能水平

资料来源：韦尔斯. 战略的智慧：建立持久竞争优势的行动指南［M］. 王洋，译. 北京：机械工业出版社，2018：11.

● 低战略智能："误打误撞的成功"

低战略智能通常处于企业的创业和发展初期，即以创始人作为先锋，团队和组织呈松散型追随。（但现实情况是，很多企业跨过了创业期却仍处于低战略智能的状态。）

在这个阶段，企业的战略通常来自对环境的"应激"而踩到了某一产业机会，即单纯的机会驱动，很容易"打一枪换一个地方"，类似"游击战"，组织也是相对松散和凌乱的，缺乏相对有序的指挥中心，企业依靠最原始的生存动力驱动企业的发展。

低战略智能企业可能并不知道自己为什么会成功或失败。这种"盲目"会否认战略的存在，就像一个人四肢很健壮但忽略了大脑的存在。一旦进入新的业务领域，或将机械重复过去的行为，或将过往做法视为无可撼动的"正确"，难以将企业带入更大的成功。

- 中战略智能："1 个大脑中枢"

随着企业规模的扩大，企业不再是单纯的机会驱动了，而是增添了"计划"的味道，计划不仅仅是年度的目标与预算，正是这种计划性，企业的资源配置得以更有效地进行。

在这个阶段，企业会完成从低战略智能向中战略智能的迈进，战略来自领袖级的创始人或高管团队（企业的大脑中枢）对未来趋势、时机、拐点的清晰判断，这种判断能够让组织紧密跟随，从而适应外部环境，这代表企业从无序向有序的一次迈进。

和低战略智能型企业相比，中战略智能型企业已经开始具备一定的组织能力，在业务开展的过程中不断发现问题并解决问题。但是这种类型的企业仍然高度依赖个体或少数高管的判断力和决策力。在稳定的环境下，企业可以保持较强的执行惯性，但是一旦环境发生大的变化或是企业规模进一步扩大，以少数领导人为核心的战略组织方式通常会成为企业进一步发展的阻碍。

- 高战略智能："智慧来自民间"

企业从单体业务向多元业务扩展，通常需要完成中战略智能向高战略智能的跨越。这样的组织会完成事业部或企业集团的建制，企业的管理也会变得越来越复杂。

和中战略智能型组织"解决问题"的特征不同，高战略智能型组织是

"创造问题"，即自适应性组织的思考与行动同步进行，对变化的反应速度是最快的。例如华为的"班长战争"，就是将战略穿透到最小作战单元，实现"听得到炮火的人也可以做出决策"。

因此高战略智能通常是领先的大型组织的特征，企业并非只有一个"最强大脑"，而是拥有分布式的大脑中枢，形象地说就是"支部建在连上"，企业的秩序不仅仅依靠强大的自上而下的管控，还有自下而上的非正式网络（社交），大大增加了组织内个体细胞的活力与创造力。

依靠战略智能来取胜，华为的战略管理思想演进就是一个非常好的例子。

首先从华为本身的发展而言，从来不忽略战略的意义，这也是为什么在资源短缺的状况下，它仍旧能够在强手如林（爱立信等世界级高手）的市场中胜出。如果从纯粹的要素资源积累的角度去看，华为根本没有生存的基础条件。与此同时，华为自身也深刻地认识到光靠任正非的英明神武是很难让这家企业在未来持续保持企业生命力的，因此近几年任正非才会提出"方向大致正确，但组织必须充满活力"，原因就在于华为深刻认识到自身需要从中等战略智能向高等战略智能进化。

在不确定的环境下，越是上了规模的企业，越是需要做到战略下沉，增强企业在应对不确定环境时的快速响应能力以及增强各级作战单元的"战略智能"。尤其是到了千亿级规模之后，每个业务单元都处在一个非常重要的赛道上，业务单元必须拥有独立的战略思考与落地能力，而这种转移实际上就是企业适应市场变化的一种有效方式。

我们一直深度伴随的一家通信行业龙头企业（第 5 章列举的 T 企业案例），就在这三年中体验到了战略成长的红利。从传统通信基础建设服务商转向综合智慧服务商的新定位，为这家企业找到了一条可以再造千亿的产业互联网主航道。集团总部在战略方向上的指引以及组织激活，完全打破了传统企业转轨和组织变革所惯用的"自上而下"的折腾和层层分解做管控的模式，真正践行了"方向大致正确，一线充满活力"的战略智能模式。

总部秉承"赋能不添乱"的原则，发挥总部战略方向指引、激励规则设置、指挥总部级战役的价值。用长板理论和底线思维来激活组织，鼓励一线大胆尝试，只要没有明确不能做的事情，都可以尝试，着力打造自身的长板，同时开放与业界生态伙伴的合作。而在战略推进的过程中则完全用一线的创新和成功案例来反哺总部战略，使其不断完善。同时运用生态联盟和柔性组织，用价值绑定而非利益绑定的模式来运作上亿甚至数十亿级别的 to B 大战役，在全国 200 多家专业公司和地市公司的经营主体中形成了具有高凝聚力的协同效应和组织向心力。

# 7.2 BLM 中蕴含的战略体系逻辑

为什么企业难以自动从低战略智能向高战略智能转化？

让我们来重新审视一下企业的运作过程：

Business<br>Leadership<br>Model

"对企业的经营管理而言，预算就是计划和控制系统，预算确定了来年将分配给业务单元进行运营的资源和绩效目标。一年中，各级管理者回顾基于预算的经营绩效和目标，找到差距，必要时采取行动。在很多组织中，预算和组织战略关系不大，所以各级管理者的注意力和行动都锁定在短期经营细节上，而不是落实长期战略。

　　"如果大脑没有在运转（没有时间思考战略），身体没有收到来自大脑的任何指令（没有和战略挂钩），眼睛没有在观察（没有任何反馈），就不难理解为什么只有少数企业可以实现战略执行的结果了。"⊖

　　因此，企业需在经营管理之外构建战略闭环，持续训练组织的"战略肌肉"，以确保通过有效的机制来驱动企业的大脑逐步进化。

　　"让战略成为持续的流程"是卡普兰教授在《战略中心型组织》中给予的"药方"，即构建整合"战略"与"经营"的双循环流程（见图 7-2）。

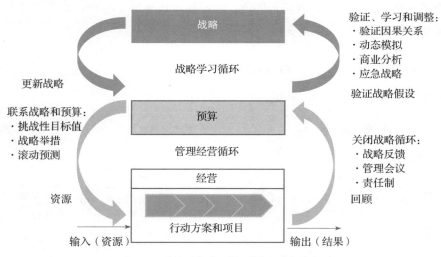

图 7-2　"战略"与"经营"双循环流程

资料来源：卡普兰，诺顿. 战略中心型组织［M］. 上海博意门咨询有限公司，译. 北京：中国人民大学出版社，2008：237.

---

　　⊖　卡普兰，诺顿. 战略中心型组织［M］. 上海博意门咨询有限公司，译. 北京：中国人民大学出版社，2008：236-237.

由此可见，战略体系具备几个基本特征：

第一，战略体系需要与其他体系，如经营、预算、人力资源等体系进行紧密且有效的联动。

第二，战略体系强调的是闭环管理，战略规划只是其中的一环，战略规划到落地的过程中形成有效的沟通与反馈机制非常重要。

第三，战略体系需要动态调整与持续进化，避免"僵化"。因此，战略体系闭环在《战略中心型组织》中被特别称为"战略学习循环"，大大弱化了其"管控"的味道。

BLM 体现了企业发展的关键要素，统一企业各级领导团队对于企业系统成长观的思维方式与语言体系，同时也为企业领导人提供了完整的战略体系逻辑框架（见图 7-3）。

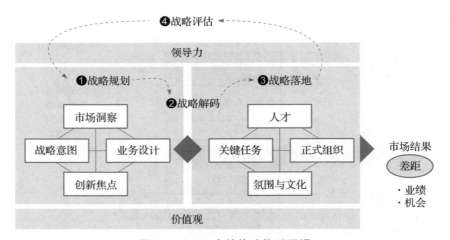

图 7-3　BLM 中的战略体系逻辑

时下众多企业学习 BLM，不仅仅是希望统一管理层的战略思维和语言，也是希望能够将该模型转化为企业可实操的战略管理流程与实践。以华为为例，华为自身就将 BLM 的思想精髓渗透进了它的战略管理体系中，将流程固化下来，形成了我们现在耳熟能详的华为战略管理的流程框架 DSTE（Develop Strategy To Execution）。

基于多年的咨询实践经验，我们将战略体系划分为战略规划、战略解码、战略落地和战略评估四大流程，以此为抓手帮助企业构建战略智能型组织（见图 7-4）。

图 7-4　战略管理四大流程

- 战略规划

战略规划，就是企业定方向的过程。战略规划包括"战略复盘""战略洞察"和"战略制定"等几项关键活动，以"战略规划蓝图"为核心输出。

BLM 对战略规划的指导意义在于：

企业需要始终以差距为起点（业绩差距、机会差距），时刻视野向外，洞察市场与环境的变化，寻求创新机会（市场洞察），不断修正战略上的假设并构建基于不同发展曲线的创新路径与业务模式（创新焦点与业务设计），据此形成对执行体系的一致性要求，以做好准备，主动推动有意义的组织变革。

对于上了规模，尤其是进入多元化发展的企业，更高的战略智能意味着企业需要改变过往"一言堂"的局面，实现从"规划活动"向"规划系统"的转变，构建企业的各级"分布式大脑"。

- 战略解码

战略解码，就是企业定计划的过程。战略解码包括"解码规划""解码行动"和"解码绩效"等几项关键活动，以"年度执行计划"作为核心输出。

BLM 对战略解码的指导意义在于：

有效"连接"战略到执行，BLM 中"业务设计"与"关键任务"模块之间的"菱形"最能够体现解码对于企业战略到执行的承上启下的价值，即将宏大的方向落实到切实的组织行动计划中。

而搭建起这个重要桥梁的手段并非"目标拆解"的数学逻辑，而是"组织发动与对话"的过程逻辑。以"机会差距"牵引的全新"业务设计"会生成与企业过往可能完全不同的"关键任务"，它会打破现有的组织结构与运行逻辑，形成基于未来战略导向的资源重新配置与组织协同。因此，战略解码，也是推进组织变革的一种方式。

- 战略落地

战略落地，就是企业确保行动和结果达成的过程。战略落地包括"落地跟踪""保障机制"与"创新管道"等几项关键活动，以"专项落地推进"作为核心输出。

BLM 对战略落地的指导意义在于：

一方面，从企业系统成长与领先的视角，战略落地不只是追踪行动和数字的完成，更是在落地过程中持续构建企业的核心竞争优势，即关键任务中独特的业务价值链活动与组织能力（正式组织、人才、氛围与文化等）。

另一方面，战略落地构建的是战略到执行的"一致性"，这种一致性是多重一致性，更高层面的战略智能意味着企业需构建适合不同业务发展曲线的组织模式与机制，既要有强大的集团军作战的稳定性，又要具备灵活机动的战术与组织，确保创新涌现。

● 战略评估

战略评估，就是企业评估结果与持续优化的过程。战略评估包括"绩效评估""体系评估"与"体系迭代"等几项关键活动，以"战略动态调试"为核心输出。

BLM 对战略评估的指导意义在于：

企业需要持续进行战略意图与市场结果之间的比对，检视战略达成的效果（绩效评估），并且确保战略的动态调试以适应环境变化；也需要从规划、解码、落地、评估的闭环检视战略体系运转的有效性（体系评估），持续进行体系的迭代与优化。

战略体系建设的目标不是"管控"，企业要避免陷入缺少这个、补足那个的误区，堆积一个"庞大而复杂"的战略体系（甚至是构建一个庞杂的战略职能部门），而是始终以构建不断适应环境的"战略学习循环"为导向，推动企业向着更高的战略智能水平迈进。

# 战略规划：认知破界，战略聚焦

近几年，我们发现战略规划越来越受到企业领导人的重视，并且呈现出了看似矛盾的"两极化"现象：

一极，是与战略相关的会议开得越来越频繁，企业需要随时关注环境的变化以及变化给企业带来的影响，进而实时调整战略部署。

另一极，则是在这种不确定性中，企业的战略规划周期反而越来越长，越是动荡，头部企业越是关注长期规划，希望在"不确定"中寻求"确定性"的长期价值与战略选择。我们服务的几家行业头部企业均在过去几年启动了十年规划。

这足以说明，"战略规划"已然成为企业的常规管理活动。战略规划是战略管理体系的起点，是明确企业方向与战略选择的关键流程环节，也是企业从"低战略智能"向"中战略智能"迈进的显著标志（见图 8-1）。

图 8-1  战略体系之"战略规划"

如果说企业如一辆高速运行的高铁的话，战略规划发挥的就是车头的作用，在这里要强调的是，高铁与普通火车最大的不同是其各节车厢均有动力系统，这也恰恰体现了领先企业的战略规划的核心内涵：

**企业的战略规划不只是少数企业领导人的战略构思，更体现的是一个企业能够适应未来和布局未来的组织能力。**

"战略复盘""战略洞察"和"战略制定"是战略规划环节不可或缺的三项关键活动。战略复盘的目的是"内观"，不断审视与反思自身的局限性；战略洞察是"外观"的过程，时刻关注和洞察市场的变化；战略制定则是在复盘与洞察的基础上，形成自身对未来的布局与规划。

## 8.1  战略复盘：深度自省，认知业务与组织局限

很多企业对战略规划通常会有一个误区：

**战略规划就是定目标和做分解。**

而真实情况是，缺乏深刻的"复盘"和富有远见的"洞察"，规划也就无从谈起。

战略复盘其实是众多复盘类型的一种，本质上都是从过去的经验和教训中学习和改进的过程。战略复盘也需要以此为导向，并且不断深挖问题和根因。

BLM 本身，就蕴含着复盘的深刻内涵。

BLM 中，领先的起点是"差距"，在分析差距的过程中不断向下深挖，挖掘出业务、能力和认知的深层次局限。因此，相对其他复盘而言，战略复盘本质上是增强自身对发展目标和局限之间矛盾的认知，由此清晰界定战略升级的方向和需要解决的问题。

## 8.1.1　战略复盘，复的是什么

围绕企业战略的几个基本要素（市场选择、业务设计、关键任务、组织能力等），进行规划与实际成效的对比，获得关键启示，刷新认知。

通常战略复盘需要完成如下几个步骤：

▶ 步骤一：实际成效与规划内容的对比；
▶ 步骤二：基于偏差项对战略规划本身和战略落地进行复盘和反思；
▶ 步骤三：基于复盘，形成对战略规划的认知刷新与行动方案。

如表 8-1 所示，企业进行战略复盘，是需要同时进行战略规划复盘和战略落地复盘的，战略规划复盘与反思的目的是适应市场变化修正假设、刷新市场和价值认知，而战略落地复盘则是复盘与反思企业知行合一的程度与能力成长。

表 8-1　战略复盘问题清单

| | 规划内容 | 实际成效 | 战略规划复盘 | 战略落地复盘 | |
|---|---|---|---|---|---|
| 市场选择 | ● ××<br>● ×× | ● ××<br>● ×× | 市场认知的刷新<br>● 市场发生了哪些根本性变化<br>● 变化背后本质性的"不变"是什么 | 有效把握市场红利的措施<br>● 企业是否真的把握住了市场红利<br>● 什么行动让企业把握住了市场红利，什么行动又让企业丧失了市场红利 | 机会差距增长空间与核心问题的参考输入 |
| 业务设计 | | | 价值主张的匹配程度<br>● 企业设计的价值主张是否符合客户的需求和偏好 | 有效传递价值主张的措施<br>● 企业传递价值主张时，什么措施有效，什么无效 | |
| 关键任务 | | | 资源聚焦的精准程度<br>● 关键任务是否能够实现力出一孔，资源投入是否足够聚焦 | 实现压强效应的措施<br>● 实现压强效应的方式和方法是什么，是否有效 | 业绩差距增长空间与核心问题的参考输入 |
| 组织能力 | | | 配套机制的有效程度<br>● 组织能力成长够快吗，对关键任务是否起到了保障作用 | 组织能力成长的措施<br>● 组织能力成长采用了哪些措施，是否有效 | |

例如，

战略规划复盘需要思考的核心问题包括：

▶ 市场发生了哪些根本变化，变化背后本质性的"不变"是什么？

▶ 企业设计的价值主张是否符合客户的需求和偏好？

▶ 关键任务是否能够实现力出一孔，资源投入是否足够聚焦？

▶ 组织能力成长够快吗，对关键任务是否起到了保障作用？

▶ ……

战略落地复盘需要思考的核心问题包括：

▶ 企业是否真的把握住了市场红利，什么行动让企业把握住了市场红利，什么行动又让企业丧失了市场红利？

▶ 企业传递价值主张时，什么措施有效，什么无效？

▶ 实现压强效应的方式和方法是什么，是否有效？

▶ 组织能力成长采用了哪些措施，是否有效？

▶ ……

在战略复盘中，数字只是表面，企业领导人真正需要关注的是数字背后的内涵，即企业是否走上了符合战略意图的正确轨道，以及当下发展节奏和组织状态如何。

因此，复盘本身复出深度、复出本质，方为企业在战略层面真正需要的复盘。

## 8.1.2 如何有效进行战略复盘

古语曰"吾日三省吾身"，映射到企业，就是在关键时间（季度或者半年）借助复盘完成一次集体的认知迭代与成长。因此战略复盘应当成为企业重要的管理活动和组织生活，而非只是战略规划过程中的一次性输入。

从这个角度出发，复盘的核心价值在于不断刷新领导团队的认知，包括不断更新自身对经营现状、市场、组织等一系列的认识和底层假设，由此来判断和确认什么是要坚守的，什么是要改变的。

企业领导人在推动战略复盘时需要关注：

● 由表及里，复盘惯性与认知，而非仅停留在数字层面

企业在复盘过程中，最具挑战的在于轨道切换过程中对自身惯性与局限的识别。尤其是，最大的惯性与局限往往来自企业的核心管理团队。

因此，我们在帮助很多企业做战略的时候，通常会将"差距分析"作为复盘的核心手段，通过客观的差距分析逐步深入到核心领导团队对自身的局限的反思中，没有深刻的"痛"，就不会有企业改变的内在驱动力。

● 从个人到组织，复盘是锻炼组织能力的机会

战略能力需要企业的不断投入与历练，而战略复盘就像是在日常行走运动的基础上，对战略能力这块肌肉做专项训练。

也就是，除常规经营分析会之外，需要加载战略复盘会或相关内容；战略复盘既可以作为独立的业务管理活动，也可以将复盘的思想和元素植入到战略规划、战略解码、战略落地与战略评估的战略体系中，成为其中一环，将战略复盘作为信息回传、进行企业动态调整的有效机制。

● 领导团队需要保持开放、成长的思维

复盘的核心是刷新认知，如果领导团队处在封闭的状态下，只是通过复盘来证明自己是对的，那么，复盘就已经失去了其原本的意义。

因此复盘本身也是一次"借事修人"的场域，突破了领导团队的瓶颈（既包括认知，也包括关系）也就是打开了企业的发展边界。

## 8.2　战略洞察：视野向外，构建环境敏锐洞察力

如果说战略复盘是增强对内的认知的话，战略洞察就是增强对外的认知。战略洞察在 BLM 中又称为"市场洞察"。虽然战略洞察很重要，但仍有很多企业会忽略它：或是企业大了陷入到官僚和内耗中，企业逐步开始封闭；或是挖掘了很多市场的核心信息但是没有洞见输出；或是做出了错误的判断或假设。

我们在帮助很多企业进行战略规划的过程中，通常会发现，战略洞察变成了战略规划活动中的一个环节，而此处的"战略洞察"，其实是一个企业视野向外，构建环境敏锐洞察的"组织能力"，与战略复盘一样，都不是一次性或规划中的配合动作，而是企业需要形成的"外观"的意识、习惯与组织的能力。

"外观"的核心体现在两个方面：

### 8.2.1　眼光向外

企业需要防止不断"内卷"，而抗"内卷"最好的方式，其实就是眼光向外。这对于已经在过往获得成功的大型企业来说尤为重要。

《发现利润区》一书中，揭示了企业是如何逐步丧失眼光向外的过程的（见图 8-2）：

随着时间的推移，企业的重心会发生转移，在创业阶段，企业的工作重心在于客户，小企业必须紧密追随客户，否则它就会失败。随着成长，企业的重心会发生微妙的转移——它会慢慢脱离客户，转而关注企业自

身。在成熟阶段，企业规模愈发庞大，企业的重心也会越来越远离客户，向自身倾斜。最终，重心将完全转移到企业自身。此时，企业会全身心关注内部事务，比如内部预算、内部资源整合以及内部管理等。

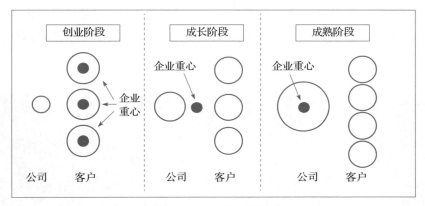

图 8-2　企业重心的转移

资料来源：斯莱沃斯基，莫里森，安德尔曼. 发现利润区：6 版［M］. 吴春雷，译. 北京：中信出版集团股份有限公司，2018：20.

　　1992 年，IBM 陷入生死危机，本质上也是企业严重内化的一种表现。郭士纳上任后，发现企业的官僚、内耗极为严重，曾经最引以为豪的"以客户为中心"的文化不复存在了。郭士纳在经历了一系列大刀阔斧的改革功成身退时，谈到他只是把 IBM 变回了原本的样子，而"IBM 原本的样子"便是眼光向外、为客户不断创造价值。亚马逊倡导的"Day1"文化，也是为了让企业始终保持面向市场与客户创造价值的初心，避免企业规模不断扩大和获得成功之后走向惰性、官僚与腐朽。

## 8.2.2　探索终局

　　毫不夸张地说，我们在帮助很多企业做战略的过程中，深刻地体会到没有洞察就没有战略。战略洞察体现出来的是一个企业洞见大势、捕捉机会的能力，需要体现对市场的"敏锐"（Sharp），需要在对环境的敏感中探索"终局"。

我们来看一组对比图片（见图 8-3），这组图片显示了纽约第五大道两个时间的景象，分别是 1900 年和 1913 年。1900 年的照片中基本都是马车，而 1913 年的照片中基本都是汽车。

1900年             1913年

图 8-3 纽约第五大道

资料来源：The U.S. National Archives and Records Administration. Pictures of American Cities ［EB/OL］.（2021-05）［2022-05-05］. https://catalog.archives.gov/id/513360.

什么是"终局"呢？

就是今天我们处在 1900 年，但是能够站在 1913 年的彼岸回看 1900 年，从而明确 1900 年应该做的事。也就是说，企业不会在 1900 年的时候再疯狂生产马车，或是持续扩展与马车相关的业务，而是看到了汽车的趋势，从而开始布局和生产汽车。于是，谁拥有了汽车，谁就拥有了未来。

有意思的是，从燃油车到电动车的变化，似乎又像是一次"历史的重演"，无论是新能源车厂还是传统燃油车厂，均纷纷将战略性资源投入到了全新的汽车制造模式，就是因为看到了电动车，尤其是智能电动车未来的"终局"。

因此，战略并不是未来要做什么，而是当下做什么才会有未来。

同战略复盘一样，战略洞察也并不是战略规划过程中的"辅助佐料"，而是战略规划质量的坚实基础与输入，这有赖于企业形成眼光向外和终局思考的意识，是一种对环境的实时回应和思考习惯，需要贯穿到企业整个战略周期。

## 8.3  战略制定：方法、流程与系统

BLM 从方法到实操，最常见的转化场景就是战略制定的过程，例如在企业的战略会议或战略制定模板及规范指导中，BLM 提供了企业各级管理者制定战略的共同底层逻辑、语言体系与方法工具。

### 8.3.1  BLM 转译为战略制定方法与工具

将 BLM 应用于企业战略制定的场景中，并且真正发挥出激发业务创新与组织活力的价值，需要贯穿两个核心思想：

● 消除业绩差距和消除机会差距并重的目标设定

一个面向未来的、经得起检验的战略规划，一定是既着眼当下现实又能兼顾长远，即两种性质的差距并存。

消除业绩差距核心强调的是在当前赛道最大化挖掘发展潜力，以最快

的速度形成延展性突破，激发主营业务的增长活力；而消除机会差距则必须深刻、彻底地转变自身的发展模式，从业务、能力和认知三个层次都进行改变才能够赢取未来。

也就是说，企业需要同时在效率战场（业绩差距）和创新战场（机会差距）中打仗，增强企业"双手全能"的平衡能力。

● 战略到执行的系统性贯穿

毫无疑问，一个企业真正的成功必须是系统性贯穿，任何一个环节的脱钩都会对整个系统产生影响。

因此，企业领先的密码是经营关键要素和要素之间的系统性贯穿，这种贯穿既代表从战略到执行的整体方向一致，也代表着战略到执行中"每一环"的一致和贯穿，只有这样才能帮助企业冲破原来限制，力出一孔地打造出战略性成长的"通路"。

当然，BLM 的各个要素应用于企业的战略制定过程，也需要一次"转译"的过程，毕竟 BLM 看起来"完美"，实则显得"复杂"，用起来不易。因此需要根据企业不同的战略制定场景和焦点问题进行适度的实操转化。

一个典型的战略制定过程可以划分为五个步骤（见图 8-4）：

▶ 第一步：评估业务现状，识别发展空间。该环节通常涵盖 BLM 中的"战略意图"与"差距"两个模块；

▶ 第二步：洞察市场机会，确立主攻方向。该环节通常会涵盖 BLM 中的"市场洞察"与"创新焦点"两个模块；

▶ **第三步**：创新业务设计，确立增长模型。该环节通常会聚焦 BLM 中的"业务设计"模块（尤其是价值主张与战略控制点）；

▶ **第四步**：识别关键任务，聚焦资源投入。该环节通常会聚焦 BLM 中的"关键任务"模块（尤其是对业务价值链活动的重新审视与资源聚焦）；

▶ **第五步**：盘点变革需求，明确组织保障（战略到执行的一致性）。该环节通常会涵盖 BLM 中的"正式组织""人才""氛围与文化"模块。

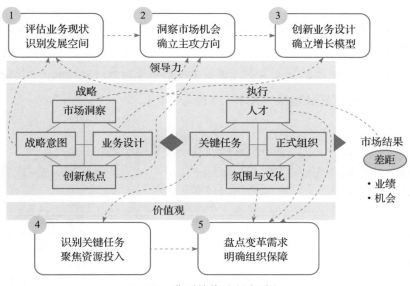

图 8-4　典型的战略制定过程

当然，企业也可以根据自身的实际情况进行定制。例如对于侧重中长期战略规划的企业来说，战略终局的推演、长期赛道的选择和论证就会变成战略制定中的核心环节与议题。

战略制定的核心输出为企业的未来蓝图及实现路径，我们称之为"战

略一张图"。企业有战略就意味着有聚焦和取舍，"战略一张图"的展现
也界定了企业的业务边界：有所为，有所不为。

这也与华为的"聚焦"如出一辙，华为成功的 30 年就是其始终聚焦
于战略主航道的 30 年，不在任何非战略机会点上消耗任何战略竞争力量。
当代中国企业正是需要这种看清主航道、驶入主航道和赢在主航道的争先
和专注精神，而这种争先和专注精神需要最大程度上反映在企业的战略规
划成果中。

如图 8-5 所示，"战略一张图"将 BLM 的各关键要素有机融合在了一
个界面中，包括战略意图（使命、愿景、目标）、主要差距、主攻方向（市
场洞察与创新焦点）、业务设计（重点呈现价值主张与战略控制点）关键任
务与组织保障（正式组织、人才、氛围与文化）。

| | 使命<br>愿景<br>目标 | | |
|---|---|---|---|
| 战略意图 | | | |
| 主要差距 | 业绩差距（效率）<br>机会差距（创新） | | |
| 主攻方向 | 第一曲线<br>目标市场与主要业务 | 第二曲线<br>目标市场与主要业务 | 第三曲线<br>目标市场与主要业务 |
| 业务设计 | 战略控制点一 | 战略控制点二 | 战略控制点三 |
| 关键任务 | 关键任务一 | 关键任务二 | 关键任务三 |
| 组织保障 | 正式组织 | 人才 | 氛围与文化 |

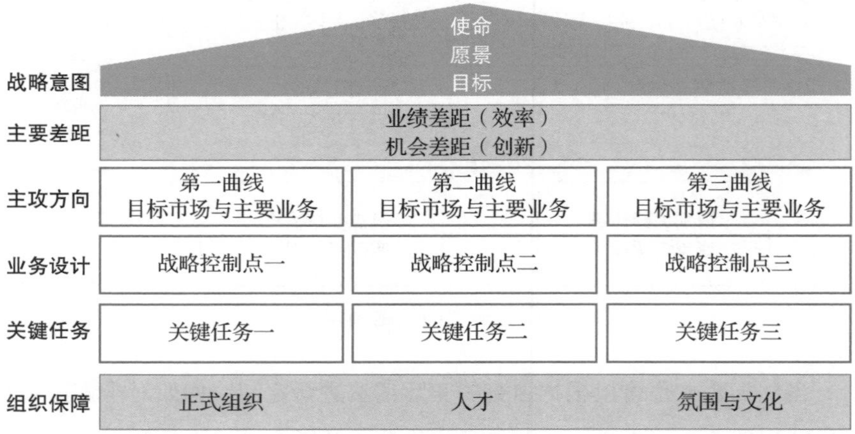

图 8-5　战略一张图

当然，这并不代表企业不需要厚厚的"战略材料"了，"战略一张图"
只是一种形象化的展现，旨在通过这种简化的呈现方式便于在企业内传播和

达成共识。但事实上，这张图的背后凝聚的是基于战略复盘与战略洞察不断
迭代打磨后企业上下对企业未来发展的清晰共识，过程比结论往往更重要。

## 8.3.2 从"规划活动"到"规划系统"

从单一业务进入到多元业务发展阶段，尤其是成立不同事业部或是集
团之后，企业对战略规划的诉求就不再是简单的"规划活动"，而是企业
的"规划系统"建设。战略规划系统包含企业级业务规划、核心能力规划
和组织保障规划（见图 8-6）。

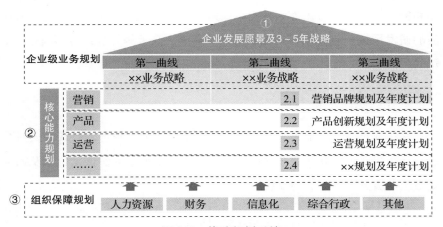

图 8-6　战略规划系统

- 企业级业务规划

企业级战略规划通常会是企业层面纲领性的规划，明确企业未来发展
的大方向，尤其是通过做什么、不做什么来体现出战略导向与核心原则。
企业级战略规划通常涵盖愿景、使命、中长期战略目标、经营理念、赛道
选择、战略优先级（关键任务）与组织的顶层设计等。这些方向性指引为

不同业务规划提供了战略的边界、取舍与决策的依据。

业务级战略规划也称为业务规划，业务规划既可以以不同业务单元为单位进行规划，也可以按照不同产品线进行规划，核心是提升各业务自身的战略指挥能力，形成组织的分布式大脑中枢。

● 核心能力规划

与业务规划相对平行的是能力规划——例如企业的营销规划、产品规划、运营规划等，这些规划的核心目的是支撑业务战场的胜利，同时也为企业中长期的发展积蓄核心竞争优势。例如高科技制造企业会将产品路线图和技术路线图作为在企业级战略规划下的关键子集；医药企业则因为药品的研发周期长且受到多方因素影响（临床、政策等），甚至需要超过 10 年的产品规划。

● 组织保障规划

除了业务单元、能力单元，企业还有诸如人力、财务、行政等支持系统，这些职能也需要前瞻性地明确自身在企业发展中的价值定位以及如何更出色地服务不同业务的发展。

那么，企业应如何有效组织战略规划呢？

战略体系相对完善的企业，通常会有明确的"战略年历"，其规定了在什么时候什么责任主体要完成什么事情，通常企业的战略规划从启动到成果形成可以有两种操作方式。

● 自上而下 – 自下而上

对于业务规模并不庞大的企业，建议可以直接在核心中高管团队中完成战略规划（自上而下）。在形成了明确的方向和策略之后，进行各业务线 / 部门的规划，在规划完成之后进行向上汇报与审批（自下而上）。

● 自下而上 – 自上而下 – 迭代确认

对于业务相对复杂，甚至是含有完全不同赛道、不同模式的业务群组的企业，可以先由各业务线独立完成业务规划（自下而上），通过自下而上的汇报来反向促进集团总部对战略的思考，尤其是很多集团也会从创新项目池中来探寻未来全新方向的踪迹。基于以上，企业可形成整合性的战略规划（自上而下），再由各业务群组根据集团最新的战略进行自身战略的迭代与审核确认（迭代确认）。

发动组织做规划是战略最好的宣贯和达成共识的方式，自上而下和自下而上相结合，本身就是对齐拉通的过程。这种方式也充分遵循了"方向大致正确、组织充满活力"的理念，组织有战斗力远比组织只有少数几个大脑要更加重要。

## 8.4 战略规划的常见误区

企业战略到执行中出现的诸多问题，源头其实不在执行，而在战略。

在与很多企业合作的过程中我们发现，即使在以执行力见长的企业中，领导人仍旧会认为中层存在执行不到位的情况。

其实当下企业所需要的"执行力"与过往相比发生了很大的变化，过往执行力的前提是业务清晰、路径明确。而当下企业正面临环境异常模糊、方向只能大致清晰的境况，因此多数情况下，中基层不是不愿意执行，而是在"模糊指令"下不知道该怎么做。这恰恰要求企业不同级别的管理层具备战略规划的能力，而非一味强调执行力。

结合我们的咨询实践，列举一些企业战略规划过程中的常见误区。

## 8.4.1　误区 1：从"已知"走向"已知"

从"已知"走向"已知"，顾名思义，就是每年拿出的战略换汤不换药，缺乏"新意"。如果说，在过往企业环境下，战略规划更多强调的是理解和共识，那么在不确定环境下，企业需要的不仅仅是共识，更需要整个组织的破界创新。

我们在帮助许多企业做战略规划的过程中发现，即便运用了 BLM 理论与方法，企业的领导团队不过是将已有的战略认知又做了一次结构化的呈现而已，并未真正实现"破圈"。

那么，问题出在哪里？

并非企业领导团队缺乏战略上的焦虑，因为但凡希望做战略的企业都是在成长上遇到了瓶颈或希望在行业中有更大的作为，只有面临巨大的"差距"，才有可能探索出创新的路径，这是源动力。

问题往往出在了战略洞察上。

如果领导团队缺乏对宏观环境、行业、客户和竞争的前瞻性判断与假设，便难以跳出自身的业务和组织局限去发现全新的机会，这也是本章介绍战略制定之前，先详细阐述战略复盘和战略洞察的原因所在。

战略洞察对企业来说不只是规划过程中的"洞察和输入"，而是需要企业形成"外观"的意识与习惯，敏锐洞察环境的变化，并形成对自身战略假设的修正，这体现的是组织能力，而不是一两个领导人的聪明才智。这是需要长期积累，而非在战略规划的过程中突击交作业的。

而企业的领导团队在战略规划中的核心使命之一就是不断打破自身的认知边界，打破了认知边界自然也就打开了企业发展的"天花板"。

## 8.4.2 误区 2：各级规划缺失，组织缺乏真正的方向一致

企业需要的是上下不断交互的战略规划过程，更高级别的战略智能组织是企业拥有"分布式大脑中枢"，一线有能力快速响应环境、因地制宜打胜仗。

对于企业而言，战略规划本身就是企业构建战略组织能力的起点，因此它不只是一个动作，而是企业的一系列管理活动。

很多企业误以为战略规划就是企业领导人的想法落实到纸面，或是领导团队闭关讨论拿出成果。甚至到了业务规模和复杂度不断扩充的大型企业，战略规划的做法仍旧极其简单，均在等待创始人发号施令或进行数字的简单拆解。

因此，企业经常出现的战略规划的实际情况是，总部层面只能够给出相对清晰化的战略目标，然后就匆忙地进入了目标层层拆解的过程，寄希望于快速将指标分配下去以有效传递业绩压力。

这其实暴露出了两个问题:

首先是各业务或部门缺乏拆解指标的理解基础,也就是说企业的目标看似清晰了,但目标的挑战性,以及实现的路径等,均缺乏有效的论证与上下认同,组织上下并未真正形成对方向和路径的共识,这也是企业难以形成合力的重要原因。

其次是这种单向的战略传递,也会在一定程度上抑制不同业务单元或一线的创新活力,如果一线没有大脑思考的机会,便会处于机械执行的状态。2008 年华为引入 BLM,就是为了解决如何让国家代表从"销售先锋"转变为一个能够有全局战略思考和构建国家区域组织能力的"战略指挥官"的问题。

因此,企业需要给予不同的业务和职能自主规划的权力和义务,以增强整个企业在目的、方向和路径的一致性对焦,以及激发一线的活力。

通常情况下,业务或部门需要从三个角度思考自身的规划:

▶ 从部门基础角色和职能出发,承接企业级关键任务。
▶ 自身业务布局与创新发展。
▶ 自身组织能力建设。

这样的规划逻辑意味着,各个业务主体的使命是承接企业的战略与关键任务(70% 左右),但是仍然始终确保有"余量"去做自身领域的创新探索(30% 左右)。这才是真正的活力所在,确保企业如进化的生命体一般,在不断传承的过程中进行基因的变异,从而拥有非连续创新的可能性和机会。

### 8.4.3 误区 3：规划只是"规划"，无法通往"未来"

战略规划是一个理性 + 感性的过程，战略意图（想做）是起点，没有企业领导人的事业梦想，就没有办法创造巨大的差距感。但与此同时，所谓的理性是指要找到梦想实现的可能性，给出一个通道和路径（可做和能做）。

在企业实践中，我们发现会有两个现象存在：

● 两份规划

一份规划是给"上面"接受检阅的，目的是体现对未来的前瞻思考水平；另一份规划是给自己的，比较务实，以可完成的业绩指标为导向。这也就意味着中长期规划和当下规划出现了两张皮，虽然每年的业绩目标都能够达成，但永远走不到未来，企业或业务单元并没有真正为了未来而布局当下，去攻克"难而正确的事"。

● 激进规划

所谓"激进"，就是希望"罗马一日建成"，不考虑企业的实际资源和财务情况，进行多元化扩张或不计成本地投入到各类创新中，最后并未换来想要的结果，反而拖垮了赖以生存的业务基本面。

因此，真正好的战略规划其实是"理性创意"的过程，既需要创意，也需要理性。

"创意"给了带上业绩紧箍咒的组织释放活力的机会；而"理性"则让战略闭环与经营闭环相辅相成，避免企业因为盲目创意而失掉自身的商业和能力基础。有前瞻性且可落地的规划，才是真正的好规划。

战略规划，字面上看起来容易理解，但是当它被诠释为企业的流程和系统时，其实是一个复杂工程。战略智能型组织的进化，首先要从战略规划开始，它最能够体现出战略"智能"的味道。这个智能，不是长在某一个人或某个团队身上，而是通过流程机制沉淀为组织能力的过程。

毕竟，我们无法回避的一个现实是，在现有企业环境下，仅有强健的四肢，已经无法抵御外敌入侵（跨界竞争者），更无法在行业中获得更大的价值空间。"战略规划"给了企业迈出战略型成长的第一步：聚焦主航道，做正确的事情，然后再把事情做对。

# 战略解码：路径拆解，协同作战

战略解码是战略规划到落地之间承上启下的环节，旨在将企业中长期战略蓝图转化为年度目标、行动举措与预算。在很多企业中，战略规划被称为 SP（Strategic Plan），年度计划被称为 BP（Business Plan），因此，战略解码也是企业从 SP 到 BP 的有效转译，也正是这个过程，确保了战略与经营在"计划"层面的一致性（见图 9-1）。

图 9-1　战略体系之"战略解码"

在帮助企业做战略解码的过程中，我们经常被问及"能否提供战略解码的有效方法和工具"，可见企业寄希望于用一套方法与工具来解决目标分解与落实的问题。

但基于我们过往的咨询实践来看，解码过程中出现的问题可能仅有30% ~ 40% 是可以通过刚性流程与工具解决的，而恰恰解"事"过程中"人"的问题是极其复杂的，也是最难解决的。这也是我们通常说战略解码"既是科学也是艺术"的原因。

企业在不断实践战略解码的过程中，也会越来越深刻地体会到：

**战略解码就是推动组织变革的方式，既要解决"事"的问题，也需要解决"人"的问题。**

战略解码不是简单的"以数学逻辑拆解 KPI 并落实到人"，而是重要的战略管理流程与机制，需完成"解码三部曲"，即解码规划、解码行动和解码绩效。解码规划的目的是推动战略信息的一致性传递与理解认同，解码行动的目的是激发战略实现的路径拆解与组织协同，而解码绩效的目的是将年度计划转化为组织与个人绩效。

## 9.1　解码公式：战略解码 = 解码规划 + 解码行动 + 解码绩效

### 9.1.1　解码规划：推动战略的清晰传递、理解与认同

所谓解码规划，就是不同业务单元和部门在制定自身战略与年度计划

之前，完成对企业战略的理解、认知与认同，这也是企业需要在战略出台之后推动"战略宣传贯彻"的原因。

对企业来说，解码规划需要完成两项关键活动：

● 步骤一：发动不同作战单元与部门，学习和解读战略

战略宣传贯彻固然重要，却也有自身的弊端，就是"灌"，多数是自上而下的传导，缺少了自下而上的理解。华为做战略时特别强调思辨与质疑，鼓励深度思考与互动，甚至是针锋相对，这样对战略的认知才能真正入脑入心。

企业战略在向下贯彻的过程中，各级业务单元与部门不是盯着目标和任务怎么拆解，而是需要充分理解战略背后的意图与取舍依据，挖掘WHAT 与 HOW 背后的 WHY。

平安集团就曾经在战略发布之后开启"战略宣传贯彻官"项目，旨在确保战略能够有效地传递至不同业务以及各个组织层级。"战略宣传贯彻官"队伍也一改以往以内部培训师为主体的结构，而是通过推荐和选拔的方式组建了一支由不同层级业务负责人构成的"讲师队伍"，确保其对战略的充分理解、诠释与传递。他们承担起了企业使命感召与战略传导的关键角色，就像是"火种"，将企业战略思想撒向一线。

● 步骤二：在理解战略的基础上展开对战略承接的探讨

不同业务单元或部门对企业的战略承接，通常分为两个部分：

一是根据企业的中长期战略蓝图与规划形成对自身未来规划的思考、探讨与共识，这个过程就是从"企业中长期规划"拆解为"业务 / 部门中

长期规划"的过程。

二是根据企业的年度目标和关键任务等形成对自身年度计划的思考、探讨与共识，这个过程就是从"企业年度计划"拆解为"业务 / 部门年度计划"的过程。

因此，理想情况下，不同业务或部门需要在理解和承接企业中长期规划和年度计划的基础上形成自身的中长期规划和年度计划（见图 9-2）。

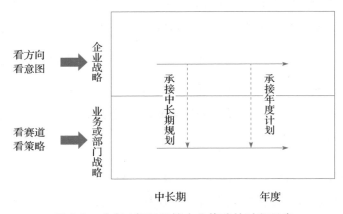

图 9-2　业务 / 部门承接企业战略的过程示意

不同在于，对中小企业来说，通常企业战略（中长期规划到年度计划）相对明确和清晰，因此不同部门在理解企业战略的基础上，可以直接承接企业的年度目标和计划，这个过程相对简单。

而对大型企业来说，解码规划通常会伴随企业各层级的战略规划过程进行，即不同业务和部门在理解企业中长期规划和年度计划的基础上，形成自身的中长期规划和年度计划。因此，大型组织的"解码规划"也会被纳入"战略规划"的流程中，既要确保自上而下中长期战略的一致性，又要保持各业务或部门自身规划的自主性。

无论是何种类型的企业，在战略出台之后，都需要完成一次自上而下的理解和学习的过程，避免简单粗暴地向下拆解目标和 KPI，缺乏了理解基础的战略解码，也就失去了组织共识与未来落地层面战略动态调试的基础。

## 9.1.2 解码行动：激发年度目标与关键任务的路径拆解与协同

所谓解码行动，就是落实年度目标与关键任务的过程，也是很多企业通常意义上认知的"战略解码"，无论战略再宏大均需要转化为年度可落地的目标与行动。

解码行动通常有两条主线，即常规落地主线（落地逻辑）和变革创新主线（变革逻辑）(见图 9-3 )。

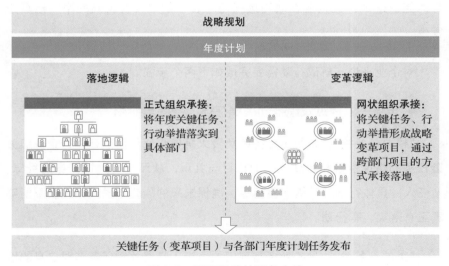

图 9-3 解码行动的两条主线

● 落地逻辑

即企业的年度计划（目标和关键任务）能够明确落实到部门，有明确的责任主体和落地策略。通常是要把能够消除"业绩差距"的关键任务快速落实到现有层级与分工明确的组织中，并且能够相对清晰地进行落地行动的分解（企业过往的成功经验或成熟做法）。

● 变革逻辑

即为了落实创新业务而进行的组织部署。这意味着企业未来的布局通常在当下难以找到可落实的具体部门，会存在"灰色地带"。这种类型的关键任务通常是为了消除"机会差距"，构建全新的业务价值链活动，或是需要整合组织多方资源。在这种情况下，关键任务的负责人需要构建跨部门的协同团队，完成落地路径的探讨与共识。

因此，解码行动真正发挥的价值在于如何推动企业整合性关键任务的组织落地，让企业在战略选择与取舍下的"难而正确的事"能真正发生。

对企业来说，解码行动需要完成如下两个步骤。

● 步骤一：横纵双线推动关键任务的拆解与协同

"横向一条线"，是关键任务的负责人搭建跨部门团队，进行企业级关键任务的路径拆解和行动计划的探讨与共识，从而明确关键任务的目标、责任人、具体行动与关键衡量指标，确保未来的战略布局或组织变革能够真正有落实、有行动。

"纵向一条线"，是各业务与部门的负责人带着关键任务与对自身的价值期待，同时结合自身的战略发展思路，形成对自身年度目标和计划的路径拆解与落地行动，有效保障企业级关键任务落地的同时，也实现自身业务 / 部门的健康可持续发展。

● 步骤二：变革项目与部门年度执行计划评审

横纵两条线的成果需要汇总在一起（即关键任务转化为变革项目群的年度执行计划与各部门的年度执行计划），经历一次管理层的评审，而评审过程也是横纵再次拉通与共识的过程。

通常来说，年度执行计划评审更像是一次"战略的扩大会议"，即纳入更多的中基层参与其中，将此作为战略成果发布和落地计划宣导的场域，形成组织多方对企业战略的正式承诺。

### 9.1.3　解码绩效：将年度计划转化为组织与个人绩效

所谓解码绩效，就是将年度计划转化为组织绩效和个人绩效，也是将计划与预算、绩效等管理体系进行结合的过程。因此，解码绩效不仅是通常意义的"签订绩效责任书"，根本上需要体系联动，实现战略到绩效的贯通。

将年度计划转化为组织与个人绩效，通常包括两个关键步骤。

● 步骤一：根据年度计划（关键任务）匹配年度预算

我们通常发现很多企业"战略"与"落地"两张皮，其中很重要的原因在于企业在经营预算之外缺乏有效的战略预算体系，容易忽略对关键任务的战略专项投入，致使企业虽完成了战略设计，但是到了落地层面并未实现资源的重新配置。

这也是企业需要在"战略季"完成战略规划、战略解码和预算制定的原因。这是企业实现从战略意图到资源重新配置的过程，需要为创新业务或变革项目拨出专项资源，用以布局未来。

● 步骤二：将年度目标转化为组织绩效与个人绩效

在"计划"的部分完成之后，企业需要启动绩效管理，除了考核之外，匹配以对应的绩效反馈与激励机制，推动"计划"的达成。

组织绩效除了反映当期业绩之外，还需要明确与战略目标和落地相关的指标体系，确保战略与经营绩效"不打架"、不同部门绩效"不打架"。在实际中，我们发现企业出现的问题是战略和经营指标两张皮，企业并非缺乏战略指标体系，而是战略性指标体系并不对各级业务负责人的考核和激励起根本性作用。

因此，在组织绩效转化为个人绩效的过程中，除了企业构建成熟的员工绩效管理（例如 IBM 和华为的绩效管理体系 PBC<sup>⊖</sup>）和激励机制之外，各级管理者的考核与激励导向对于企业战略意图的实现（而非短期数字驱动）起到至关重要的作用，它们会影响管理者向下管理的导向与行为，从而带动员工的绩效目标与努力方向。

例如，我们服务的一家互联网头部企业在对各级管理者的考核中，除了短期业绩指标之外，特别强调两个方面的战略性指标，即对创新业务的

---

⊖　PBC，全称 Perfermance Business Commitment，个人绩效承诺计划，是 IBM 创立的员工绩效管理体系，后被引入华为，被华为借鉴与应用。

发展与扶持，以及对组织能力的长期建设，并且将这些指标和管理者的激励与晋升强挂钩。企业其实是在用这种方式传递清晰的价值导向：能够与企业长期绑定的管理者，不仅仅是当下的"业绩英雄"，也是未来可持续发展的"业务创新先锋"与"组织建造者"。

## 9.2　解码本质：解码是过程哲学，本质是组织发动与对话

战略解码，让企业在运行逻辑上发生了两个显著的变化。

- 第一个变化：让企业战略计划管理的过程变得复杂了

过往依靠核心领导人或少数领导团队发号施令、整个组织一呼百应的简单逻辑，被整个组织贯彻、理解和拆解战略，评审和承诺行动等一系列流程与活动所取代。这个过程看似时间更长了，实则是在提升未来落地中可能的沟通与协调效率。

越是复杂的组织，越是难以将执行"一竿子插到底"，尤其是在环境高度不确定的当下，业务更加需要在一线增强对环境的敏捷响应。但是保证敏捷的前提是一线能够非常明确公司的战略意图与取舍原则，始终围绕主航道进行业务突破与探索。

- 第二个变化：改变了过往中层简单执行的工作模式

过往中层发挥的是基于清晰路径执行到位的作用，在这种作用下，组织需要用的是中层的"腿脚"，也就是听话和动作做到位即可。但是随着战略逐步模糊化，只能做到"方向大致正确"，但是"组织要充满活力"。

　　而战略解码则给了企业"中坚力量"重要的战略舞台和训练场，成为自身战略的责任主体，"抬头看天"，始终围绕战略主航道和意图，同时"低头看路"，不只是关注数字的拆解，更多的是共同探索出创新路径，这也是企业战略再论证与再共识的过程。

　　因此，战略解码是组织的"战斗动员与部署"，本质上是组织发动和对话的过程。这个过程核心衡量的是组织关键参与方的深度参与、投入与承诺。

　　通过解码过程中一系列的组织发动，明确不同业务与部门的年度目标与落地计划。正是由于组织不同责任主体对战略进行了有效的承接，企业战略能够从"战略一张图"落实到"组织一盘棋"，这也是战略解码的核心成果产出。如图 9-4 所示，"组织一盘棋"中充分体现了横纵两条主线。

| 关键任务 | 目标 | 责任人 | 关键战役<br>（战略级关键项目） | 业务部门 | | | | | 职能部门 | | | |
| --- | --- | --- | --- | --- | --- | --- | --- | --- | --- | --- | --- | --- |
| | | | | ××部 | ××部 | ××部 | ××部 | … | ××部 | ××部 | ××部 | … |
| • 关键任务描述 | | | • 编号内容描述 | 责任分工 | | 责任分工 | | | 责任分工 | | | |
| | | | | | | | 责任分工 | | | | | |
| | | | | 责任分工 | | | | | | 责任分工 | | |
| • 关键任务描述 | | | • 编号内容描述 | | | | | | | | | |
| | | | | | | | | | | | | |
| • 关键任务描述 | | | • 编号内容描述 | 责任分工 | | | | | | | | |
| | | | | | | | | | | | | |

图 9-4　组织一盘棋

"横向一条线"是以关键任务作为战略落地的整合性抓手，横向贯穿企业的不同部门，确保组织力出一孔，推动关键任务落地，并且有明确的责任分工。

"纵向一条线"则是每个部门均能够在组织排兵布阵中找到自己的位置，明确在不同关键任务落地中发挥的作用与价值，并且与其他业务或部门进行配合。

"组织一盘棋"恰恰体现出了企业面向未来战略布局的核心思想，也是战略聚焦的最佳体现，即"集中优势资源办大事"。我们通常会发现，中长期战略布局与当下组织运营总是格格不入，周密的分工与组织边界使得企业的"战略大手笔"（Big Play）在向下落实的过程中缺乏落地的抓手，这些"大手笔"反而特别需要企业的战略性资源投入，以及跨部门的有效整合和协同，方能释放企业的战略潜力。

## 9.3　体系联动：解码是战略统筹能力的体现

在本章"解码绩效"环节我们谈到，企业的年度计划最终要落实到组织绩效与个人绩效中，实现战略预算与经营预算的有机统一，以及战略绩效与经营绩效的有机统一。因此，战略解码对企业来说，不仅仅是若干解码活动的组织，更为重要的是通过解码过程实现战略预算管理与战略绩效管理的体系联动。

### 9.3.1　战略预算管理：联系战略和预算

从 SP（战略规划）到 BP（年度计划），其实就是企业战略联系预算的过程，因此，"年度计划"也通常被称为"预算计划"。

卡普兰教授在《战略中心型组织》中给出了一组数据："92% 的组织不报告核心战略指标，并且 60% 的组织没有将战略与预算挂钩。"⊖

可见战略与预算挂钩的过程并不会自然发生，企业需构建与日常运营相结合的战略预算管理体系，即形成从运营预算和战略预算两个不同的流程产生的财务数字与资源配置（见图 9-5）。

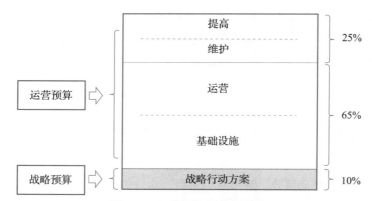

图 9-5　运营预算与战略预算

资料来源：卡普兰，诺顿. 战略中心型组织 ［M］. 上海博意门咨询有限公司，译. 北京：中国人民大学出版社，2008：247.

● 第一种流程：运营预算流程

运营预算包含了来自产品销售和服务的收入预测，以及在高效运营下

---

⊖　卡普兰，诺顿. 战略中心型组织 ［M］. 上海博意门咨询有限公司，译. 北京：中国人民大学出版社，2008：237.

生产产品和提供服务并交付到客户将会产生的费用。运营预算细化了维持现有产品和客户的费用，以及下一阶段要发布新产品并获得新客户将会发生的费用。

由于现有产品、服务和客户在预测上具有连续性，其基数也相当大，因此大部分组织的资源成本会在运营预算中决定。

● 第二种流程：战略预算流程

如果说运营预算是对现有业务的持续改进的资源投入，解决的是"业绩差距"，那么战略预算则更多是对未来创新业务突破性行动进行的探索与资源投入，解决的是"机会差距"，战略预算通常用来构建全新的业务价值链活动或组织的新能力。

战略预算意味着，企业始终需要保持基本盘业务持续健康增长的同时，有预算冗余为未来做投入，从而实现可持续的发展（10% 的战略预算投入只是基准参考值，企业的战略预算比例可以根据实际情况进行调整）。

## 9.3.2　战略绩效管理：联系战略和绩效

战略绩效管理，就是在经营指标之外形成一套有助于战略布局的指标体系，同时将其转化为对各层级管理者的要求和形成绩效管理的闭环。

用管理成熟业务的方式来管理创新业务，是企业的一个普遍现象。

很多创新业务团队在大企业中的生存环境并不"友好"，缺乏创新的试错空间，甚至很多时候面临如同成熟业务一样要求的收入、利润等短期业绩指标的压力，因此企业常常会为了求短期生存而做出与创新初衷背离的行为。当然，这并不代表创新业务就可以无限制地被区别对待和无须对结果负责，而是需要有针对创新业务的目标与要求。

以短期业绩论英雄，是企业的另一个普遍现象。

虽然企业有若干与战略相关的指标考核与激励，但是管理者心里却非常明白，关乎自身位置的核心要素（甚至是唯一要素）仍旧是短期业绩（以业绩论英雄，达不成业绩即"下课"）。

卡普兰教授在《战略中心型组织》中给出了一组数据：

"在美国，只有 51% 的资深经理（英国 31%）的个人目标与战略相联系，只有 21% 的美国中层管理人员（英国 10%）的个人目标与战略相联系，只有 7% 的美国一线员工（英国 3%）的个人目标与战略相联系。"足见管理者在绩效落实中承载的关键作用与价值。

因此，战略绩效管理，需要在不同业务和管理者个人层面均形成明确的价值导向与绩效标准。

### 首先，需明确业务的价值导向与绩效原则。

针对不同类型的业务，需要设定不同类型的指标与考核方式，避免成熟业务扼杀创新业务，无法培育开放与创新的土壤和氛围。

在方法篇中我们谈到，剧变的时代，领先的企业需要开展三条曲线的布局，即以"渐进式创新"为主的第一曲线业务、以"递增式创新"为主的第二曲线业务和以"跃迁式创新"为主的第三曲线业务。针对不同曲线业务的布局，企业应该匹配不同的绩效管理方式（见图 9-6）。

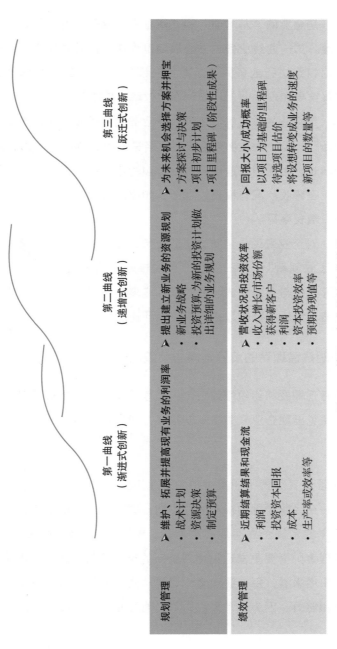

图 9-6 基于三条曲线的绩效管理

资料来源：巴格海，科利，怀特. 增长炼金术：企业启动和持续增长之秘诀 [M]. 奚博铨，许润民，译. 北京：经济科学出版社，1999：138-142.

第一曲线，是企业的"基本面"和"现金牛"业务，也是创新业务得以发展的蓄水池。第一曲线业务的核心战略是维护、拓展并提高现有业务的利润率，同时持续进行业务的"渐进式创新"，因此，绩效指标重点应聚焦在近期结算结果和现金流上，如利润、效率、成本等。

第二曲线，是企业的核心优势延展，即业务的相关多元化，因此被称为"递增式创新"。第二曲线业务的核心战略是提出建立新业务的资源规划，确保高速增长，因此增长速度和市场份额的抢夺将会是绩效管理的重点，指标应聚焦在营收状况与投资效率上，如收入增长、市场份额、资本投资效率、客户增长率等。

第三曲线，对企业来说是全新的赛道业务，需要进行非连续跨越，因此也称为"跃迁式创新"。第三曲线业务的核心战略是找到未来 5 ~ 10 年发展的主航道业务与业务模式，因此指标应聚焦在回报大小和成功概率上，如项目估值、创新项目的数量、模型验证速度等。

**其次，需明确管理者的价值导向与绩效原则。**

战略绩效管理需要将组织绩效与个人绩效挂钩，尤其是与管理者的个人绩效挂钩，避免出现企业只关注短期指标，战略性指标"形同虚设"的情况。

虽然不同管理者负责不同类型的业务（如负责第一曲线业务的管理者，更偏向于站在经营管理的视角关注短期业绩指标；负责第二曲线业务的管理者，更需要带领企业实现高速增长，做新业务的建立者；而第三曲线业务的管理者则需要更富远见地在全新的市场去验证新商业逻辑等），但从普遍性的角度来看，每个管理者均需要从效率和创新的不同视角来看待自身的业务和能力。因为通常来说，第二曲线和第三曲线业务很多时候就是从第一曲线衍生或分形出来的，若缺乏对第一曲线的关注，也就失去了企业持续创新的机会和可能性。

例如，亚马逊的云业务就是从电商业务中衍生出来的创新业务，最初云的诞生是为了服务电商平台上的众多中小商家，由于云服务的能力不断成熟，得以走向市场，面向外部客户提供云基础设施服务，从而不断发展成了亚马逊的全新增长引擎，以及重要的利润来源。

我们在企业看到的实际情况是，绩效考核中短期经营指标和战略专项指标通常是两条线，短期经营指标会直接与业绩和激励挂钩，并且进入到经营分析与管理的闭环流程中，而战略专项指标则往往容易流于形式，表面重视，实则缺乏具体抓手。因此，战略绩效管理也需要与人力资源管理流程进行强绑定，包括权责利、考核激励等，才能从根本上解决战略与绩效的匹配问题。

对企业来说，战略解码若想达到理想的效果，绝不是组织解码活动就能实现的，其背后是战略预算管理、战略绩效管理以及有效融入人力资源管理流程等体系之间的有效联动，通过这样的系统性手段，方能实现战略解码在企业中的"战略统筹"价值。

## 9.4 战略解码的常见误区

"以数学逻辑拆解 KPI 并落实到人"，是企业战略解码的通常做法，却也是对战略解码作为战略管理活动最大的误解。战略解码很容易在企业中被流程化和教条化，反而失掉了其"组织发动、沟通共识与资源统筹"的核心价值。

结合我们的咨询实践，列举一些企业战略解码过程中的常见误区。

## 9.4.1 误区 1:"宣传贯彻战略",缺少组织沟通与对话

缺少中基层指挥作战单元对组织战略的理解和认同，是企业中的典型现象和问题。

在我们与众多企业合作的过程中，经常会听到有些中基层管理者并不认同企业的战略方向，但是深聊下来，会发现问题本身并不出在是否"认同"上，而是出在缺乏最基本的信息传导与拉通上，导致组织上下的理解仅停留在了对战略词汇和口号的认知，而非战略的核心内涵，自然会产生很多不必要的"误解"。

"宣传贯彻"是企业在战略解码启动阶段通常使用的管理手段，但也并非完全有效。

其中很大的原因在于"宣传贯彻"是"单向传导"。一个客户的实际案例是，集团层面组织了几次 2.0 战略的大型宣导，并专门邀请集团的首席战略官亲自解读，有位中层管理者想办法连续参加了 3 次，私下的反馈却是"战略每个部分、每个词都好像能听得明白，但是串联起来就不太理解了"。

"战略解码"并非单向输出战略，而是需要发动组织不同层级学习和解读战略，并在战略"自上而下传导"的过程中，形成"上下对话"的过程与氛围。

卡普兰教授在《战略中心型组织》一书中，提出企业的各个层级需要构建"战略意识"："这不是由上而下的指示，而是由上而下的沟通，让各个岗位的员工都能主动思考创新的方法来帮助组织达成战略目标。"而这种沟通，会直接带来对企业绩效的影响（见表 9-1）。

表 9-1  不同绩效组织之间的差异

| | 高绩效组织 | 低绩效组织 |
|---|---|---|
| 员工对整个组织的目标有良好认知的比例 | 67% | 33% |
| 高级管理者具有高效沟通能力的比例 | 26% | 0 |

资料来源：卡普兰，诺顿. 战略中心型组织［M］. 上海博意门咨询有限公司，译. 北京：中国人民大学出版社，2008：186.

在 WHAT（做什么）和 HOW（如何做）之前，还原战略的 WHY（为什么），才是正解。毕竟"意义"和"可视化的未来"所带来的内在驱动力，要远大于冷冰冰的绩效指标。

这也会是企业在进行重大战略转型过程中的有效"松土"与"变革发动"的意义所在。让所有人都能够登上"变革之船"所带来的转型成功概率要远远大于只有少数领导者驶向彼岸，而大多数人被遗弃或在岸边观望的情况。

## 9.4.2  误区 2："发模板交作业"，仅有分工，缺乏对齐

在我们接触的众多企业中，战略解码通常的做法是：自上而下"发模板"，自下而上"交作业"，解码变成了一道道数学题，重目标拆解和分工，轻协同与共识。这种解码过程最大的问题在于缺乏数字拆解与责任拆解的策略和共识基础。

我们在本章谈到，企业的关键任务通常有两种逻辑，一种是常规落地逻辑，另一种是变革逻辑。涉及创新尤其是涉及企业的业务设计发生改变的关键任务时，通常在现有组织中很难找到单独的落实部门（因为企业的组织设置通常是根据现有业务进行搭建的），甚至需要调用原有业务系统的资源和跨边界协同。

诸如此类的关键任务绝不会由于企业领导人的重视而自然发生，通常需要克服企业过往的成功惯性，因此在执行的过程中很容易向现实妥协。这种情况屡见不鲜，不是没有突破的勇气和意愿，而是在沼泽中前行或推石上山的过程中，需要的不只是一个人的力量，而是需要真正的集组织之"众力"。

因此，在解码行动的过程中，切勿将其看成一个"教条"的 KPI 数字拆解流程，而应当借助这个机会将与未来相关的，并且散落在组织中的不同资源组合在一起，就"难而正确的事"（关键任务或关键任务中的关键战役）进行再次拉齐与共识，寻找在战役层面的聚焦点，实现在一个战场"饱和攻击"的效果，方能实现新的业务或重大模式调整中组织的惯性突破。

## 9.4.3 误区 3：战略绩效"形同虚设"，缺乏有效的落脚点

在我们过往的咨询实践中，发现很多企业会将"战略解码"方法和工具当成灵丹妙药，认为只要企业运行了一遍战略解码过程，尤其是明确了目标与绩效之后，企业就能够实现战略到落地的无缝对接。

其中最典型的一个体现就是战略绩效形同虚设，到了战略落地阶段的

时候，企业领导人会发现组织上下仍旧是短期销售或业绩导向，原本设定的战略目标与绩效并没有发挥应有的牵引作用。

这其实是一个很大的误区，战略解码其实体现的是企业战略统筹的组织能力，而非单纯的活动或流程，成功的关键是将其与其他体系进行有效关联。企业的预算和绩效体系是战略管理和经营管理双环驱动的"连接器"，一端连着战略最原始的诉求，另外一端影响着从组织到个体的行为联动。

当然，预算和绩效体系也并非独立存在，例如绩效体系就需要与人力资源管理充分有效联动。与此同时，是否形成了各级管理者关注企业中长期发展的导向和业务创新的土壤与氛围等，均是需要企业关注的事情。

这也再次说明了，要想构建战略智能型组织，企业并非依靠战略体系就足够，而需要以战略体系构建为抓手，带动企业其他管理体系有效联动，从而服务于企业可持续发展的诉求。

BUSINESS
LEADERSHIP
MODEL

第 10 章

# 战略落地：机制保障，敏捷行动

战略规划和解码，在企业的战略周期中，其实只是"开端"，也就是企业为战略做好了计划和团队分工的准备而已。再完美的战略，都需要落地转化为结果（见图 10-1）。

图 10-1  战略体系之"战略落地"

很多时候我们会发现，哪怕是"错误"的战略，如果企业有好的落地保障和纠错机制，都可以在执行过程中迅速调整并进入到正确的航道中，可见好的战略执行不是盲目忠于战略计划，而是在执行的过程中仍旧有头脑并灵敏地响应环境。

战略落地，本质上是在运用"一致性"逻辑持续构建支持价值创造的核心竞争力系统，促进企业的成长与进化，这才是战略落地的根本。

"落地跟踪""保障机制"和"创新管道"是企业在战略落地环节不可或缺的三个基本模块与内容。落地跟踪的目的是进行战略到执行的一致性检查，确保组织的执行体系与战略保持高度匹配，并且明确组织变革重点；保障机制是为企业关键任务有效落地提供集体决策与问题解决的保障；创新管道则是为创新业务在企业中的萌发、发展和壮大等提供可持续生长的体系和土壤支撑。

## 10.1 落地跟踪：持续检查"一致性"

### 10.1.1 战略落地，"落"的是什么

通常来讲，企业战略落地就是贯彻和落实"计划"，确保计划的事情能够发生并且产生效果，然而，这并不是领先企业全部的追求。

《让战略落地：如何跨越战略与实施间的鸿沟》一书揭示了落地的真正内涵：

Business
Leadership
Model

"包括苹果、海尔、乐高和星巴克等在内的一些知名企业，能够跨越从战略到实施间的鸿沟。这些企业特点迥异，乍看之下，它们之间毫无共同点，很难联系到一起。但事实上，这些企业都建立起某类能够带来显著战略优势的差异化能力。因此，能力是战略与实施间的纽带，是企业真正意义上实现差异化和开展工作的基础。真正的常胜企业围绕少数几种差异化能力开展自身组织建设，并有意识地将这些能力进行整合。我们将做到了这一点的企业称为连贯性的企业。"⊖

上述谈到的"连贯性"，恰恰与 BLM 中的"一致性"（Congruence）如出一辙。关键任务的背后，是战略对企业"能力"的要求，而关键任务的落地，也是为了构建企业独特的客户价值。

因此，战略落地可以划分为三个层面：

● 指标和行动落地

努力达成计划所预期的结果，通常是企业战略落地的基本诉求，即以目标或指标来驱动市场结果（市场份额、收入增长、利润等），这是最基本的战略落地内涵。

● 核心竞争力构建

仅关注指标与数字，则很容易掩盖战略落地中的问题，如各级管理者

---

⊖ 林文德，马赛斯，克莱纳. 让战略落地：如何跨越战略与实施间的鸿沟 [M]. 普华永道思略特管理咨询公司，译. 北京：机械工业出版社，2016：4.

为了目标的完成而运用非正当手段，会出现"赢了 KPI 但输了战场"的情况；或是企业规模虽在不停扩大，但并未有效沉淀出能够不断抵御竞争的差异化竞争优势。

因此战略落地也意味着企业的能力不断增厚的过程。

● 轨道与价值切换

对于面临业务转型的企业，即从过往的业务设计向全新的业务设计进行转变时，更需要关注战略落地是否实现了轨道切换与价值升级，从而构建起了全新的组织能力。用这个标准来衡量战略落地的成效，方能体现出企业在多变的环境中不断被刺激进化的过程。

因此战略落地更深层次的内涵在于实现业务转型与企业全新能力的构建。

## 10.1.2　落地跟踪，"查"的是什么

正是由于战略落地承载的是能力建设，甚至是组织的变革，因此落地跟踪就显得尤为重要。在帮助企业推进战略的过程中，我们通常会将战略落地的阶段性跟踪检查作为重要的手段，在解决实际问题的过程中提升组织能力。

落地跟踪，通常包括四个基本要素的检查，分别为战略 / 策略检查、领导力检查、资源 / 能力检查和执行检查（见表 10-1）。

表 10-1　落地跟踪阶段性检查

| | S<br>（战略 / 策略检查） | L<br>（领导力检查） | R<br>（资源 / 能力检查） | E<br>（执行检查） |
|---|---|---|---|---|
| 战役状态检查（红绿灯） | ● 关键任务或各项战役的产出 / 价值是否能支持战略目标的实现<br>● 关键任务或项目推进的主要策略和路径是否清晰 | ● 关键任务或战役负责人是否体现了足够的领导力以推进战略目标实现<br>● 各项战役团队的状态是否士气高涨、高效协同 | ● 目前的资源保障是否存在问题<br>● 各项战役团队是否具备相应的知识、经验和方法 | ● 企业的正式组织、人才、文化方面是否能支撑关键任务的落地<br>● 关键任务落地过程中多大程度会向现状妥协 |
| 检查说明（阐述评估理由及潜在风险 / 问题） | | | | |
| 改进 / 行动建议 | | | | |

● 战略 / 策略检查

即关键任务及各项战役的目标产出和路径是否清晰、准确。核心检查项包括：

**关键任务或各项战役的产出 / 价值是否能支持战略目标的实现？**

**关键任务或项目推进的主要策略和路径是否清晰？**

虽然在企业层面关键任务已经是显性化的行动举措，但仍然需要在落地实战中进一步厘清内涵并验证策略的有效性。例如有的企业将"下沉市场"作为关键任务，那么究竟什么样的市场可被称为下沉市场，应率先在哪些区域进行攻坚，突破的方式是什么等，这样的关键任务需要在落地评估的环节不断验证有效性，使关键战役更聚焦和可落地。

● 领导力检查

即关键任务及各项战役负责人的能力及团队组成的合理性。核心检查项包括：

**关键任务或战役负责人是否体现了足够的领导力以推进战略目标实现？**

**各项战役团队的状态是否士气高涨、高效协同？**

此项检查非常关键，甚至在战略 / 策略并不完备的情况下，这个要素的匹配会对战役获胜有至关重要的影响。这项检查尤其适用于很多需要进行业务创新突破但环境并不明朗的战场或关键任务，当年华为任正非力排众议坚定任用余承东掌管手机业务就是这个道理。

我们看到很多企业的实际挑战是，企业充斥着众多的"守城者"而非"攻城者"，而新进入的创新人才又很难在企业现有系统中生存和有效调动资源。因此，企业通常会选择"年轻的老干部"来推动组织的战略落地与变革。所谓"年轻的老干部"就是长年植根于企业实践（一线成长起来）、对企业忠诚、具备开拓精神的新生代，他们具备极强的事业创新精神，同时又能在企业内部依靠"刷脸"获取和整合资源。

● 资源 / 能力检查

即衡量关键任务及各项战役所需关键资源到位的程度。核心检查项包括：

**目前的资源保障是否存在问题？**

**各项战役团队是否具备相应的知识、经验和方法？**

在企业中，各业务/部门常常处于"争抢资源"的状态，因为资源越多意味着打仗的时候炮弹越充足。但是战略最大的前提假设就是企业的资源是有限的，真正好的战略是在资源有限的被动局面下反超对手或实现弯道超车，这也恰恰反映出战略本身的价值。

因此资源配置的检查，并非以"资源是否充足"作为关键考量点。对于企业主营业务相关的关键任务落地，需要核心检查的是资源效率的问题；而对于创新业务相关的关键任务落地，则需要检查的是企业是否拥有全新业务价值链活动相关的资源。例如华为当年在向自主手机品牌转型的过程中，渠道管理和品牌营销人才等均是关键任务落地的资源保障。

● 执行检查

即关键任务落地过程中向组织现状妥协的可能性。核心检查项包括：

**企业的正式组织、人才、文化方面是否能支撑关键任务的落地？**

**关键任务落地过程中多大程度会向现状妥协？**

纵使策略、领导人、资源都到位了，仍旧存在关键任务在落地过程中"夭折"的可能性。其中巨大的阻力来自原有组织系统的惯性。向组织现状妥协其实是常态，一旦发生"妥协"，战略到执行的"一致性"就会发生断裂。

战略落地本质上就是组织变革和进化的过程，需要变革领导团队（通常由职能部门领导担任）按照关键任务的部署，突破组织的惯性并落地新的管理机制，打通阻碍关键任务实施的卡点。

通过以上几个要素的阶段性检查，企业领导人就会对影响关键任务进展的重要因素有了基本判断，并逐个击破，同时推动组织变革成长，强化企业的竞争优势。

## 10.2 保障机制：项目管理的协作组织模式

PMO 的全称是 Project Management Office，即项目办公室或转型办公室，通常作为企业战略落地的专项部门，旨在运用项目管理的方式来有效调动组织内跨部门资源，有节奏地推动关键任务及各项战役的落地。

项目管理是管理学的一个分支学科，其概念源自 20 世纪 50 年代美国的北极星导弹潜艇项目，最开始应用于国防、航天和建筑工程等少数行业。时至今日，项目管理已经从少数行业的应用，逐步成为各类企业管理的基本方法和能力。

例如华为将项目管理定义为公司管理进步的基础细胞，并且在 2014年将"以职能为中心"向"以项目为中心"转变作为公司的重点工作之一，目标是建立一个企业级的项目管理体系。

对华为而言，以项目为中心就是要成为以客户需求为中心、实现端到端价值创造的流程型组织。打破传统的职能部门墙，用项目拉通端到端的流程，用项目创造价值、交付价值，并且根据项目的角色匹配相应的授权，包括经费预算、人员管理、绩效激励等。

由此可见，项目管理不仅仅是企业战略落地的一种管理工具，也体现了企业灵活响应客户需求，快速资源整合的协作方式。在节奏飞快的互联网企业中，由于组织建设常常跟不上业务的发展速度，因此不同业务作战单元均会设置 PMO 的专业角色，完成战略落地过程中的项目管理、资源协调与管理补位等工作。

通常来说，PMO 需要承载的角色包括：

- 落地推动

将关键任务以战略项目（战役）的形式进行立项，统筹项目群的计划、进度与风险、成果交付、结项等关键活动，并推动高管团队决策和解决落地中的关键问题。

- 流程沉淀

将战略项目的经验和成果总结、沉淀为流程、机制等一系列组织能力。

PMO 作为战略项目落地的关键推动者，需要以会议方式构建有效的战略落地沟通机制。其中包括三种类型的会议组织与安排（见图 10-2）。

- ▶ 月度例会：用以解决战略落地关键问题和进行决策的高管团队决策会议。
- ▶ 双周例会：用以进行项目之间信息拉通与问题反馈的 PMO 项目群双周例会。
- ▶ 单周例会：用以进行项目团队内部进度拉通与问题解决的项目团队周例会。

我们在与众多企业合作的过程中发现，即便是企业有了 PMO 组织设置，也很难解决战略落地推动的问题。

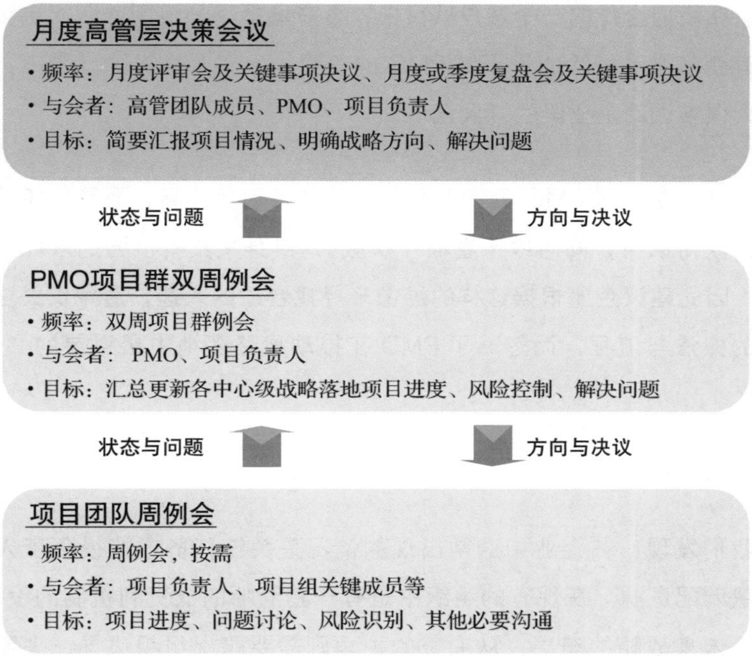

**月度高管层决策会议**
- 频率：月度评审会及关键事项决议、月度或季度复盘会及关键事项决议
- 与会者：高管团队成员、PMO、项目负责人
- 目标：简要汇报项目情况、明确战略方向、解决问题

状态与问题 　　　 方向与决议

**PMO项目群双周例会**
- 频率：双周项目群例会
- 与会者：PMO、项目负责人
- 目标：汇总更新各中心级战略落地项目进度、风险控制、解决问题

状态与问题 　　　 方向与决议

**项目团队周例会**
- 频率：周例会，按需
- 与会者：项目负责人、项目组关键成员等
- 目标：项目进度、问题讨论、风险识别、其他必要沟通

图 10-2　战略落地的沟通机制

PMO 能启动并运转起来，需要几个关键的作用力：

- 高管决策与授权

与企业层级式结构相比，项目矩阵结构更扁平化，尤其是在战略落地过程中构建了与企业决策团队的"直通车"，确保战略要事能够获得快速响应、决策与授权。项目矩阵式结构能够发挥作用，避免战略落地只是项目管理办公室的"一厢情愿"。

- 选对 PMO 负责人

PMO 负责人的选择通常是企业领导人在推动战略落地过程中容易忽

略的。在我们合作的一个客户项目中，客户选择了一位刚入职、层级不高且没有变革推动经验的骨干做 PMO 的负责人，实际推进的过程中，这个负责人很难调动企业里的"大佬们"。

当然，企业对 PMO 负责人的要求并非级别足够高，而是他能够在企业内部获得认可，同时敢于直面"权威"，自身又具备很强的落地推动的能力。因此建议企业根据这样的画像来寻找合适的人选，避免仅关注项目管理的方法与流程，而忽略了 PMO 在推动战略落地中最重要的"变革"元素。

- "权责利"对等

我们发现，在企业中通常出现的情况是关键任务或战役负责人很难跨组织调配资源。在现有的组织中是有一套清晰的权责利机制的设计的，而基于未来战略的布局，从变革的视角则需要跨出组织边界，来整合整个组织中的各类资源，此时便是对原有组织惯性的一次打破。并且多数情况下，进入到关键战役中的团队成员并非"全职"，需要在完成本职工作的同时，参与项目并做出贡献，因此会面临精力分配以及多头领导的问题。

如果没有刚性的授权与对应的考核激励，是很难充分调动起来组织中的变革先锋力量的。各项战役的负责人是否有权限来指挥战役并且调配资源？什么情况下资源调配可以优先于现有业务和组织？诸如此类问题是需要企业在 PMO 机制设计中涵盖的内容。

更为重要的是，运用 PMO 机制推动落地，也是历练队伍、培养综合性人才的机会，通过这种磨炼，企业才可以将个人能力转化为组织能力。

## 10.3　创新管道：第二、第三曲线如何开启

承载战略布局"关键任务"的，通常除了第一曲线业务的渐进式创新之外，还有第二曲线业务的递增式创新，甚至是第三曲线业务的跃迁式创新。

因此对企业来说，企业的战略落地也是企业不断进行创新和进化的过程，对上规模的企业来说，高战略智能意味着企业不仅仅要能够有效落实关键任务，更要能构建起创新的管道，确保创新业务源源不断地涌现（见图 10-3）。

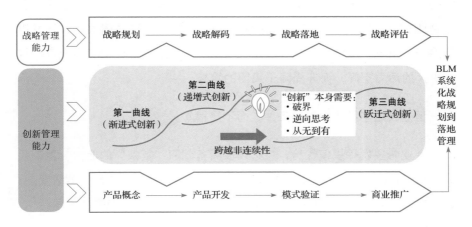

图 10-3　战略管理与创新管理体系

最近几年，大型企业普遍开始采用业务单元小型化、决策权向基层下沉的办法来增强组织活力，以组建 BG（事业群组）、BU（事业部）这样"化整为零"的方式去进行业务布局和差异化管理。毫无疑问这对于大企业提升创新能力是有帮助的。这样做的好处在于：

● 业务多元化

多元比单一业务更富创新能力，原因是相互连接可产生变异，进而对抗同一性。无论像 GE、西门子这些百年企业，还是最近十年成功的互联网企业等，它们均在部署多种不同的业务，尤其是运用不同的商业模式。需要强调的是，这里的多元指的是企业涉及多个行业，拥有不同的商业模式，这些都会让一个企业具有"内生变异"的能力。

● 决策更灵活

决策的灵活度与组织的大小有关，越小便越灵活，所以企业在激发创新的时候，运用多元化、决策单元下沉等方式，都是为创新创造条件。例如 2019 年，华为针对 CBG（消费者业务）开展了专项军团改革，涉及组织治理、绩效、激励、考核等一系列组织变革，目的是让消费者业务释放出更大的活力空间，而非受限于集团的管控。

但是，这些做法都仅是条件，而不是根本。

企业希望发挥规模优势，就必须要具备驾驭"复杂"的能力。复杂代表组织中有着诸多要素，且要素间有千丝万缕的关联，是否能够驾驭复杂、发挥规模优势就成为企业构建创新能力、实现创新必须要回答的问题。

这不仅是年度创新项目落地的问题，更是从系统视角构建创新的组织能力。

正如哈佛商学院教授皮萨诺在《变革性创新》中表达的观点：

Business
Leadership
Model

"组织的创新能力根植于人员、流程、结构和行为的选择以及实践系统。培养合适的创新能力是一个系统设计问题。作为领导者，你将扮演一个组织工程师的角色：把理解系统的组件、组件交互的方式以及期望的性能权衡作为职责。这一原则同样适用于设计创新系统。"⊖

驾驭复杂、发挥规模优势的唯一出路是将企业打造成一个充满"创新活力"的系统，以系统观的理念构建组织才是解决企业持续创新发展的有效办法。

同时，我们必须看到，对大企业而言，改造现有系统是很困难的，而通过成立新业务单元"办特区"，是构建新系统的有效方式。当新系统建立之后，确保两个系统能够在同一个组织中存活又是一个特别考验企业的时刻，其中必然有先分后合的过程。亚马逊就是把 AWS（亚马逊的云计算 IaaS 和 PaaS 平台服务）先分出去，发展到壮大成熟，再对传统电商业务反向影响，从而推动整个组织进化。这就需要创新管道的构建。

而创新管道的构建思路，与方法篇中提到的二元型组织的内涵高度一致，即企业既需要构建与主营业务保持高度"一致"的效率型管理组织，遵循公司化、流程式和可管控（用以进行第一曲线的渐进式创新）的规则，也需要构建与创新业务保持高度"一致"的探索型管理组织，遵循小团队、开放和试错的文化氛围（用以进行第二曲线的递增式创新和第三曲线的跃迁式创新）（见图 10-4 ）。

---

⊖ 皮萨诺. 变革性创新：大企业如何突破规模困境获得创新优势［M］. 何文忠，桂世豪，周璐莹，译. 北京：中信出版集团股份有限公司，2019：130.

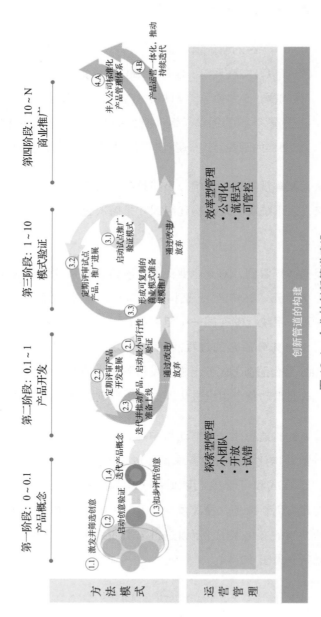

图 10-4　企业的创新管道建设

因此，战略落地从狭义视角理解，是企业战略体系中的一个环节，聚焦于如何实现从年度计划向落地转化，其涉及战略体系中的有效机制保障；而从企业持续发展的广义视角来理解，战略落地则意味着企业的不断创新与进化，其中既包括对企业初心的不断坚守与传承（坚守初心），也包括企业对于创新业务的持续探索与迭代（持续进化）。这背后就不是战略体系本身能够支撑的了，而需要企业构建起系统化的创新管理体系与治理结构，来不断激活组织与规模化新生势力的涌现。

## 10.4　战略落地的常见误区

战略落地是战略管理体系中历时最长且最容易出问题的环节，怎么重视都不为过。而企业也需要从过往的"简单粗暴、强调执行"转向"敏捷行动、持续进化"的落地模式。

结合我们的咨询实践，列举一些企业在战略落地过程中常见的误区。

### 10.4.1　误区 1：战略落地是战略部门或人力资源部门之职

对于上了规模的企业来说，企业领导人会从业务的日常运营中脱离出来，并且出现了在企业管理层面的专业化分工，战略落地则被过分简单化或过分复杂化了。

所谓"过分简单化"就是一味地追求数字指标的达成；而所谓"过分复杂化"就是战略落地变成了各种数字与表单的层层上交，而战略部或人力资源部也承担起了战略落地的关键监督和推动执行的角色，从而衍生出众多战略落地的各类流程与工具。

将战略落地之责落到战略部或人力资源部，是企业最需要避免的误区。

"CEO 是战略的第一责任人"，其中的"战略"并非狭义的战略决策，而是从战略到执行。正如 BLM 中所陈述的，对企业领导人来说，领先的战略是"选路"，领先的执行是"造车"，这都是其作为企业的掌舵人需要扛在身上的。

而现实情况是，同时精通"战略"和"执行"的企业领导人少之又少。

2013 年，普华永道针对近 600 位来自各行各业的高管开展了调研，调研结果显示（见图 10-5）：

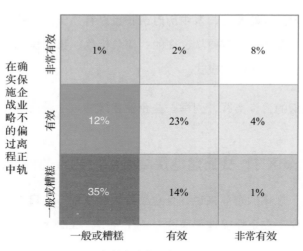

图 10-5　高管在战略和执行方面所取得的成效

资料来源：林文德，马赛斯，克莱纳. 让战略落地：如何跨越战略与实施间的鸿沟［M］.
　　普华永道思略特管理咨询公司，译. 北京：机械工业出版社，2016：176.

Business
Leadership
Model

"仅有 16% 的高管在战略或执行方面做得十分出色，而两者皆卓越的比例仅为 8%，至少在一个方面做得一般或糟糕的比例为 63%。但也有令人鼓舞的结果：在战略或执行方面做得出色的 16% 的高管中，同时擅长战略和执行的人群占到半数以上，这说明出色的战略家也在不断地掌握实施方面的技能，反之亦然。"⊖

这种相关性至少说明了一件事情：

**卓越的领导者必须且能够同时精于战略和执行。**

因此，在企业战略落地过程中，战略部发挥的是战略体系和流程责任人的角色，人力资源部发挥的是组织与机制、人才、文化与氛围保障的作用。

而真正的主导角色仍旧在企业领导人、领导团队身上，他们需要在推动战略落地的过程中不断增强战略循环和学习调整，建立起体系化驱动企业不断成功的能力。

## 10.4.2　误区 2：战略落地就是增强"执行力"

在与众多企业合作的过程中，我们经常听到企业领导人抱怨中层（腰部力量）缺乏执行力，难以坚定执行公司的战略。

正如本章战略规划模块中我们谈到的，当下企业需要的"执行力"较

⊖　林文德，马赛斯，克莱纳. 让战略落地：如何跨越战略与实施间的鸿沟［M］. 普华永道思略特管理咨询公司，译. 北京：机械工业出版社，2016：175.

之以往发生了很大变化。过往执行力的前提是业务模型清晰、落地路径清晰，而当下的企业正面临环境异常模糊，战略只能大致清晰的场景，此时企业需要的"执行力"其实是将企业的战略方向或纲领转化为不同层级推动创新落地的能力。因此很多场景下是中基层确实不知道该怎么执行甚至不知道执行什么，并不是他们不愿意执行。

腰部力量"疲软"是大多数已经"成功"的互联网企业普遍焦虑的问题。大部分中层干部由于有很强的"做题"能力而被提升到管理者的位置，但事实上企业的转型创新需要有"选题"和"出题"能力的领导人才。因此，当企业需要探索创新业务（即使是主营业务，也需要不断地进行创新突破）时，会发现各级管理者想得大（Think Big）、想得深（Think Deep）以及想得远（Think Long）的能力不够。

因此，如何让腰部力量实现转型与激活，担当起未来业务持续创新的重任是当务之急。

要解决这个问题，其实根源不在"执行力"本身，反而需要在战略认知和意识的源头上寻找解决方案。例如，机制化的"战略会"就是一个有效的管理场景，企业可以在要求各级管理者制定年度业务规划的同时，赋能各级管理者从局部到全局、从关注短期到关注长期、从计划执行到前瞻思考的转变。

### 10.4.3　误区 3：战略与执行两张皮，为达目的"不择手段"

即便是企业制定了正确的战略方向，也会在落地的过程中走形，强压在各级管理者面前的 KPI 指标如同"一把刀"，时刻威胁着管理者的"企业内生存"，因此会导致为达目的不择手段的情况频发，伤害了长期的用户价值和企业可持续发展。

例如我们曾接触过的一家教育企业，创始人痛心于各分校区不惜以损害口碑的方式来追求短期增长，触碰了该企业的价值底线，也违背了该创始人做普惠教育的初衷。

战略到执行的"一致性"，不仅体现在对战略意图中数字目标的贯彻落实，更为重要的是忠于战略意图中的使命和愿景，这代表了企业对社会和客户的长期价值承诺。

战略落地着实是一项复杂的工程，并不是战略部门构建一套方法、流程和机制等就能够解决所有问题，而需要完成 BLM 中"领先的执行"的两层核心要求。

▶ 通过"关键任务"的识别找到战略落地的焦点，将业务设计转化为一系列具体的业务活动（战略设计到战略行动的一致性）。
▶ 让"正式组织""人才"和"氛围与文化"这三个组织能力能够有效匹配"关键任务"（组织能力与战略行动的一致性）。

这种一致性，需要集整个组织之力，需要各个体系之间进行有效联动，还需要在落地过程中不断推动组织的进化。因此，站在企业系统性成长的视角看待战略落地，而非战略职能视角，才会更加深刻地理解战略落地的内涵。

BUSINESS
LEADERSHIP
MODEL

第 11 章

# 战略评估：动态调试，能力优化

战略评估就是企业评估结果与持续优化的过程，它是战略体系的最后一个环节，正是由于它的存在，使得战略体系形成了一个有机循环（见图 11-1）。

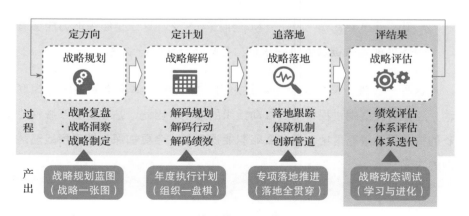

| | 定方向 | 定计划 | 追落地 | 评结果 |
|---|---|---|---|---|
| | 战略规划 | 战略解码 | 战略落地 | 战略评估 |
| 过程 | ·战略复盘<br>·战略洞察<br>·战略制定 | ·解码规划<br>·解码行动<br>·解码绩效 | ·落地跟踪<br>·保障机制<br>·创新管道 | ·绩效评估<br>·体系评估<br>·体系迭代 |
| 产出 | 战略规划蓝图<br>（战略一张图） | 年度执行计划<br>（组织一盘棋） | 专项落地推进<br>（落地全贯穿） | 战略动态调试<br>（学习与进化） |

图 11-1　战略体系之"战略评估"

战略评估包括"评估"和"优化"两类关键活动，评估旨在不断审视战略自身与战略体系的有效性，而优化则在于让战略体系更好地发挥作用，提升组织的战略能力。

战略评估的第一个层面是"绩效评估"，即对战略实施结果的评估，并据此修正与调试企业的战略，这是通常意义上的战略评估内涵。绩效评估的目的是修正行动，打胜仗，并在打胜仗的过程中审视核心竞争力的提升与业务轨道切换。

战略评估的第二个层面是"体系评估"，即对企业自身战略体系的评估。体系评估的目的是通过有效方法、流程和机制等，提升战略的组织能力，迈入更高的战略智能水平，实现战略性成长与企业的可持续发展。

战略评估的第三个层面是"体系迭代"，如果说绩效评估之后的行动调整要求的是速度和敏捷度的话，体系评估之后的优化与迭代则难以一蹴而就，需要企业有足够的耐心。通常来说，企业的战略体系建设和优化，至少需要用"僵化 - 优化 - 固化"的变革方针滚动三年练肌肉。

## 11.1 绩效评估：不只是衡量结果，也是为了战略调试

在企业实际操作评估的过程中，绩效评估不单纯是对结果做一个"达成"或"未达成"的评估，而是要通过结果的评估，对企业战略进行动态调试。

弗雷德·R. 戴维（Fred R. David）在《战略管理》一书中提出了战略评估的框架：审查战略基础（假设）、衡量组织绩效、采取修正行动（见图 11-2）。

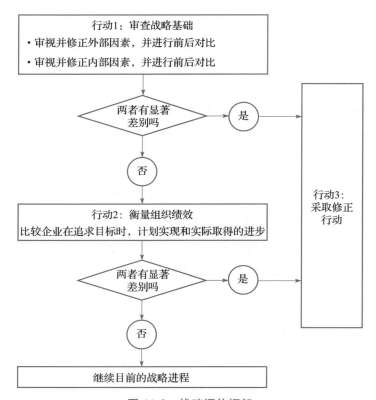

图 11-2　战略评估框架

资料来源：戴维. 战略管理：概念与案例［M］. 徐飞，译. 北京：中国人民大学出版社，2012：273.

## 11.1.1　行动 1：审查战略基础（假设）

战略基础也可以称为战略假设，通俗地说就是企业需要时刻关注环境的变化以调整对战略的基本判断，这个部分也是我们在战略规划中始终强调的战略洞察。

也就是说，战略洞察并不是仅出现在战略规划的环节，随着当下环境的越发动荡和多变，企业需要时刻关注可能的变化与调整，并将此作为战略行动修正的核心依据。

审查战略基础需要企业在进行战略评估时，不是马上进入到对一些经营数字结果的衡量上，而是首先审视内外部因素的变化。

外部因素诸如宏观环境（政治、经济、社会、技术等）、行业环境（行业的价值链变化）、客户需求变化、竞争动向（尤其是跨界颠覆）等，这些因素的变化可能会导致企业对于自身面临的机会和威胁的判断发生变化。

内部因素则需要关注企业在产品创新、客户管理、运营管理等价值链环节的优势与劣势是否发生了变化。

对于内外部因素变化的判断，通常会产生两种结果：

▶ 如果判断内外部因素发生了显著差别，则需要重新回顾战略，基于新的战略假设来对战略设计进行修正，并且采取新的行动。

▶ 如果判断内外部因素跟之前相比没有显著差别，则直接进入到绩效结果的衡量之中，来复盘战略是否真正执行到位。

华为消费者业务在 2022 年的战略变化就是重新修正战略的典型案例。

## 华为消费者业务的战略修正

2022 年 4 月 20 日，在华为终端商用办公新品发布会上，余承东宣布将"华为消费者业务"正式更名为"华为终端业务"，并全面进军商用办公领域，未来将全面覆盖消费产品和商用产品两大模块。其中，前者将继续全面聚焦服务大众消费者，后者则专注于服务政府及

企业客户。本次发布会标志着华为终端正式全面进军商用市场。<sup>⊖</sup>

很明显，这和 2019 年华为发布全场景智慧化战略并"坚定未来战略十年不变"有了很大的变化，这个变化则来自 2019 年华为经历的芯片危机。正是由于这次外部危机，华为不得不出售手机品牌荣耀。在"缺芯"的环境下，华为手机出货量与全球销售收入出现了巨大的下滑。2021 年，华为手机出货量约为 3500 万台，排名全球第 9；而巅峰时期的 2019 年，华为手机出货量达 2.4 亿台，全球排名第 2。

对华为消费者业务来说，2022 年开拓商用智能产品赛道，也是应时而变的结果。在这种巨大的外部要素变化情况下，华为不得不修正其 2019 年战略的基本假设。在第一曲线手机业务基本面出现巨大危机的时候，必须要寻找全新的主航道，用以弥补基本面业务大幅下滑所带来的负面影响。如何运用自身的高科技产品研发与制造优势，快速扶持新的现金流业务，则变成最为重要的战略问题。

继 2022 年 4 月 20 日华为正式宣布进军商用办公领域之后，5 月 23 日，华为举行新品发布会，一口气发布了四款笔记本电脑、一款显示器和一款无线鼠标。除了新的硬件特性外，华为还带来了针对会议场景的智慧办公服务。<sup>⊜</sup>

上面的故事向我们展示了华为的战略修正行动，以及面对外部环境变化时及时与快速的响应。当然，华为是否能够快速切入商用产品领域，并且获取全新的成功，仍有待时间的考验。

---

⊖ 每日经济新闻. 开拓下一个"粮仓"：华为终端全面进军商用办公领域［EB/OL］.（2022-04-20）[2022-06-06]. https://baijiahao.baidu.com/s?id=1730613632292777720&wfr=spider&for=pc.

⊜ 许诺. 华为大举发力智慧办公，一场发布会发布四款笔记本电脑［EB/OL］.（2022-05-23）[2022-06-06]. http://m.bjnews.com.cn/detail/1653310660168021.html.

## 11.1.2　行动 2：衡量组织绩效

如果企业的战略基本假设没有发生本质变化，则进入到衡量组织绩效的环节，这一行动主要是比较预期目标和实际结果，并调查结果偏离的原因。

衡量组织绩效，也通常会产生两种结果：

▶ 如果预期目标和实际结果没有显著差别，则可以继续当前的战略行动。
▶ 如果预期目标和实际结果有显著差别，则需要进行深度复盘，以寻找战略行动并未执行到位的根本原因，基于根本原因的挖掘进行组织反思，并且为采取修正行动提供核心的输入。

衡量组织绩效，值得企业领导人关注的是，对未来业务指标的预测远比关注以往业务的完成情况更为重要。例如，战略决策者应该知道需要采取一些补救措施，否则下一季度的销售量将低于计划的 20%，而不是到了下一季度才告知其销售量低于预期 20%。真正有效的控制在于准确预测。<sup>⊖</sup>

在关注前期设定的经营绩效指标及内容达成情况的同时，也需要时刻关注与市场环境相关的结果。例如，如果市场整体处于比预期更理想的状况，同赛道竞争对手的增长均有较大幅度的提升的时候，原本企业设定的目标可能就会偏于保守，此时需要拿对手的绩效成果作为自己绩效的矫正参照物，避免仅看自身成长，而忽略了自身成长速度与市场的对比。

---

⊖ 戴维. 战略管理：概念与案例 [M]. 徐飞，译. 北京：中国人民大学出版社，2012：274.

### 11.1.3　行动 3：采取修正行动

采取修正行动是战略评估的最后一步，即需要做出若干变革行动，使企业在未来获得竞争地位，例如重新修正企业的愿景和使命、改变战略、修正目标、剥离某项业务、发行股票或债券进行融资、调整组织结构、实施新的绩效激励，等等。<sup>⊖</sup>

通常情况下，阶段性战略评估可以结合战略复盘进行，战略评估侧重于绩效结果的衡量，对战略复盘是重要的数据和信息的输入；而战略复盘则是从结果和过程两个视角更为全面地对企业的业务、组织与认知局限进行的反思，可以反向促进战略行动的修正。

## 11.2　体系评估：组织能力评估与持续优化

战略体系的有效性评估通常包括三个方面。

### 11.2.1　方法体系评估

战略方法体系是指企业内部有一套统一的战略方法和语言，确保各级组织都用同样的方法来制定战略和推动战略落地。

这通常是企业内最容易做到，却也最常出现问题的地方。很多企业找到我们，希望引入 BLM，就是因为看到了其对华为战略方法与语言统一的价值。

⊖　戴维. 战略管理：概念与案例 [M]. 徐飞，译. 北京：中国人民大学出版社，2012：276.

但是许多企业却陷入了"复杂"，机械地认为模板工具越丰富越好，恨不得通过填写表格就得到一个翔实的"战略"，因此很容易落入到填写模板的教条模式中，反而丧失了方法本身带来团队认知统一与共识的原始价值。

因此，战略方法体系评估的重点在于，企业引入的战略方法是否帮助不同层级管理者提升战略思维能力，"适用"比"完备"更重要。

## 11.2.2　流程机制评估

战略流程与机制的构建本质上是在经营管理闭环之上，形成战略管理与经营管理的双环联动，确保战略学习与调整的过程能够切实有效发生。

战略体系相对完备的企业通常会有一张战略年历表，标注着不同时间需要完成怎样的战略动作，以及不同层级与不同部门应该对应什么样的战略责任，也就是将我们谈及的战略管理的四大流程与企业年度运营管理的流程进行有效整合。战略不再是随机事件，企业形成了规划、解码、落地、评估的战略流程闭环。

因此，流程机制评估并非检查是否有了更多战略管控的动作，其重点在于检查是否有效将战略管理恰当地嵌入企业的运营管理实践中，并实现了预算体系、绩效体系等不同管理体系的融合。

## 11.2.3　专业团队评估

战略职能，就是指企业内从事与战略职能相关的团队，在业务相对复杂的企业中，通常既有总部全局统筹的战略部门，也有各个业务单元独立支持的战略智囊团队。

除了发挥战略规划与落地管理的作用之外，战略部门还普遍承担着市场研究、战略投资等职责。例如，华为的战略管理部就承担着七大职责：制定战略规划并监控落地、市场洞察、战略专题管理、产业生态建设、投资组合管理及绩效政策、制定战略指引、战略安全等。有的企业战略部门还会承担创新体系建设等相关的职能。

很多企业的战略部门会苦恼于缺乏有效的考核权限和资源来推动战略落地，空有一腔热忱，但常常是有心无力。其实战略部门在很多企业并非典型的"当权"部门，而更像是"参谋部"，因此依靠专业取胜就显得尤为重要，要依靠专业来提供战略洞察和复盘，充分发挥非正式授权下的影响力来有效调动财务、人力资源、其他业务单元等不同部门推动战略结果的达成。

因此战略职能的评估重点在于专业能力的评估，即企业需要审视是否构建起了一支战略的专业精锐部队，能敏锐洞悉环境变化，对企业的战略提出方向路径的同时柔性推动组织的变革与落地。

## 11.3　体系迭代：僵化－优化－固化，滚动三年练肌肉

"僵化－优化－固化"⊖最初是华为向 IBM 学转型的时候，任正非提出来的变革方针。

---

⊖　杨杜. 管理进步三部曲——僵化、优化、固化［EB/OL］.（2001-05-08）［2022-05-05］. https://xinsheng.huawei.com/next/#/detail?tid=6788707.

▶ "僵化"是指削足适履，先全面学习、学到极致。

▶ "优化"是指结合华为实际情况进行调整，做出一套为华为量身打造的模式。

▶ "固化"是指以流程和机制承载，让学习内容沉淀为组织能力被留存下来。

战略体系的持续建设与能力打造并非一蹴而就，我们与很多企业合作的过程中，经常需要和企业领导人讲到的是，要想落地战略体系，至少要滚动三年练肌肉，也需要完成"僵化 – 优化 – 固化"的过程。

## 11.3.1　僵化：核心回答"学习谁，学什么，怎么学"

在"僵化"阶段，企业核心需要回答三个层面的问题：学习谁，学什么，怎么学。

通常来说，容易回答的是第一个问题，例如，很多企业希望向华为学习，构建坚固的战略堡垒，像华为一样引入 BLM，并转化为自身的战略体系。

但是第二个问题和第三个问题的答案，通常在企业引入体系实践的过程中是缺失的。而华为在这方面确实堪称学习的标杆。

2008 年，在华为引入 BLM 的过程中，高管团队通过学习和反思，发现了许多自身在战略认知和体系建设上的问题。这使得华为看到了 BLM 理论在华为以系统化的力量推动战略落地中的作用和价值，以及自身需要改造的方向。同时，在这个过程中也形成了较为充分的思想松土和团队共识，端正了体系学习的态度。

### 11.3.2　优化：根据企业实际量体裁衣，形成自身管理特色

在"优化"阶段，企业需要结合方法体系应用的实际情况，进行优化与迭代，形成自身的方法与管理特色。

如果"僵化"是为了强行改掉过往的惯性的话，"优化"则是形成新的习惯的过程。

华为在引入 BLM 之后，为了让 BLM 能够与华为的实际情况更加匹配，对模型中的各个模块在工具表单上都进行了更加细致的开发和优化。外界耳熟能详的 DSTE（Develop Strategy to Execute），就是华为创造性地结合 BLM 等方法论，开发出的最适合华为情况的战略体系。

### 11.3.3　固化：固化为流程机制，并融入企业整个运行体系

"固化"就是强健骨骼与肌肉记忆，让已经优化好的战略体系变成组织的肌肉记忆，在反复循环实践的过程中沉淀成组织能力。在这一阶段，企业需要建立起真正的战略闭环流程和管理机制，并年复一年地坚持按照这个流程和机制运转。

在华为的组织能力中，尤其以流程管理为重。华为很擅长将各类工具方法内化为管理流程，然后运用流程对组织进行管理。

引入 BLM 之后，华为的战略管理流程逐步建立了起来，从最开始的国家总经理转身项目，发展成为战略规划到落地的战略体系逻辑，且一坚持就是十几年，并由此沉淀成为华为战略落地的组织能力，而不仅是少数领导掌握的技能和方法。

# 11.4　战略评估的常见误区

企业的战略评估通常会出现两极化倾向：

一极是仅关注短期业绩结果，战略评估与阶段性的"经营分析会"画上了等号，而忽略了战略评估与长期体系建设的评估；

另一极则是矫枉过正，成立战略部门，增设战略管理的系列流程与规则，企业在管理层面多了一层管控，多了一道提交文档的检查关口。

结合我们的咨询实践，列举一些企业在战略落地过程中常见的误区。

## 11.4.1　误区 1：指标越改越复杂

随着 KPI 在成熟组织的普及，复杂的指标已经让管理者不堪重负，而额外的战略性指标，则进一步加剧了落地的复杂性和难度，也形成了对各级管理者的新镣铐。

"既要、又要、还要"似乎成了很多大中型企业管理者的真实写照。

战略评估最核心的价值不是在指标数值上给各级业务和部门松绑，毕竟很多不可能的任务或挑战本质上来自企业领导人或领导团队自身领先的抱负，本身就不存在合理不合理的问题。问题在于如何"化繁为简"。

战略评估之后除了优化组织与各项行动，还应包括对指标体系的重新审视。

- **避免过多过程指标盖过结果指标，本末倒置**

随着管理的不断规范与流程的不断完善，企业逐步倾向于通过有效的过程管理来促进结果的达成，因此催生出众多的过程型指标，数据看板管理以及基于数据优化行动变成了常态。特别提醒的是，过程监控的目的是服务于结果的达成，而非"绑架"，尤其是在环境极其不确定的业务中，要避免众多过程指标达成了，结果仍旧不尽如人意的情况，这样反而失了设定过程指标的初衷。

- **避免指标成为架在业务脖子上的"一把刀"**

企业各级管理者被指标绑架，丧失了创新思考与行动力是普遍现象，管理者也演化成为层层"指标管理"的主体，而非层层"战斗指挥"的主体。因此对企业来说，重要的不仅是指标本身的松绑，更是指标背后的逻辑与指标完成的路径思考与创新，让各级战斗指挥官有"空间"打胜仗才是根本。

## 11.4.2　误区 2：流程机制越改越复杂

体系评估，很容易迷失在"这个缺失、那个缺失"的原因分析中，随之而来的就是进入"构建这个流程、增设那个机制"的熵增怪圈。

企业推动战略体系建设的过程中，我们通常听到的战略部门的抱怨是：缺少有效的管控抓手，战略部门"推不动"战略。因此，"给予战略部门更多权限，以及构建更为完善的流程"，便成了体系优化的核心解决方案。

其实这是最大的误解。

弗雷德·戴维教授在《战略管理》一书中指出：

Business
Leadership
Model

　　"战略管理万万不可成为自我标榜的官僚机制。相反，它应该是一个自省的学习过程，使管理者与员工熟悉企业的关键战略问题，以及解决这些问题的可行方案。"

　　戴维教授也在该书中提出有效战略管理所需的 17 条指南，这也揭示了企业应该如何构建与优化迭代自身的战略体系。

　　（1）应该重在执行，不应停留在书面。

　　（2）应该是所有管理者和员工参与的学习过程。

　　（3）应该用数据支持文字，而不是用文字支持数据。

　　（4）要简化，不要程式化。

　　（5）应该对企业的任务、团队关系和会议形式甚至规划日程做适时修改。

　　（6）敢于质疑公司既有战略所依赖的假设前提。

　　（7）欢迎坏消息。

　　（8）欢迎开放性思维和批判性思维，提倡质疑精神和学习精神。

　　（9）战略管理不能成为官僚机制。

　　（10）战略管理不要因循守旧，不要生搬硬套。

　　（11）战略管理不应过于正式化和可预测化，要避免僵化。

　　（12）避免陈词滥调和不着边际的语言。

　　（13）避免成为一个旨在控制的正规体系。

　　（14）不能忽视定性信息。

　　（15）不能由"技术主义者"主导。

（16）不要同时实行过多战略。

（17）不断强化"好的企业需要好的伦理观"的理念。

卡普兰教授也在《战略中心型组织》一书中特别将战略管理称为"战略学习循环"，在战略学习循环中，对战略本身核心强调的是验证、学习和调整，包括验证因果关系、动态模拟、商业分析、应急战略等，而对于战略过程管理核心强调的是战略反馈、管理会议和责任制等。

因此，战略部门推动战略落地应该秉持"学习、帮助、教育和支持"的原则，其不是高高在上的"权力部门"，或是高层管理者之间战略文件的传递媒介，而应该积极促成"对话"和组织学习进化，这远比一份漂亮的战略文档或口号更加重要。

通过投身于战略管理这一过程，赋能一线管理者成为战略的"主人"，让执行战略的人对战略拥有主人翁意识与使命感，是企业战略成功的关键。

随着华为成为各行各业学习的明星标杆之后，华为当年引入的众多管理体系与方法论亦成为"市场宠儿"，BLM、IPD、ISC……被理念吸引之后，企业通常会兴致勃勃地以"变革"之名引入各类方法论和体系，随之表格、工具、流程满天飞，怨声载道之后，不了了之。

争相学习 BLM，却纷纷陷入"复杂逻辑"误区，学习华为的热情很高，但是学成华为的企业寥寥。

在与很多企业领导人交流的时候，我们通常被问及一个问题：

**为什么我们企业引入的 BLM 并不好用？**

每当这个时候，我们通常会反问：为什么一定要引入 BLM，没它行不行？太多的企业只是因领导者对华为和 BLM 理论的认可而引入 BLM，但实际引入的时候并没有和实际情况相结合，不好用就是必然。

BLM 自诞生之日起，核心解决的就是企业系统性成长与领先的问题，如何确保企业持续成功，而不是昙花一现，其背后的系统观与系统方法论才是企业最需要的。

因此，同其他任何理论与方法一样，企业导入 BLM，首先要"问题导向"，其次是"量体裁衣"。我们对企业的建议是不要盲目崇拜与学习 BLM 方法体系，要根据企业自身的真实需要，同时匹配企业发展阶段，选择适合自己的学习方式。

在实践篇，我们将结合多年的实践经验，提供企业可以运用 BLM 的实际场景与具体案例，让更多企业在学习和应用 BLM 理论与方法的过程中少走弯路。

# 企业导入BLM的典型场景与实践案例

## 实——践——篇

BUSINESS

LEADERSHIP

MODEL

B L M

# 典型场景

在了解企业如何学习和应用 BLM 理论之前，我们首先提出一个问题：

## 什么样的企业慎用 BLM？

这个问题，其实是在帮助企业完成一次准备度评估，以避免企业被 BLM "看似复杂的逻辑" 绑架。

在企业应用 BLM 之前，建议做如下三项评估。

### ● 企业发展阶段评估

尚处在 0-1 创业阶段的企业谨慎学习 BLM 理论。

初创期企业核心要解决的是市场和产品的问题，BLM 所展示的系统性成长方法和战略体系构建等对于初创期企业来说显得有些超前，这个阶段的企业核心诉求是 "创意测试"，只有解决了产品 – 市场适配的问题，才会遇到接下来的 "成长之痛"。

● 企业管理团队评估

领导团队仍需管理基本功补课或"一言堂"文化的企业谨慎学习 BLM 理论。

能否将战略方法真正应用在实践中，很大程度取决于使用者的认知水平，缺乏基本的商业和管理知识的企业，学习和使用 BLM 的难度很大。此外，如果企业完全是"一言堂"的文化，无论用怎样的方法都难以解决企业战略能力提升的问题。

● 企业管理体系评估

缺乏基本的经营管理基础的企业谨慎过早建立战略体系。

战略体系对企业来说不是发展初期的"必备刚需"，在企业单体业务实现高速增长之后，企业迫切需要构建的是经营管理的管控体系与人力资源管理等相关的动力体系。战略体系的构建除自身闭环之外需要与经营管理、绩效管理、人才评价与发展等紧密联系，缺乏这些体系的联动，战略体系自身很难发挥出价值。

本章将列举 BLM 在企业中的几种典型应用场景，以及不同发展阶段的企业如何学习和应用 BLM 理论与方法。

## 12.1　BLM 在企业中的典型应用场景

企业导入 BLM 最大的误区在于：将 BLM 脱离企业恰当的应用场景而简单移植。

## 你的企业是否也曾如此导入 BLM

我们曾经接触过一家中型企业（10 亿元左右规模，医疗行业，业务处于上升期），创始人通过在商学院的学习了解到了 BLM 方法，尤其是其在战略规划中的应用。创始人对此非常认可，便在学习之后，迅速将 BLM 的 11 个模块直接转化为表格，让各个部门开始填写，希望激发各个部门的战略思考，并且产出一些有价值的落地事项。

于是，企业便开始了风风火火的"BLM 运动"，这也是众多企业导入 BLM 的典型方式。

按照创始人的要求，各个部门依次按照"差距""战略意图""市场洞察""创新焦点""业务设计""关键任务""正式组织""人才""氛围与文化""领导力""价值观"等 11 个模块进行严格填写，每个部门均形成了一张"大表"。

企业创始人找到我们，希望帮忙看看各个部门的规划成果质量如何，并且与我们共同探讨企业战略应该如何落实到各个部门。

而看了各个部门交的"作业"之后，我们着实有些哭笑不得。

依据我们多年的咨询实践，BLM 在企业中的学习和应用，可分为三个层次。

### 12.1.1　认知应用

BLM 作为企业持续成长与领先的系统观和方法论，对于企业不同层级的管理者，尤其是业务的掌舵者"一号位"来说，是很适合的学习内容；同时企业可以借助 BLM 理论和方法的学习，构建不同层级管理者对企业发展的系统化认知与共同语言。

华为 2008 年引入 BLM 的初心是帮助国家总经理团队进行角色与能力转型。因此，时下很多企业会将该方法应用于企业管理者尤其是高管的领导力发展，旨在帮助现任或未来的"总经理"构建对企业成长与领先更加全面和系统的认知。

## 12.1.2 方法应用

BLM 在企业实操中的应用，最常见的就是企业及不同业务单元的战略规划。BLM 提供了企业各级管理者制定战略的共同语言与思维逻辑。因此，企业在召开战略研讨会的时候，会邀请 BLM 方法论的专家来引导高管团队完成战略制定的流程。

而 BLM 从理论到规划的实操，是需要完成一次转译的过程的。正如在体系篇第 8 章战略规划中谈到的，运用 BLM 制定战略可以划分为差距分析、主攻方向、业务设计、关键任务、组织保障等五个流程步骤，形成边研讨边产出的高效过程，同时借助结构化的产出模板，形成企业上下共同遵循的战略规划基本逻辑。

## 12.1.3 体系应用

BLM 在企业的体系化应用，最为典型的是通过构建战略管理体系来提升企业的战略智能水平，这也是我们在体系篇介绍的内容。完整的战略体系包括战略规划、战略解码、战略落地与战略评估四大流程闭环，确保战略管理与经营管理的双轮驱动。

虽然华为 2008 年引入 BLM 的目的是队伍转型，但是随着高管团队学习的深入，华为意识到了它在战略体系构建中的价值，也逐步开始将其内化为有自身特色的战略管理体系。

以上三种场景，其实是企业导入 BLM"由浅入深"的过程。

对企业领导人来说，需要关注的是，三个层次的应用，通常是从"认知"开始的，缺乏认知，在"方法"和"体系"层面的应用就无从谈起，且认知越深入，在企业中的运用就越精准。BLM 在引入到华为之后，经历了华为高管团队的深入学习与思辨的过程，这也奠定了其体系应用的基础。如果只是上一堂课做一次练习，是难以真正理解 BLM 理论对企业的指导意义的。

无论是方法还是体系应用，均需要植根于企业的系统中，很多企业年年运用 BLM 进行规划，但总是无法达到理想的效果。究其原因，是因为企业仅仅将其作为一个单独的活动，而没有将其与企业现有的系统、流程进行联动。无论是否运用 BLM 方法，企业都需要在适当的发展阶段，构建专业化的战略体系，而非仅开展"开脑洞"的系列活动。

## 12.2　中小成长型企业如何应用 BLM

中小成长型企业，通常符合我们在理念篇中所谈到的企业系统 1.0 阶段，这个阶段的企业需要完成从"创业型管理"向"专业化管理"的第一次成长转型（见图 12-1 虚线部分）。

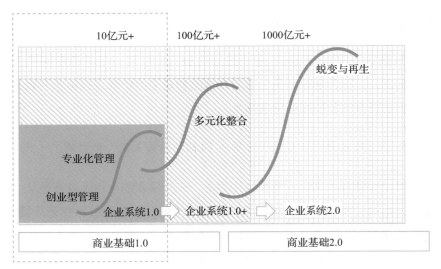

图 12-1 企业系统 1.0 阶段

　　从早期创业管理向专业管理转变所需的心理接受度是大多数创业者的痛点。这需要信念的转变，因为他们的早期经历提醒他们，系统不是成功所必需的。但是，没有这个改变，创业者可能会将他们已经取得的成就置于危险境地，甚至遭受失败。<sup>⊖</sup>

　　而现实情况是，我们会发现很多企业虽然已经发展到了很大的规模，但是组织的阶段并没有真正发生根本性变化，完全滞后于业务的增长与发展。这个时候就极容易出现在理念篇所谈到的组织基础设施无法跟上企业发展速度，即"成长之痛"。

　　在这个阶段，BLM 对企业领导人的指导意义在于帮助企业第一次构建"战略到执行的一致性"，正式开始考虑"系统化成长"对企业可持续发展的价值（见图 12-2）。

---

　　⊖　弗拉姆豪茨，兰德尔. 成长之痛：建立可持续成功组织的路径图与工具［M］. 葛斐，译. 北京：中信出版集团股份有限公司，2017：81.

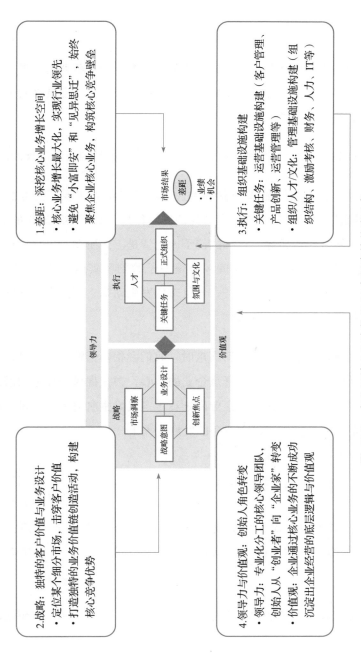

1.差距：深挖核心业务增长空间
• 核心业务增长最大化，实现行业领先
• 避免 "小富即安" 和 "见异思迁"，始终聚焦企业核心业务，构筑核心竞争壁垒

3.执行：组织基础设施构建
• 关键任务：运营基础设施构建（客户管理、产品创新、运营管理等）
• 组织/人才/文化：管理基础设施构建（组织结构、激励考核、财务、人力、IT等）

2.战略：独特的客户价值与业务设计
• 定位某个细分市场，击穿客户价值
• 打造独特的业务价值链创造活动，构建核心竞争优势

4.领导力与价值观：创始人角色转变
• 领导力：专业化分工的核心领导团队，创始人从 "创业者" 向 "企业家" 转变
• 价值观：企业通过核心业务的不断成功沉淀出企业经营的底层逻辑与价值观

图 12-2　企业系统 1.0 阶段 BLM 各要素的关注重点

## 12.2.1 差距：深挖核心业务增长空间

核心业务（通常是企业最为成功的某个单体业务）最大化，是所有企业能够做到持续领先的基础，如果没有第一次的成功，企业就很难形成未来持续成功的核心模式。

"小富即安"和"见异思迁"通常是中小企业成长到领先最大的阻碍。

所谓"小富即安"是指企业创始人通过抓取机会实现了企业的原始积累，"暴富"之后并却没有设定更高的发展目标，缺乏持续成长的动力，反而给了对手成长的机会，这样的例子比比皆是。而所谓"见异思迁"是指核心业务仍有较大的市场空间，但是由于看到了其他"挣快钱"的机会，反而未能持续深耕核心业务，一旦市场发生动荡，则失去了发展的坚实基础，甚至出现经营的危机。

在面对中小企业的业务创新需求时，我们会相对谨慎，不会盲目帮助企业看全新的赛道机会，而是聚焦企业的核心，去挖掘核心业务的潜力空间，通常会发现问题或是出在企业尚未真正定义好主航道上，或是出在企业的组织能力不足抑制了核心业务的发展壮大上。

## 12.2.2 战略：独特的客户价值与业务设计

若要在市场中立足，企业需要明确自身所服务的目标客户，以及独特的客户价值，并由此形成有自身特色的业务设计，确保在竞争中获胜。

专业化管理阶段企业的业务运作模式不再是"个人英雄"，即依靠创业阶段的若干"能人"打天下,而是依靠独特的价值定位与业务设计,让自身在竞争中处于不败之地。例如京东在电商高速发展时期敢于投入物流的建设(同时期其他互联网平台选择的是物流外包),并且长达数十年的坚持,就是自身独特的业务设计,也由此构建了很长时期内难以被攻破的竞争壁垒。

## 12.2.3　执行：组织基础设施构建

中小成长型企业通常会面临"组织能力跟不上"的成长之痛,企业习惯了跑马圈地,而非精细化运营,因此,在这个阶段,企业需要构建组织的基础设施,即运营体系与管理体系。

关键任务：运营基础设施构建。例如与竞争优势直接相关的产品创新、客户管理、运营管理等一系列业务价值活动与流程。

组织 / 人才 / 文化：管理基础设施构建。例如组织建制、考核与激励、专业化人才建设以及形成一套组织特有的规则与文化等。

## 12.2.4　领导力与价值观：创始人角色转变

企业从"创业型管理"向"专业化管理"转型,首先需要转变的是创始人的角色,创始人也需要实现从"创业者"到"企业家"的转变,这个转变最大的特征是企业开始组建并且形成有专业化分工的核心领导团队,并逐步形成集体决策机制,从人治走向法治。也正是在这个过程中,企业开始沉淀出自身的底层价值观,例如华为的"以客户为中心,以奋斗者为本"的价值观便是通过《华为基本法》而正式确立下来的。

在企业系统 1.0 阶段能够做到领先的企业总是能够在快速发展的过程中寻找"慢"和"专注"的节奏。沃尔玛就是其中"慢"的典范,从 1945 年小镇创业到 1980 年成为"区域领导者",沃尔玛整整花了 35 年的时间;又在行业几乎没有增长的时候大举扩张,用 10 年时间一举超越了当时的零售巨头西尔斯成为美国霸主,足见系统性成长对企业的价值。

## 沃尔玛:小镇商业何以"坚若磐石"

### 萧条期中的"逆势夺冠"

沃尔玛的成功堪称"逆袭"的典范,从一个名不见经传、以小镇起家的"杂货铺"成长为美国首屈一指的零售冠军,无论是规模还是竞争力,都引起了巨大轰动。曾经一度美国很多区域的中小商家提出强烈抗议,因为沃尔玛所到之处为消费者带来巨大福利(当地物价可以降低 5% ~ 10%)的同时,也极大程度打击了其他零售竞争对手。

资源并不丰饶的沃尔玛究竟是靠什么打败比它强大十倍甚至百倍的对手的?

1945 ~ 1980 年期间,沃尔玛始终是默默无闻的存在,即便做到了区域第一,也依然不被其他零售巨头放在眼里。当美国媒体开始关注沃尔玛,纷纷涌入小镇希望一睹山姆·沃尔顿的真容时,却发现这位创始人依旧俭朴如常,戴着一个棒球帽,开着一辆破旧的汽车穿梭于各个门店,让人大跌眼镜。

1980 年,沃尔玛虽已经成为区域领导者,但是与彼时的头部企业相比,仍显得微不足道。沃尔玛在 1980 年的销售收入为 16.4 亿美元,是凯马特的 11%(149 亿美元),西尔斯的 9%(182 亿美元)。

　　而逆转恰恰发生在"萧条"之时！

　　20 世纪 70 年代末到 80 年代，是美国经济萧条的十年，美国零售业的增速放缓至 2%，凯马特等头部零售企业的增速也降至 10% 以下，令人不解的是，沃尔玛却在此时扛起了扩张的大旗，向着全美以其擅长的区域填满和并购的方式进行大举占领。与行业萧条形成鲜明对比的是，1978 ~ 1987 十年间，沃尔玛增速高达 38%，远超行业 2% 的平均水平。

　　与所有的"厚积薄发"故事一样，1990 年，沃尔玛以 326 亿美元的年营收一举超越当时的西尔斯（321 亿美元），从一个名不见经传的"小镇乡巴佬"跃升为美国首屈一指的零售巨头，而也正是从这个时候开始，沃尔玛真正一路开挂，向全球霸主迈进。（1881 年创立，曾是邮购零售鼻祖的百年老店西尔斯，却于 2008 年申请破产。）

　　沃尔玛在萧条期究竟做了什么，让它能够抵抗环境的萧条？

　　其实秘密并不在于萧条期沃尔玛的表现，反而需要回溯到萧条期之前沃尔玛真正做了什么，在那里才会寻找到这家企业能够抵御萧条的答案。

　　在研究这家企业的时候，我们有一个意外的发现：无论是折扣超市、会员仓储还是电商，都不是沃尔玛独创的，山姆·沃尔顿在创业时期甚至学习和模仿了很多企业的优秀做法。

　　而与此同时，沃尔玛又是一个不折不扣的"颠覆者"，它的崛起就是对当年美国传统零售业的一次颠覆，它创造了低毛利的折扣零售的游戏规则，让整个零售业的平均毛利水平从高达 45% 降至 30% 以下，沃尔玛以一己之力创立了行业新规则。

　　沃尔玛在战略上的成功更多被外界解读为目标市场选择和客户价

值选择（"天天低价"），而真正深入探究下去会发现，沃尔玛"默默无闻"之时，在小镇构建的商业根基和企业竞争力系统，才是它能够耸立云天的"地基"，而这已然深深植根于美国国土与文化之中，难以撼动。

### "难以撼动"的小镇竞争力

如果用一个词来形容沃尔玛的创始人山姆·沃尔顿，那就是"平民企业家"。山姆·沃尔顿出自小镇的平民家庭，白手起家创业，因此小镇商业是沃尔玛成功的基石所在。但是选择小镇并非山姆·沃尔顿的"精心布局"，他在其自传《富甲美国》中提道："当时海伦对我说：'山姆，我们结婚已经两年了，搬了 16 次家了。现在我会跟你到任何你想去的地方，只要你别要求我住在一个大城市里。对我来说，一万人的镇子就足够了。'"

而也正是小镇起步给了山姆·沃尔顿有别于城市零售的差异化认知。

众所周知，零售的核心是流量，因此位置被认为是零售开店的关键，好位置自带人流，但是一万人以下的小镇就不同了，人流没有那么大。因此山姆·沃尔顿只能依靠高性价比的产品来尝试吸引人流，虽然最初他也并不确定这条策略是否能够凑效（彼时美国的汽车在家庭的普及率很高，并且高速公路发达，这给顾客驱车赶往小镇进行家庭采购提供了得天独厚的条件）。

早期山姆·沃尔顿的创业就是在小镇开设廉价杂货商店，经常跳过中间商寻找非常规和低价的货源，例如早期的爆米花、呼啦圈，都是他能想到的吸引客户的差异化爆款产品。由于商品齐全并且价格合理，受到了小镇居民的欢迎，山姆·沃尔顿也由此挖到了第一桶金。

在这种环境下，山姆·沃尔顿眼中的零售就是"以顾客为中心"，去思考顾客需要什么，而不是供应商给予什么。因此沃尔玛从创业之初直至现在，对自身的定位都是"顾客代理人"，而非普通的"销货渠道"。

山姆·沃尔顿在其自传《富甲美国》中，给了沃尔玛非常清晰的定义："我们就是顾客的代理人，以最低的价格出售质量上好的商品与服务，替顾客节省每一份钱。"

如何向顾客传递沃尔玛的价值呢？

沃尔玛给出了一个极为简单的答案，就是"天天低价"，通过始终如一的价值承诺来换取顾客的持久信任。山姆·沃尔顿认为"我们的理念很简单，当顾客想到沃尔玛时，他们能够非常确定，自己再不可能在别的任何地方找到更低的价格了，而且，要是他们不喜欢自己买的东西，还可以拿回来退换"。

因此，构建一个庞大的低成本企业系统，履行和坚守对消费者"天天低价"的承诺，就是沃尔玛早期不遗余力投入的重点。但是"小镇市场"给了沃尔玛一个绝佳的蓝海（彼时的零售巨头均在大城市进行拼杀），却又创造了巨大的难题。

沃尔玛所选择的"小镇市场"并非遍地有黄金的市场，不仅因为人流量低，更为重要的是小镇市场缺乏物流基础设施，这也是为什么当时很多巨头都没有把小镇当作机会。土壤贫瘠、零售基础弱，这其实和我们今天中国的下沉市场是一样的。没人向沃尔玛的分店配送货物，异常分散的小镇市场，仍旧要实现低成本运营，其实是极为困难的一件事情。

沃尔玛和凯马特均是在 1962 年开设了第 1 家大型折扣超市，在折扣业态蓬勃发展的阶段，凯马特开始在各个城市疯狂扩张，5 年时间开设了 250 家门店，与之形成鲜明对比的是，同样的 250 家门店，沃尔玛却花了长达 18 年的时间。

又是一个默默无闻的 18 年，沃尔玛究竟在干什么？不怕错过战略红利期吗？

在凯马特等财力雄厚的零售巨头在城市商业中可以利用社会化分工将物流交给中间商的时候，沃尔玛不得不构建自己的物流配送中心。山姆·沃尔顿认为"在物流配送和信息技术方面，我们不得不赶在当时的时代前面，因为我们的分店都分布在非常小的城镇上，我们必须同它们保持联系，保证它们的供货"。

因此，与凯马特不同的是，沃尔玛的最小运营单元并不是门店，反而是以物流配送中心为半径的门店网络，它建设的第一个配送中心的服务范围是 500 公里内的 175 家分店。之后建立的配送中心，大多遵循了服务范围半径 250 ～ 500 公里、配送分店数量 100 家以上的原则，所以沃尔玛后期的扩张就是用这种区域填满的方式进行的。

仅仅建设物流配送中心是不够的，沃尔玛的经营还有另外一个关键点在于对分散门店的集中化管理。作为曾经的美国陆军情报人员，山姆·沃尔顿认为对分散业务的集中化管理只有通过技术协同和信息流通才能解决，为此，他亲自架构了沃尔玛最早的技术基础设施，所以沃尔玛是最早构建信息化的零售企业之一，也是最早构建全球卫星系统的私人企业，用来连通极其分散的门店与供应链。

让我们来看看沃尔玛击穿成本需要做的事情：提供大量 SKU 以确保低价，以自建物流配送中心为半径构建门店网络进行集中化管理，确保每家门店盈利，每件事情都是极苦极难的。例如 Costco 只有 3000 多 SKU，奥迪常年保持 600 个 SKU，但是沃尔玛却拥有上万甚至几十万 SKU，且每个商品都要求天天低价。从第一家沃尔玛成立开始，山姆·沃尔顿花了 18 年的时间一直在击穿阈值。

因此，早年的沃尔玛虽然规模不是最大的，但是这种独特的网络协同效应，使得它的商品动销率、周转周期、人工成本等均领先行业水平。

机会总是等待有准备的人，20 世纪 70 年代中后期到 80 年代，是美国经济萧条的 10 年，整个行业的平均发展速度只有 2%，也恰恰是这个时间，沃尔玛加大扩张的步伐，用区域填满和资本并购的方式，一举超越当时是自己 10 倍的西尔斯（Sears），成为美国最大的零售企业。

罗马非一日建成，很多企业在创业与早期成长的过程中，总是急于求成，生怕错过了市场的窗口期，反而无法形成"极致竞争力"，从而失去了客户"非你不可"的价值根基，甚至过早投入新赛道或新业务的探索。真正强大的业务曲线其实是有着极强的根基的，根基扎得越深，越容易枝繁叶茂。

**这个阶段的企业需要构建如体系篇所谈到的战略流程和机制吗？**

虽然要完成专业化管理的转型，但并不意味着企业要构建复杂的管理体系，管理体系的建设需要与企业的规模与业务复杂度进行有效匹配。

这个阶段的企业，在战略层面最大的变化是不再单纯依靠"机会驱动"，而是增添了"计划"的味道，"计划"意味着企业开始构建专业化的年度目标与举措，也意味着企业开始从更长远的角度看待可持续发展的问题。

因此，该阶段的企业可以优先将 BLM 方法应用于战略规划场景中，通过构建正式的战略规划流程来完成战略体系的初始化。

对于 10 亿元营收规模以下的企业来说，战略规划流程通常可以简化为 2 ～ 3 天的管理层会议，这种方式相对灵活，避免了烦琐的流程，同时又能够形成企业层面战略思考的意识和习惯。

对 10 亿元营收规模以上的企业来说，战略体系就处于相对重要的位置了，尤其是应形成在企业层面从战略规划、解码、落地到评估的最小闭环流程，虽然这个时候企业并未有正式的战略部门，但是战略管理的相关职能开始逐步发挥作用。

## 12.3　多元化发展企业如何应用 BLM

多元化发展企业，通常符合我们在理念篇中所谈到的企业系统 1.0+ 阶段（见图 12-3 虚线部分），这个阶段的企业需要完成从"单一业务"向"业务系统"的第二次成长转型。

这个阶段的企业通常是实现了单体业务的成功之后，开始积极寻求相关领域的扩展，通过复制过往的成功来实现更大规模的持续增长。

如果说，中小成长型企业在从"创业型管理"向"专业化管理"转变的过程中，需要考虑"系统化成长"的话，多元化发展企业在从"单一业务"向"业务系统"转变的过程中，则需要考虑"可持续的系统化成长"。

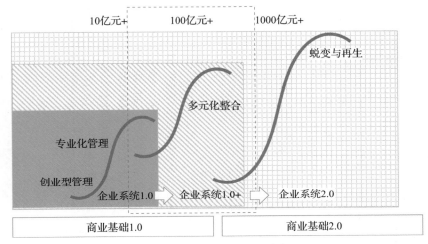

图 12-3　企业系统 1.0+ 阶段

在这个阶段，BLM 对企业领导人的指导意义在于，"效率"与"创新"的平衡将成为可持续发展的主旋律，企业需要始终关注新的竞争领域与孵化新的赛道，开启多业务齐头并进的业务群组模式（见图 12-4）。

## 12.3.1　差距："效率"与"创新"平衡发展

当企业从单一业务开始扩展到多元化业务的时候，企业将开启"效率"与"创新"的平衡发展。所谓效率，就是持续对主营业务进行精细化运营，扩大领先优势；所谓创新，就是寻找新的市场机会或业务组合。

这个阶段的企业，需要正式审视自身的三条业务发展曲线，从核心优势出发探寻"递增式创新"（第二曲线）的机会，并开始小范围对新赛道进行最小化尝试（第三曲线）。

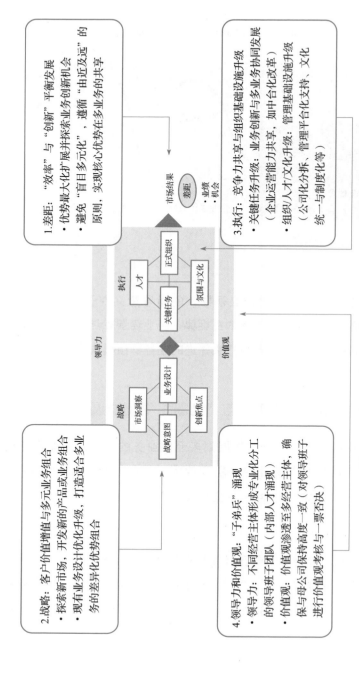

图 12-4 企业系统 1.0+ 阶段 BLM 各要素的关注重点

多元化并不是什么都可以做，"盲目多元化"往往是很多单体业务成功的企业无法获得持续领先的原因。这就要求企业从核心优势出发，即将现有的业务推向全新的市场或客户端，或是根据客户的需求变化形成全新的产品或业务组合。这种类型的多元化扩展，本质上是自身能力的"平移复制"。企业可以最大化复用自身的核心优势，包括资源和能力，使得企业的核心优势可以在全新的领域进行复制。例如华为在手机业务大获成功之后，开始拓展多品类智能穿戴设备，在这种多元化扩展中，华为运用消费者的品牌认知和忠诚度进行延伸销售，并且利用了渠道、产品开发、供应链等一系列在手机业务开展过程中建立起的核心能力。

而针对全新赛道进行的第三曲线创新尝试，则是从企业的使命愿景出发，对符合未来发展趋势的全新商业模式所进行的探索，这种非连续并不是脱离企业发展的主航道，而是企业对适应未来变化的主动探索。

因此，企业真正的多元化，是外部市场机会叠加内部竞争优势之后的多元业务扩展。应该遵循"由近及远"的原则，选择同类业务进行赛道细分，从而找到多元化的路径。例如华为从手机向智能终端的多元化扩展，本质上仍旧遵循的是高科技产品制造的业务设计；而我们合作过的一家企业，从运营商向电力行业进行扩展，虽然跨了行业，但是本质上从事的仍旧是通信工程服务，可以将其过往的核心优势进行有效复制。

## 12.3.2　战略：客户价值增值与多元业务组合

企业需要在主营业务发展仍旧有空间的情况下积极探索全新的领域，将自身的领先优势不断扩大，并且在多元化发展的过程中优化自身的业务设计，确保客户价值的持续增值。

例如京东获得 3C 品类（电脑、手机、家电等）的成功之后，将业务拓展至了超市品类，虽然超市品类（低价、高频）与 3C 品类（高价、低频）有较大的差异，但是可以共享 3C 业务与品牌商强绑定的优势，凸显"品质"的价值主张，同时可以借机将物流能力进一步升级，满足食杂类消费群体对配速的需求。这也使得京东比竞争对手更晚启动超市业务，却实现了后来居上。

## 12.3.3 执行：竞争力共享与组织基础设施升级

进入到多元化发展的企业，通常会从一个事业部分化为多个事业部，或向集团化的组织形态转变。在新业务成长的初期，会像企业内部的创业型组织一样，以小团队灵活作战的方式开展业务。而随着新业务的不断成长和壮大，为实现组织资源的最大化运用，企业需要构建支持多业务主体的运营与管理系统，因此基础设施要完成一次"扩容"，即容纳未来更多的业务主体进入到企业管理体系中，其中就包括关键任务与组织 / 人才 / 文化的双重升级。

关键任务升级：业务创新与多业务协同发展。企业需要开展一系列积极探索新领域的市场与产品开发相关的活动，同时在新业务不断发展壮大的基础上形成业务的协同效应，确保企业的核心运营活动能够支撑不同业务的有效运转，尤其是企业的核心竞争力能够被不断复用到不同的业务单元中。（企业的中台化改革，例如供应链中台、用户中台等均是在此需求下应运而生的。）

组织 / 人才 / 文化升级：构建支撑多元化业务发展的管理体系。企业需要将过往支撑单一业务的管理体系进行升级和扩容，确保在不同事业部的差异化管理的基础上，形成在集团战略方向、制度流程与文化价值观等领域的高度统一。

例如 HR 三支柱模式，就是企业管理基础设施升级的一种体现。在 HR 三支柱中有三个角色：分别是 COE（Center of Excellence，专家中心）、HRBP（HR Business Partner，HR 业务伙伴）和 SSC（Shared Service Center，共享中心）。

其中 SSC 和 COE 对企业来说就是不同业务的共用平台，SSC 解决的是在人力资源基础效率模块的平台化支持，例如人员招聘、入职、薪酬、报销等；而 COE 则是在集团层面提供职能的顶层架构设计和政策性指导，确保不同事业部能够在集团统一管理的原则下进行人力资源的运营。如果说 COE 和 SSC 是求同的话，HRBP 则是存异。HRBP 需要根据不同业务的实际情况提供定制化和针对性的支持，同时 HRBP 也是连接 COE 和 SSC 的桥梁，确保三个角色的作用发挥，以实现集团整合基础上的多元化保障。

## 12.3.4 领导力和价值观："子弟兵"涌现

企业进入到多元化发展阶段，创始人的核心角色就不再是业务的具体指挥者了，而是构建各业务核心领导团队的架构师。在这个阶段各层级领导团队核心的变化在于不再仅限于"执行"的角色，而是从执行向经营的角色进行转变。华为 2007 年引入 BLM 的背景就是其在国际化扩张的过程中需要国家代表处的负责人从过往的销售到国家区域全面经营的角色转变。

如果说单一业务发展的企业需要构建一个强有力的大脑中心（核心领导团队）的话，多元化发展企业则需要构建"分布式的大脑中枢"（各个业务专业化分工的领导班子团队），既有独立的作战指挥能力，又能够确保价值观与集团、平台价值观高度一致。因此，企业需要通过体系化的继任管理，一方面避免关键岗位人才的任用与空缺风险，另一方面实现内生子弟兵人才的不断涌现。

在这个阶段，企业应如何建设和优化战略体系呢？

进入到多元化发展阶段的企业，通常需要正式构建起支持多业务发展的完备战略体系，正如我们在体系篇第八章战略规划谈到的，企业的战略规划会从"活动"变成"系统"，例如战略规划由集团总部发起，要求各业务、职能部门等均依据总部的战略方向来构建自身独立且与集团保持一致的业务规划，并交由上级单位进行审核，借由审核来实现上下对齐。

战略体系正规化的典型体现就是企业开始有了成建制的战略部门，并且战略部门承载着重要的战略闭环管理的责任，将战略规划、解码、落地、评估形成一套实操化的流程体系。通常企业到达百亿规模以上时，是非常需要像财务、人力资源管理等一样，构建起完整的战略体系的，并且需要在实践中不断优化。

如果企业系统 1.0 阶段构建的战略方法和体系更多是"拿来主义"的话，那么在这个阶段企业的战略体系构建则需要有很强的"企业味道"。所有管理体系的构建，均建立在企业自身经营理念与文化根基的基础上，战略体系也不例外。因此，在这个阶段，战略体系作为管理基础设施的升级，不仅仅靠流程体系的优化与完备来解决业务和组织的复杂性问题，更是一次对企业自身管理理念的沉淀与升华。

## 12.4　转型期企业如何应用 BLM

处于转型期的企业，通常符合我们在理念篇中所谈到的企业系统 2.0

阶段（见图 12-5 虚线部分），这个阶段的企业需要完成"商业系统重构"的第三次成长转型。

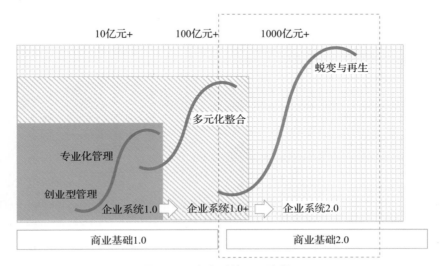

图 12-5 企业系统 2.0 阶段

这个阶段的企业通常规模达到几百亿甚至是上千亿，如此大体量的企业若要保持持续增长（甚至是高增长），难度要远远大于中小成长型企业。因此，在已有赛道潜力空间再难挖掘的情况下，企业需要切换赛道，进入全新的领域，甚至是并不成熟的市场，以寻求持续增长的新空间。

同时，这个阶段的企业大多经历了二十年甚至更长时间的发展。企业如人，人如企业。随着时间的推移，企业机能也会如人一般，逐步"衰老"。因此企业面临的最大挑战不是环境的变化，反而是成功的惰性。很多大型企业会借助业务转型启动企业的"二次创业"，以最大化激活组织的潜力。

企业系统 2.0 阶段，BLM 对企业领导人的指导意义在于对"系统化成长"的重新审视、打破与重建，同时在轨道切换的过程中不断笃定价值信念（见图 12-6）。

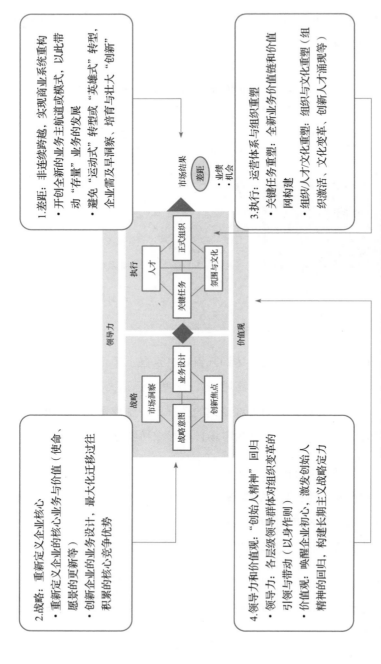

1. 差距：非连续跨越，实现商业系统重构
   • 开创全新的业务主航道或模式，以此带动"存量"业务的发展
   • 避免"运动式"转型或"英雄式"转型，培育及早洞察，企业需求及早洞察，培育与壮大"创新"

2. 战略：重新定义企业核心
   • 重新定义企业的核心业务与价值（使命、愿景的更新等）
   • 创新企业的业务设计，最大化迁移过往积累的核心竞争优势

3. 执行：运营体系与组织重塑
   • 关键任务重塑：全新业务价值链和价值网构建
   • 组织与人才/文化重塑：组织与文化重塑（组织激活、文化变革、创新人才涌现等）

4. 领导力和价值观："创始人精神"回归
   • 领导力：各层级领导群体对组织变革的引领与带动（以身作则）
   • 价值观：唤醒企业初心，激发创始人精神的回归，构建长期主义战略定力

图 12-6　企业系统 2.0 阶段 BLM 各要素的关注重点

## 12.4.1　差距：非连续跨越，实现商业系统重构

这个阶段的企业，通常要完成一次非连续的跨越。

如果企业在业务多元化阶段，主旋律是企业原有主导性业务设计的延展，推动第一曲线的"渐进式创新"和第二曲线的"递增式创新"的话，这个阶段的企业则需要更多地实现第三曲线的"跃迁式创新"。

而所谓"业务转型"就是企业从一种主导性业务设计向另外一种完全不同的主导性业务设计进行转移，也就是说，将原本创新业务的业务设计与组织模式从边缘地位切换为主导地位，这将会涉及战略和执行体系的一系列重构。例如微软在纳德拉上任后提出的"云为先 / 移动为先"战略，就是一次典型的业务转型。

很多企业对于"非连续跨越"的理解是要"轰轰烈烈"(运动式转型)，或高度依赖超级英雄拯救企业于危难之中 (英雄式转型)，这通常是最大的误区。

首先，企业需要具备可跨越的坚实基础，例如沃尔玛在进行电商平台转型的时候，已经构建起了强大的供应链与物流优势，而这些优势是可以在电商形态业务中释放出来的。而很多企业风风火火地推进数字化转型，却发现总是成效甚微，很大的原因在于企业自身的信息化和数字化水平很薄弱，却希望一步到位走向智能化。贝壳之所以能够在链家孵化成功，源于链家从企业成立一开始便高度关注信息化和 IT 系统的建设，这才使得贝壳作为非连续创新的产物，变成了可能。因此，在企业业务转型的过程中，通常会暴露出在基础设施建设层面的诸多问题，缺乏了地基，转型自然容易以失败告终。

其次，业务转型并不是一次轰轰烈烈的运动，不能期望依靠一次改革就完成对企业的重新改造，它其实是企业不同领导人不懈努力的结果。例如，在 2014 年纳德拉"使命刷新"之前，他的前任鲍莫尔就在积极推动微软的移动战略；2014 年董明伦上任 CEO 之前，沃尔玛的科技转型已经经历了几代领导人的共同努力。因此并不是在企业系统 2.0 阶段才开始启动商业系统重构的全新业务，领先的企业通常会在现有业务仍旧处于良好发展态势的时候，孵化、培育与壮大"创新"，用"时间"来换取业务转型的"空间"。

## 12.4.2 战略：重新定义企业核心

企业在这个阶段战略的核心关注点在于"重新定义核心"。也就是需要重新审视和回答"我是谁，为谁创造价值"的根本问题，随着赛道转换，企业需要有全新的战略定位和身份。

这通常需要企业不断否定自我，以进化视角看待过往的积累和未来的终局，从而形成对企业的长期价值与产业定位的重新设计。在这个过程中，虽然企业的业务会发生很大的变化，但仍可最大化地迁移企业的差异化竞争优势。

例如京东于 2020 年发布了全新的战略定位，即"以供应链为核心的技术与服务公司"<sup>⊖</sup>。这意味着京东从以"交易"为核心向以"技术服务"为核心的价值转换，在此过程中，京东逐步夯实了自己的核心竞争力根

---

⊖ 张越熙. 京东公布新的定位：成为以供应链为基础的技术与服务企业［EB/OL］.（2020-11-25）［2022-06-25］. https://baijiahao.baidu.com/s?id=16843094913676 98926&wfr=spider&for=pc.

基，就是"供应链"。过往，供应链只是交易的一环，在全新的战略定位下，供应链将作为覆盖产业不同价值链环节的技术赋能基础。

### 12.4.3　执行：运营体系与组织重塑

伴随着企业的重新定位与业务重塑，组织也会面临关键任务与组织 / 人才 / 文化的重塑。

关键任务重塑：全新业务价值链和价值网构建（运营体系）。关键任务的识别在这个阶段显得尤为重要，企业需要构建全新的业务价值链活动。例如华为消费者业务在进行 AIOT 智能物联网转型的时候，便将设备连接作为一项关键任务，旨在确保网络连接效应的最大化。更大层面的变化在于，传统企业在进行数字化转型的过程中，并非单一关键事项在推动变化，而是企业基本运营流程的整体再造。

组织 / 人才 / 文化重塑：企业在这个阶段最需要打破过往的成功惯性，通常需要发起一系列组织变革才可以实现。在变革的过程中，除了业务流程再造和组织结构的变化，更为重要的是文化对组织的影响，激发自下而上的人才与创新涌现。

### 12.4.4　领导力和价值观："创始人精神"回归

在企业进行转型的过程中，通常有两种情况：一种是企业创始人亲自上阵，例如乔布斯重回苹果，霍华德·舒尔茨以 CEO 身份重新回到星巴克；另一种是企业通过外部经理人或内部新生代来进行改革，例如带领 IBM 走出死亡之谷的郭士纳，为微软做使命刷新的纳德拉（曾为云业务负责人），以及 2014 ～ 2015 年上任带领沃尔玛进行转型的董明伦（内部实习生成长起来的新生代）。无论是外部的经理人还是内生成长的新生代，企业的转型都不是领导人以"一己之力"可以完成的，需要一群有先锋精神的领导团队以身作则和引领。

如果说，企业的转型带来的是"动荡"，那么"价值观"就是"定海神针"。价值观在这个阶段发挥着重要的"唤醒初心"的作用，企业的创始人精神需要被重新激活，感召和激励着组织从"旧家园"迈向"新大陆"。

例如郭士纳作为伟大的变革领导人，其成功之处并非将自己的理念强加给 IBM，而是"让其回归本来的样子"。在其自传《谁说大象不能跳舞》中，郭士纳谈到，他只是把真正的 IBM 还给了 IBM 人，虽然为帮助 IBM 实现了服务转型，但实际上并没有改变 IBM 的底层价值观，恰恰恪守了"IBM 即服务"的理念。而对纳德拉来说，即使是刷新使命，也是在回归比尔·盖茨创立微软的初心基础上的刷新。与其说微软通过刷新来实现与过去的决裂，不如说这次刷新给了微软一次回归初心的机会重新思考企业存在的意义，构建起过去、现在和未来的意义连接，也正是这样的连接，为微软重新注入了活力和生命力。

让我们一起来品味下沃尔玛是如何跨越非连续性的。

## 沃尔玛：互联网时代如何跨越"非连续性"

### 沃尔玛错过互联网时代了吗

大多数人的认知是沃尔玛错过了互联网时代，或是业界认为传统企业根本看不懂互联网的玩法。沃尔玛经常被拿来与亚马逊对比，比如二者的股价剪刀差，比如业界兴致勃勃地来预测亚马逊何时超越沃尔玛，而在中国，沃尔玛似乎也充斥着各种负面新闻。

事实真的如此吗？

让我们来认识下真实的沃尔玛。

2021 年，沃尔玛的电商收入为 732 亿美元，这是什么水平呢？

稳坐美国第二大电商交椅，即使放在中国，也是可以排在第三的头部电商平台（2021 年，京东营收 1413 亿美元，阿里巴巴营收 1065 亿美元，拼多多营收 139.5 亿美元），并且，沃尔玛在其擅长的食杂领域，已经成为超越亚马逊的最大在线平台。

不仅如此，在中国线下零售企业均处于亏损和业绩下滑的状态下，沃尔玛中国 2021 年的收入增长超过 20%，并且重回中国超市的第一名。沃尔玛 2022 财年第三季度财报显示，沃尔玛中国电商业务表现出色，第三季度电商净销售额占沃尔玛中国总净销售额的 41%，其增长率为 63%，两年叠加增长率为 159%。

难能可贵的是，这些转型的前提是始终保持 2%～4% 的稳定纯利，可见沃尔玛的转型并未大幅牺牲成本效率的优势，没有一味地以亏损和资本注入来实现新业务成长。如果我们对比沃尔玛和亚马逊（零售业务部分），沃尔玛仍旧是运营效率最高的企业。

### 漫长的平台化转型

从传统的管道型业务向互联网化的平台型业务转型着实不易，在中国互联网巨头对零售行业进行降维打击、众多传统零售商都在艰难转型且成效并不显著的情况下，我们不禁要问：

▶ 为什么传统巨头沃尔玛能有如此亮眼的转型成绩单？

▶ 笨重的大象如何起舞?

▶ 跨越非连续性的秘密是什么?

回看沃尔玛的每一次业态创新,它虽然不是"原创者",却也走在了时代的前列。例如 1962 年与凯马特同时创立折扣超市,1983 年与 Costco 同时创立仓储式会员店,1996 年就开始试水电商,与亚马逊是同时间段"触网"(1994 年亚马逊成立,1995 年易贝成立),由此可见,沃尔玛从不缺少发现机会的眼光与应对变化的行动力。沃尔玛跨越非连续性的方式就是"漫长的击穿"。之前的小镇杂货店花了35 年时间成为区域领导者。我们再来看看沃尔玛电商转型的击穿过程(关键里程碑):

▶ 1996 年,开始试水线上平台。

▶ 2000 年,电商平台上线,并随即展开一系列针对线上的特色服务。

▶ 2010 年,成立全球电子商务总部,首次将电商提升到战略高度,并就此开展一系列针对电子商务的收并购。

▶ 2015 年,更换董事会主席与 CEO(大力改革)。

▶ 2016 年,收购 Jet.com,与亚马逊开始正面竞争。

▶ 2018 年,公司更名,由 Wal-Mart Stores, Inc. 变为 Walmart Inc.。

▶ 2021 年,实现食杂品类在线第一,成为美国第二大电商平台。

从上面我们可以看到,沃尔玛用了 15 年左右的时间才完全确定了电商战略,并在 2010 年之后才开始加大对电商的战略性投入,包括收并购。沃尔玛在这个过程中不断关闭不盈利的门店,2009 年,当时的 CEO 麦克道甚至关闭了德国的沃尔玛业务。

如果和互联网企业的"烧钱"换速度比起来，沃尔玛确实挺慢的，且始终在保持盈利的基础上进行创新尝试。它有着蜗牛一样的坚持，也正是这样的方式，让它能经得起时间的考验。

但是沃尔玛真的很慢吗？

从 1996 年试水电商到 2011 年电商收入达 40 亿美元，沃尔玛花了 15 年时间，而从 40 亿美元电商收入到 2021 年的 732 亿美元，却只花了 10 年，复合增长率为 34%，开启了新一轮的增长。

那么，这 25 年的"非连续性增长"沃尔玛究竟是怎么做到的呢？

在沃尔玛没有"超级英雄"，有的只是几代领导集体的共同努力。

沃尔玛并不是到了电商时期才启动科技化，它的科技化转型一直都在。沃尔玛的创始人山姆·沃尔顿只是做了信息化的初始化工作，而让这家企业的科技水平不断走向行业领先的其实是他的继任团队，包括第二代领导团队运用成熟的技术构建其供应链核心竞争力，第三代领导团队探索元宇宙等全新技术，重塑用户体验等。

纵观沃尔玛的发展历史，所有企业经历的创新均来自内生成长的领导集体。

2014 年上任的 CEO 董明伦是沃尔玛"年轻老干部"的典范，他从基层做起，了解沃尔玛的方方面面。他深知电子商务是沃尔玛打开全球渠道的钥匙，"坐山吃山"的沃尔玛终有一天会被超越。董明伦作为沃尔玛创办以来最年轻的 CEO，决定开启新一轮的创新变革之路。在上任的那一年，董明伦通告投资者："我们正在世界上最大的零售公司中建造一个互联网企业。"

上任之后，董明伦重新诠释了沃尔玛的使命，在"Save Money，Better Life"使命不变的前提下增加了 any time 和 any where 两个元素，这是对"沃尔玛是谁"所进行的一次重新定义。沃尔玛服务的客户群体并没有发生改变，改变的是用户价值，在持续坚持天天低价的基础上，增加了便捷属性（随时随地购物）。同时在坚持低成本运营的竞争力基础上，将全渠道运营作为叠加的全新的竞争力，这种线上线下结合的用户购物体验，相对于亚马逊等纯线上平台，增加了更多的自身特色，也将过往密集的门店基础设施的优势充分发挥了出来。

2018 年，沃尔玛百货公司（Wal-Mart Stores，Inc.）正式改名为沃尔玛公司（Walmart Inc.）。特意去掉 Stores（商店）一词，以反映顾客购物方式的变化，即综合线上、网上、移动的购物方式。这意味着沃尔玛从传统商店运营者全面转型为覆盖线上线下、满足多种购物方式的零售商。这既坚持了当年沃尔玛创始人山姆·沃尔顿成就"最好的零售企业"的定位，同时又突破了原有的边界，定义了一个更为宏大的业务版图。

董明伦大胆将新技术应用在用户体验重塑上，沃尔玛在 2015 年之后的技术专利数陡增，而且从 2016 年开始其技术专利数就已经开始超越亚马逊，也正是在 2016 年，也就是尝试了 20 年的电商业务之后，沃尔玛开启了和亚马逊的正面竞争。

转型，对任何一个企业来说，均非易事。

对沃尔玛来说，这是从原本管道式的业务设计向平台式的业务设计转型，在难以内生创新的前提下，董明伦与核心领导团队带领企业通过收购龙头企业和科技创新来实现业务转型和国际市场的开拓。

例如 2015 年，沃尔玛斥资 11 亿美元投入线上零售网站以及购物 app 技术的研发和提升，同年，公司宣布以 7.6 亿美元收购一号店 100% 股份；2016 年，与中国最大线上零售企业京东建立战略合作关系，持股京东 10% 的股份，同年 9 月，又花 33 亿美元收购美国头部电商 jet.com；2017 年，收购 5 家美国头部电商服饰店，同年，开启科技孵化器 Store N°8 项目，专注于零售转型和未来零售发展；2018 年，以 160 亿美元收购印度最大电商 Flipkart，成为沃尔玛全球电子商务计划的核心，全力进军印度市场。

不仅如此，沃尔玛还利用创新和科技升级店内管理和配送速度，以进一步优化用户体验。例如 2016 年，沃尔玛建立"餐饮创新中心"，不断为沃尔玛超市与山姆会员店输送高端新食品；同年，沃尔玛支付（Walmart Pay）落地旗下所有店铺，并为网购用户提供两日无低消免费送达；2019 年，宣布与 Nuro 合作开发无人车送货服务，低成本覆盖最后一公里。

在组织层面，加大对员工的关怀与激励。2015 年，沃尔玛宣布花费 27 亿美元用于提升最低时薪、执行新的员工培训计划以及给予员工更多的工作掌控权，员工因此获得了更多的授权和激励，店面的库存管理也变得有效；2016 年，宣布在美国建立 200 家员工培训基地。

正是由于一系列的改革，沃尔玛逐渐迎来了转型的高光时刻。

沃尔玛于 2021 年 3 月才向美国境外的第三方卖家开放入驻，第三方卖家在亚马逊上的潜在商机为 1∶48（即 1 个商家可能有机会面对 48 个消费者并达成交易），而沃尔玛的商机比例则达到了惊人的 1∶1918，足见其电商平台的潜力空间。

而在 2021 年的电商消费者体验对比中，消费者对沃尔玛产品的熟悉程度与低价认知仍远远超过亚马逊，与此同时，在路边自提、最后一公里的配送上等也与亚马逊形成了高度的差异化。沃尔玛并未只是跟随与抄袭，它在坚守为消费者持续省钱的同时构建自身差异化的竞争力。

沃尔玛的转型，是典型的继承与创新，它并未"丢弃"过往的传统零售业务以及由此构建的核心竞争优势，而是抓住了线上线下全渠道的发展趋势，借力线下的零售门店与物流基础设施，同时结合电商技术的转型，形成了在新时代下全新的竞争定位与差异化优势。

已经接近八十岁的沃尔玛仍旧在风云变幻的零售行业焕发着崭新的活力。

它是否已经完成了华丽转身？

这样的论断还为时过早，毕竟对沃尔玛来说，还需要克服诸多困难，例如企业老化、线下零售根深蒂固的管控思维、人才队伍的结构性变化、文化的开放性与包容性等。与其说它转型成功，不如说它始终处在持续跟上时代和积极变化的旅途中。

我们总是容易被力挽狂澜的"超级英雄"所吸引，所有人甚至包括企业领导人都希望依靠一个"超级英雄"实现短平快切换。但与其说企业跨越非连续性是一次"惊天动地"之举，不如说它是一个持之以恒的"改革历程"。不做不切实际的期望与假设，而是在此历程中逐步坚定改革的方向与决心，并且注重培育新一代的领导集体，才能在"继承与创新"中砥砺前行。

这个阶段的企业，战略体系会发生怎样的变化呢？

业务转型阶段，是企业不断打破原有业务系统，进行非连续创新的过程，需要破除企业成功的惯性。但是打破并不意味着企业不再需要流程和体系，因此在这个阶段，战略体系仍需要发挥管理基础设施的作用，只是更加强调"创新"和"赋能"的功能。

所谓"创新"，是指不同业务单元需要重新审视自身的业务定位与核心竞争力，让一线更"出圈"，涌现更多的创新人才与创新项目。同时，在战略落地的过程中，各个层级也需要顺应企业的转型与组织变革，对运营系统、组织模式、管理体系等改革充分参与进来并充分发挥作用。

所谓"赋能"，是指企业的战略体系也需要完成一次使命与初心的回归，通常随着企业规模越来越大，战略指标与体系也会越来越复杂，结果就会变成拥有更多的管控意味，而丧失了"学习和进化"的初心。越是在业务转型的关键时期，战略体系越要进行适度"松绑"，为创新业务培育宽松的土壤与氛围，同时提供更多的组织赋能，让战略创新的能力穿透至企业一线。

总的来说，BLM 作为企业系统性成长的方法论和战略体系的实操工具，对于不同发展阶段的企业均有不同程度的借鉴意义。

但是，每个企业的情况有很大的差异，不同类型的企业学习和应用BLM 也需要视具体情况而定。例如有的企业虽然到了企业系统 1.0+ 阶段，但是仍有大量组织基础设施的补课工作要做；而有的企业虽然规模很小，但是已经不得不进行业务转型。遇到不同的情况，都需要进行个性化的应用。

但是，"先学会走，再学会跑"仍旧是企业系统性成长的基本规律，不同发展阶段的企业均需要构建完整的"BLM 系统机能"，这和人的成长历程是完全一致的。缺乏基础，所谓的创新进化也就无从谈起，这是发展历史较短、发展速度较快的中国企业，在疫情突发、经济放缓等环境变化之后，回归理性的必然选择。

BUSINESS
LEADERSHIP
MODEL

第 13 章

# 实践案例

结合我们多年的咨询实践，在本章将介绍企业导入 BLM 的几种模式与实践案例。

正如上一章谈到的，大多数企业导入 BLM 的场景会集中在"领导力发展"与"战略规划"上，即帮助领导团队构建企业成长的系统方法论，同时形成战略规划的共同语言与方法工具。这个过程可通过高管赋能、工作坊或战略规划到解码的轻咨询来完成。而企业若要体系化导入和应用 BLM，则需与企业的发展阶段和需求深度结合。

基于过往与客户的合作实践，我们总结出三种典型的导入模式。

## ● 队伍转型模式

队伍转型模式相较于单纯的领导力发展，较大的不同在于 BLM 发挥的不仅是学习的目的，而更多是基于企业业务或组织的重新定位，推动领导群体的角色与能力转型。其中，BLM 作为方法论需要深度植入到领导团队的工作实践中，如果需要，也会在现有的战略体系中进行优化和调整，确保领导团队的新角色与企业的流程体系相匹配。

例如，华为导入 BLM 的模式就是典型的队伍转型模式。2007 年，随着华为的国际化战略的升级，国家区域要从国家代表处升级为国家经营体，因此也必然对新的国家总经理群体提出全新的角色、能力和经验的要求。在这种队伍转型的模式下，BLM 是一个重要的升级认知和能力的有效"抓手"。华为也并未将 BLM 应用停留在认知层面，而是推动优化了自身的战略体系。

● 流程体系模式

所谓流程体系模式，就是通过导入 BLM，帮助企业构建起战略闭环流程和体系，这是大多数尚未构建战略管理体系的企业通常的诉求。

但是战略体系不同于其他管理体系，它具有很强的实践性。建议企业领导人避免一上来就是大的体系，而要从战略规划活动开始，认知和战略思考的能力建设是起点；与此同时，战略体系在企业中更典型地表现在企业的战略意识与战略行为上，因此需要在一开始就将人、流程和组织绑定在一起，确保流程机制跑起来。

● 组织赋能模式

组织赋能模式更适合于已经有相对完备战略体系的企业，BLM 的导入不是为了推广 BLM 的标准化方法，而是要构建具有自身特色的战略思想与管理原则，并植入到现有的管理体系与日常实践中。这种导入具备更强的组织赋能特征，目的是学以致用，渗透至不同层级的战略管理场景中，从而提高组织的战略智能水平。

## 13.1 队伍转型模式：华为国家总经理转型与战略思维升级

### 13.1.1 背景：全球化扩张下的队伍转型

2007 年的华为，正处在国际市场快速成长的阶段，遍地都是往前冲的销售战士，国家代表（国家总经理）长期处在大销售角色上，和华为在当地建立自己的品牌、筹划与整合资源、成为被当地认可的"企业公民"的目标其实差距不小，这成为当时华为国际化发展的矛盾焦点。

建立总经理思维、促进国家总经理转型，就是华为引入 BLM 的缘由，于是此方法作为已经被 IBM 验证过的总经理实践工具，开始在华为大规模实施。

华为在导入 BLM 之后，不断暴露出各级领导团队在战略认知上的一些盲区，例如销售计划代替了战略和市场研究，业绩差距不明显，机会差距看不清，服务市场看不到，等等。因此，华为对 BLM 的学习过程其实也是高管团队对自身的战略思维和流程的自我批判过程。

### 13.1.2 过程：系统学习－工具细化－流程内化

随着国家总经理转型项目的逐步推开，BLM 在华为内部逐渐引起了高层的重视，他们发现，BLM 除了可以作为思维模型，还是很深刻的战略和系统化经营的方法。

华为对 BLM 的应用，经历了"系统学习－工具细化－流程内化"三个过程。

● 系统学习

熟悉华为的顾问都知道，华为购买咨询，从来都是"榨干顾问"的模式。我们身边经历过华为项目的 IBM 顾问，无一例外对华为人都有一个高度一致的评价，那就是：华为人非常好学，而且是"贴身学习"，很多事情都要"打破砂锅问到底"，直到完全明白了为止。

加之华为内部的"思辨型学习"文化，对一个理论或方法的学习和消化，永远是本着求真务实的精神，在内部不断 PK 和打磨，这使得华为对 BLM 理论和方法的认知深度远超其他企业。与 IBM 一样的是，除了"国家总经理"群体之外，华为后来要求中层以上的经理全员学习 BLM。

因此，华为对 BLM 的体系化应用，是有着很强的学习和认知根基的。借助对顾问的"榨干"，华为对该方法的掌握做到了"知其然，也知其所以然"。

● 工具细化

为了增强 BLM 的工具化，华为对 BLM 中的各个模块都在模板表单上进行了更加细致的开发，这是由华为的流程化管理基因所决定的。

例如，现在业界很熟悉的"五看三定"（五看：看环境、看行业、看客户、看竞争、看自己；三定：定战略控制点、定目标和定策略），就是华为在 BLM 的"市场洞察"和"业务设计"模块内涵基础之上，结合战略制定的实践经验进行的工具迭代与优化。

这也说明了华为的学习，并不是完全僵化的学习，而是结合华为自身的实际需求，进行创造性的学习。

- 流程内化

华为的组织能力中，尤其以流程管理为重，华为很擅长将各类工具方法内化成管理流程，然后运用流程体系对组织进行管理。

在引入 BLM 之前，华为一直有战略市场部，但其定位和职责更像是华为的参谋部，而非战略管理部门。引入 BLM 之后，华为的战略管理流程实现了完善和优化。

### 13.1.3　复盘：成功导入的背后是科学（形）与人（神）的结合

回过头来看，这个项目的最大成果就是为华为系统性地导入了 BLM，从开始的领导力转型项目发展为植入企业中的流程体系，且一坚持就是 10 年，最终沉淀为华为的组织能力，而不仅是少数领导掌握的技能和方法。

为什么相比其他企业，华为运用 BLM 能够如此成功？

关键差别在于"人"。华为运用 BLM 成功之处在于不断提高管理团队对领先规律的认识，这使得华为并非去追赶管理上的"时髦"，而是将无形的文化承载于有形工具中。

- 十年磨一剑，不间断的人员赋能

相较于其他引入 BLM 的企业，华为坚持得最久（超过十年），赋能得最深（国家总经理、国家总经理的直属团队、产品线总经理及直属团队等）。华为的中层及以上，几乎都在持续性和不间断地运用这套方法进行战略思考、形成每年的滚动规划。

● 战略思考与华为文化的匹配性

华为之所以能做到新业务层出不穷、业务边界不断扩展，和华为的文化非常相关，也就是持续做自我批判。这种自我批判和自我否定已经植入了华为的基因，而这种自我批判也与 BLM 中"差距"所蕴含的"企业永不满足，始终追寻领先"的底层逻辑是完全一致的。

● 华为的组织活力、进取心

华为对干部的价值观要求也大大激发了他们的活力。例如在华为，业绩完成仅仅是达到了及格线，而干出了历史上没干成的"大事"才是真正的华为领导者，这一条文化再结合科学化的战略工具就大大激发了组织的内在活力。

因此，在 BLM 导入的过程中，华为就开始将人、流程与机制有效地进行融合与绑定，这样使得领导团队在获得认知升级之后，能够通过流程体系转化为组织行为与习惯；与此同时，BLM 导入的过程充分发挥了企业自身学习与应用的潜力，既保持了足够的开放度，同时也坚守了自身的价值原则，让 BLM 理论与方法真正做到为企业所用。

## 13.2　流程体系模式：某行业头部企业战略规划与落地

这是一个我们深度陪伴的国内某制造行业头部企业的实践性案例，我们持续推动了该企业从战略规划到落地。为尊重并保护客户隐私，以下简称为 J 企业。

### 13.2.1 背景：创始人主动创造的巨大差距

J 企业成立于 1993 年，于 2004 年在 A 股上市，2016 年营业收入近 200 亿元，并且已持续十多年保持在细分行业第一名的位置，而对比全球的顶尖企业，还有很大的发展空间。集团董事长于 2017 年提出"从百亿向千亿进发"的宏伟目标，希望将企业从国内领先的行业头部企业，发展跃升为"全球领先"的企业。

在此发展目标之下，J 企业迫切需要完成从战略到组织能力的全面升级。通过前期的访谈调研，我们的咨询团队深入了解了 J 企业面临的转型挑战，也是很多企业在创始人提出更宏大的愿景与目标之后，组织上通常出现的问题。

- 千亿目标下，缺乏战略布局及实现路径

要实现如此具有挑战性的发展目标，企业一方面需要强化核心业务，另一方面需要重新对企业进行定位并且明确未来业务布局，否则目标就是空谈。而该企业过往在强销售激励的百花齐放式发展策略下，业务大多显得零散和不成体系，并未形成在集团层面高度统一的战略规划与业务布局。同时，面对这样的目标，组织上下多半处于"观望状态"，缺乏实现目标的信心与底气，战略愿景并未真正深入人心。

- 事业部经营主体意识与能力亟待升级

多事业部的架构对 J 企业成为千亿级体量的组织来说是必然的选择，且每个事业部都应是相对独立的业务经营单元，具备独立指挥和作战的能力。但是由于各事业部长期以强销售为导向，缺乏主动规划与部署的能力，J 企业几乎需要从零开始构建事业部的"大脑中枢"。

- 企业缺乏核心能力与保障体系的建设

长久以来，"能人"和"强激励"带来的业绩发展让 J 企业忽略了自身的能力建设，组织基础较为薄弱。企业迫切需要强化产、供、销、研的核心能力，以及人力资源、财务、信息化等支撑体系的建设，确保全球一体化运作的基础，使各事业部的高起点、高水平发展成为可能。

## 13.2.2　过程：战略规划 – 能力建设 – 落地机制

基于诊断，我们认为 J 企业正处于企业系统 1.0 向 1.0+ 迈进的关键发展阶段。一方面，企业需要对原本的运营与管理基础设施做大量补课的工作；另一方面，企业需要完成从支持百亿量级向支持千亿量级发展的组织系统升级，完成从战略到组织的一次全面的体系化建设。

在这个体系化建设的过程中，需要充分调动组织的参与，构建强有力的经营单元主体与强大的组织支持平台，方能实现真正的规模跃迁。

我们为 J 企业制定了从战略规划到组织能力打造的体系化方案，并持续深度伴随 J 企业的转型推进（见图 13-1）。该项目包括三个过程。

- 战略规划：统一语境，凝聚共识

导入 BLM 方法论，以战略共创的方式，推动集团管理层与不同业务板块的核心领导团队对于千亿目标进行充分研讨并达成共识，明确全新发展目标下的企业定位与业务布局，产出集团级的千亿战略蓝图与实现路径。

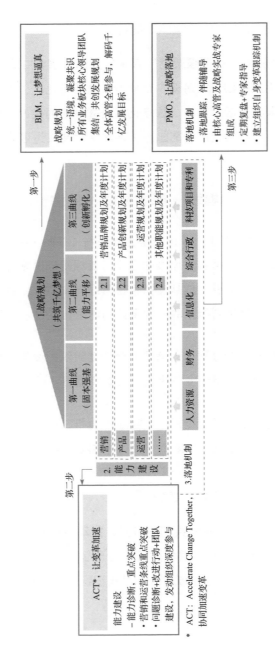

图 13-1 J 企业的体系化建设方案

在集团级战略规划的基础上，推动各事业部开展自身的战略制定。这既是一次与集团规划拉通对齐的过程，确保从上至下的战略方向与目标的高度一致，也是事业部核心领导团队增强战略意识、思维与能力的过程。

● 能力建设：能力诊断，重点突破

组织能力是确保战略落地的必要条件。在战略规划结束之后，J 企业随即开展了组织能力升级行动，解决如何支撑战略落地的问题。

因为 J 企业隶属于制造行业，供应链、营销、研发是必备能力。经过与企业管理层的讨论，项目组最终决定优先从营销转型入手。在解决方案上，围绕 J 企业建立全球协同营销组织的主旋律，形成"聚焦行业、深耕区域"的营销规划及在营销组织优化上可落地的执行方案。

● 落地机制：落地跟踪，伴随辅导

由于 J 企业过往缺乏有效的战略落地保障机制，我们帮助该企业组建了专业的战略管理部门，并且建立了组织自身变革落地的 PMO 机制。在企业落地试运行的过程中，辅导核心高管团队进行战略进度检查，帮助该企业进行定期复盘与管理优化，确保战略落地过程中的关键问题能够得到有效决策和解决。

## 13.2.3　复盘：以传教带方式帮助企业实现战略体系初始化

该项目给 J 企业的转型带来了显性的价值。首先体现在其市场表现：在战略规划的第二年，尽管国际、国内市场整体是下滑趋势，J 企业依然维持了高于行业增速的增长；其次，在战略制定的五年时间，收入实现了翻番，距离千亿梦想跨出了坚实的一步。

除了显性的业务成果之外，该项目帮助 J 企业完成了一次体系化的 BLM 导入。

● 构建共同的战略逻辑和管理基础

统一的战略方法的导入，帮助 J 企业核心团队建立了一致的战略语言，也借由能力规划与落地，帮助该企业重新审视了运营与管理基础。与此同时，战略体系的初始化帮助 J 企业真正构建起战略管理与经营管理的双轮驱动循环，解决了过往战略管控力不强，无法强有力推动战略的痛点。

● 凝聚挑战目标的发展信心与合力

战略落地和组织变革从来都不仅仅是刚性和制度的事情，同时需要柔性地发动组织、激活团队与凝聚合力。因此，该项目既是一次战略体系的初始化，也是一次组织变革的"松土"与"赋能"，充分调动了企业内部的关键变革力量（事业部、核心职能平台），一方面提升了企业的分布式战略指挥的能力，另一方面围绕关键任务，形成了"力出一孔"的组织合力，坚定了发展信心。

以上案例，对于很多企业体系化导入 BLM 均有借鉴意义。

第一，通常来说，构建战略体系需要有很强的驱动力，否则，就容易变成战略部门的一厢情愿，同时也缺乏有效的管理抓手。因此，我们在审视企业是否需要体系化导入 BLM 的时候，会努力寻找真需求，例如战略升级、组织变革等，在这种情况下，企业领导人会更有动力来推动，因为战略体系作为管理抓手核心解决的不是职能建设的问题，而是企业生存或可持续发展的问题。

第二，如果战略体系只是设计一套流程机制，是很难像其他管理体系一样迅速发挥作用的，因为它难以自然地与经营管理的闭环建立联系。只有围绕企业发展的真问题展开，企业对构建战略体系才会"有感觉"。这也是为什么我们在帮助很多企业导入战略体系的过程中，强调的是战略规划到落地的实战化运行，这样的体系流程才能够贴合企业的实际。

第三，上述这个案例，也是很典型的企业战略体系"两步合一步"的过程，即企业在系统 1.0 阶段，并没有构建专业的战略管理流程与机制，而到了规模与组织发展更加复杂的阶段时，就需要给战略规划能力补课，这是很多企业会出现的状态，即组织基础设施严重滞后于企业发展，因此会存在"补课 + 升级"同时进行的"两步合一步"的现象。在这种情况下，战略体系导入的成功更加有赖于企业领导人的坚定坚持，以及战略部门的专业功底与影响力，避免误以为引入外部团队就能解决问题。

## 13.3　组织赋能模式：某互联网头部企业方法论开发与应用

这是一个我们深度陪伴的国内某互联网头部企业推动战略方法论落地的实践性案例。为尊重并保护客户隐私，以下简称为 S 企业。

### 13.3.1　背景：互联网下半场，从机会到战略驱动

S 企业为国内头部电商，主营业务除零售之外，还涉及数字科技、金融、健康等多个领域，经过 20 多年的发展，已成长为规模千亿级的综合型互联网平台企业。

随着互联网红利的逐步减弱，该企业较早地意识到"危机"，因此积极探索，从过往赖以生存的 C 端流量模式，切换至 B 端产业互联网转型升级的广阔赛道上来，希望把握新一轮的发展红利。同时，随着企业快速膨胀为大型平台，旗下有多元化的业务板块，如何有效统一集团的价值观与底层管理方法论，确保企业在创新的过程中"不散架"，实现更长久的发展，也是摆在 S 企业面前的关键难题。

自 2017 年起，S 集团战略部开始正式牵头构建自成体系的战略方法论和管理体系，旨在以战略而非机会来驱动企业成长（内部称呼为"构建战略驱动型组织"），希望通过战略体系的构建达成两个目的：一是构建企业不同事业群、事业部各级一号位领导团队的作战指挥能力，从过往仅强调执行向强调经营与创新的管理风格转变；二是通过构建有自身特色的战略方法论与体系，来有效沉淀 S 企业的管理思想。

经过了三年的方法与体系沉淀，整个集团上下已经构建起了战略的意识，也基于该企业的"战略屋"方法论每年滚动产出了各个业务的战略规划。我们与该企业的合作始于 2020 年，源于该企业对战略方法"优化升级"的需求：

▶ 在已有"战略屋"方法论的基础上，进行"实操化"迭代，让"战略屋"不仅仅是各业务填写的"一页纸"，更是武装核心团队、制定战略的思维武器与工具方法。

▶ 广泛地组织赋能，让战略方法论渗透至该企业各级组织的"战略会"管理场景中，确保战略规划与战略解码的有效性（该企业一年两次战略会，一次着重于探讨和制定中长期战略，另外一次则着重于探讨和制定年度目标与落地计划）。

### 13.3.2　过程：方法论开发－产品化输出－场景化赋能

经过前期的调研与诊断，顾问团队与集团战略部、企业大学等进行了深度碰撞，提出借鉴互联网"打造产品"的模式（小步快跑，快速迭代），以战略方法论开发和产品化来带动方法论的传播与落地，实现企业战略思想与管理体系的"软着陆"（见图 13-2）。

图 13-2　S 企业的项目架构

项目包括三个过程：

● 方法论开发

一套易懂易用的战略方法论既是提升战略认知的基础，也是战略在组织层面落地的关键所在，因此，在 S 企业既有方法论 1.0 版本的基础上，我们借鉴 BLM 的理论和方法，对该企业战略方法论的各个核心模块进行"内涵诠释－工具方法－模板样例"的定制化开发，并转化为可实操的手册，我们把这本实操手册形象定义为战略方法论的"说明书"。

● 产品化输出

方法论完善之后，双方项目团队趁热打铁，先后设计开发出围绕不同场景和不同受众的赋能及落地应用产品，既涵盖以应知应会为主的在线学习与战略赋能的必修课程，也涵盖聚焦于战略规划场景的研讨会产品，以此搭建起该企业的"战略产品矩阵"。

此外，企业大学设计了针对战略场景的金牌赋能官认证体系，并牵头组织了数轮针对不同场景的内部战略赋能官认证，从多个梯次加速战略组织能力的建立。并且赋能官的选拔以有业务实操经验的各级一号位为队伍主体，一方面可以深化在自身业务场景侧的应用，另一方面确保产品交付过程中与一线业务团队保持较高的同理心。

● 场景化赋能

在产品化初步成熟之后，伴随着该企业"战略季"的到来，各类产品在不同业务实际战场进行快速应用和迭代，推动队伍认知升级与工作方式的改变，并借助战略会的场景，借事修人，在运用方法论辅导团队的同时，将企业战略 2.0 的核心思想与战略意图有效渗透到了一线，将一线的业务布局与集团的战略进行有效关联。

而我们也通过与集团下面不同事业群组与事业部的战略项目合作，将战略方法论与现有的管理体系进行了更有效的融合，解决了各业务在战略规划、战略解码和战略落地层面在流程和机制上的卡顿与连接问题。例如如何确保战略解码的有效性，如何确保业务战略落地的有效跟踪与保障机制等。

### 13.3.3 复盘：战略体系的核心是学习进化，"赋能"大于"管控"

概括而言，项目从刚性和柔性角度，推动实现了以下价值：

● 提升战略认知

借助方法论升级优化与组织赋能，特别是设计和沉淀了一系列战略赋能与落地实践的应用套件及产品后，提升了组织各层级对于战略的重视度与认知能力，大范围的普及学习让战略不再是晦涩难懂的理论，而是可习得、可应用的有力思维武器。

● 打造共创场景

一到战略季，开一场"高质量战略会"是业务单元的普遍期待与需求，其中最为明显的不同是工作方式的转变——过往战略规划的形成方式，常是少数几个人闭门造车或填写模板，而现在将战略会作为重要的管理场景，与业务强相关的各方都能够共同参与、共同讨论，激发一线的创新活力。

● 组织能力内化

对大型组织而言，真正推动改变发生的不仅是外部"做功"，更需要的是充分调动内部人员，特别是各个业务单元一号位的积极性与关注度。对该企业而言，既提升了各层级业务单元自上而下对齐和落实集团战略的推动力，同时又发展了一批可推动改变发生的赋能官队伍，让战略思想与方法论在组织里"做实做透"。

与从 0 到 1 建立战略方法和体系的企业不同，有相对成熟战略体系的大型企业对战略体系的要求不仅仅满足于基础的流程机制的构建，它们会更加关注"战略"对企业的软性赋能价值，以推动企业上下的学习和进化。

因此，在这个阶段的企业，战略体系的优化通常会聚焦于几个方面：

第一，战略方法论作为企业战略思想与管理思想的承载，应有企业自身的特色。对这种类型的企业而言，战略方法论通常不是"拿来主义"，而是要经历反复打磨与实践迭代，在基础方法论上花费的功夫要远远大于直接引入 BLM 方法论的企业。我们在与这家企业合作的两年时间中，针对战略方法论的迭代速度就像互联网的迭代速度一样，目的是不断紧密贴合企业的战略思想、战略意图与落地实践。

第二，对大型组织而言，"战略规划"需要特别体现出"创新"和"差异化管理"的特征，在自上而下承接集团战略意图的基础上，激发自下而上从一线实践中涌现的创新，这种创新的涌现不仅仅是一个个创意，更是匹配企业发展主航道、有机会发展成"粗壮"的第二曲线的业务。因此，战略体系通常是要和创新体系进行强绑定的，并且要针对不同曲线的业务进行针对性规划和考核。

我们在与该企业不同类型的业务部门合作的过程中，会明显感觉到不同曲线的业务在规划到落地的方法上也会有一定的差异，例如主营业务（第一曲线）更强调的是在精细化运营角度进行规划，而成长型业务（第二曲线）更强调的是在选中的新领域中完成竞争策略，新兴业务（第三曲线）则不需要过于复杂的规划过程，更多是论证市场和产品的过程。这也是在这种多赛道、多业态、不同发展阶段的业务部门中，虽然有集团统一的方法论，但仍需要根据实际业务场景进行战略方法论产品化的原因。

第三，对致力于管理思想落地的企业而言，方法论不只是简单的培训，更是将管理思想渗透到管理场景，潜移默化地影响的一个持续的过程。确保管理思想与导向在各个经营主体与部门间的有效贯彻，其本质上是"组织发展"的范畴，需要确保：1）实操性：以系统性的方法论作为指导战略思考与实际产出的基础，落实管理思想；2）开放性：以打破边界的群体共创、群智涌现模式加速战略创新，实现群体进化；3）参与性：以共同参与、共担责任夯实战略规划到路径、结果的落地，转变工作方式。

# 如何掌握领先的精髓

在系统性地介绍了 BLM 理念、方法、体系与实践之后，让我们再次回归原点，共同思考一个问题：

## 对中国企业来讲，如何才算是掌握了领先的精髓？

1998 年，华为的任正非为什么要找 IBM 当老师？

其实道理非常简单，华为当时最想学的是爱立信，但是爱立信不可能教它（出于竞争关系），那么华为能够拜师的企业是谁呢？任正非开始在百年老店中筛选，而且还要有过"起死回生"又再次领先的转型经历的，最终锁定了 IBM。事实证明，这个决定是正确的。

华为用 20 年时间，完成了对 IBM 从学习到超越的过程。在这个过程里，我们认为华为的确走出了一条曙光之路——在质量、数量和规模上，都超越全球顶尖企业，为中国企业树立了一个非常好的榜样。

　　和 20 年前的华为相比，当今有相当多的企业都拥有更为优越的条件，但在迈向持续领先的道路上，仍旧面临着三个隐形的陷阱。

● 第一个陷阱：富，为何还要拼

　　我们富了，为什么还要拼？过去 30 年，中国企业发展的动力源就是"发家致富"，但是现在如果已经富了，为什么还要拼？随着中美竞争的日益激烈，中国的企业要扛起家国使命，而不能做昙花一现的"暴发户"。

● 第二个陷阱：快，为何还要慢

　　这么多快钱可以挣，为什么还要挣慢钱？什么是快钱？在中国，地产、金融等就是快钱。而什么是慢钱呢？自己做硬核技术，建核心能力，就是慢钱。纵观沃尔玛长达 80 年的发展历史，我们发现其从未亏损，作为一个低毛利的零售企业，即使是在互联网转型的阶段，仍旧保持利润为正的稳定发展态势，而且始终保持自己的节奏，从未跟风。它始终愿意耗费更长的时间去击穿一个用户价值，击穿一项能力，从未追求"更大"的企业，反倒成就了其"500 强霸主"的地位。

● 第三个陷阱：成，为何还要变

　　如果和过去相比，中国的企业已经实现了很大的跨越，众多企业进入到世界 500 强的行列，并且在世界舞台上绽放，甚至全世界都在赞誉中国的商业奇迹和学习中国的管理实践。那么为什么还要变呢？今天的中国企业，仍然要经历一个从大到强的阶段，"励精图治"的奋斗与进化仍旧是中国企业不得不走的通向领先的道路。

　　在这一点上，《创始人精神》<sup>⊖</sup>一书揭示了企业成功的两个红利，值得

---

⊖　祖克，艾伦. 创始人精神：如何克服发展中可预见的危机［M］. 刘健，译. 北京：中信出版集团股份有限公司，2016.

深思：第一个是"规模红利"，没有规模，就没有发言权、定价权和持续盈利的机会；第二个是"创始人红利"，就是企业始终拼闯、始终创新。

那么领先的企业是什么画像呢？

有规模红利，可以做组织、做管理、打造地基，实现系统性成长；与此同时，始终保持初创企业的那股劲儿，不断生长出规模化的新生势力。能够实现这种"对立统一"的企业，则是领先且持续领先的企业。

让我们再次回归 BLM 中两个非常核心的要素，就是领导力和价值观。

这两个"横条"贯穿在企业领先的过程中，是两条隐形的主线，是企业的"领先之魂"，体现了企业领先的品质。领导力就是一代一代的领导团队不断引领企业突破业务边界实现跨越式发展的根本，而价值观就是企业一代一代领导团队的核心信念系统，是让企业在震荡前行中稳如磐石的"指北针"。

在过往多年与企业的咨询合作中，我们发现领先的企业通常具备三个核心的品质：

- **成就中国商业传奇的雄心壮志**：这就使得领先企业拥有了更持久的动力，如果仅仅是为了发家致富，就难以变成领先企业。
- **在所有有价值的领域突破创新**：这反映了领先企业的学习模式，不断反思，不断自我批判，不断改变。
- **基于远大使命的跨域协同共赢**：这是领先企业的关系模式，即为了更大的目标和意义，可以暂时放弃自己的眼前利益（无论是企业内部还是外部生态）。

拥有了这三个核心品质的企业才算是真正掌握了业务领先的精髓。

# BLM 概念注解

### 领先的起点：差距

| 模块 | 基本概念 | 核心内容 | 对企业家的意义 |
|---|---|---|---|
| 差距<br>（Gap） | 对现状和期望业绩之间差值的"不满意"的感知 | • **业绩差距**：对现有经营结果和期望值之间差距的一种量化陈述。业绩差距通常是站在"管理者"的视角，延续企业现有的业务设计，通过对现有执行体系进行优化来缩小或消除<br>• **机会差距**：对现有经营结果和进行新的业务设计所能带来的经营结果之间差异的量化评估。机会差距通常是站在"创新者"的视角，通过业务设计的创新来寻求新的发展空间与机遇 | • 企业的生存观，企业创新与改变的动力源<br>• 始终布局成长的三条曲线，不断拓展生存边界<br>第一曲线：渐进式创新（业绩差距）<br>第二曲线：递增式创新（业绩差距与机会差距并存）<br>第三曲线：跃迁式创新（机会差距） |

**领先的战略：战略意图/市场洞察/创新焦点/业务设计**

| 模块 | 基本概念 | 核心内容 | 对企业家的意义 |
|---|---|---|---|
| 战略意图 (Strategic Intent) | 企业的发展方向和终极目标 | • 使命/愿景："使命"定义了"企业是谁"的核心问题，体现的是企业存在的根本理由，传递的是企业对用户、行业与社会的长期价值承诺，并由企业进行承载和落实。使命源自创始人的个人承诺。而"愿景"则定义了"企业要成为谁"的核心问题。愿景通常是一个能够指导企业十年甚至更长远发展的画面，企业上下均为这个最终画面而奋斗<br>• 战略目标：也可称为"中长期目标"，是为愿景奋斗的目标。过程中的阶段性里程碑，通常涉及未来3~5年的目标。除了关注财务指标的表现之外，还应该设定与客户、能力发展，社会责任等相关的一系列目标<br>• 近期目标：指一年期的目标，通常也称为"年度经营目标"，将中长期战略转化为短期的经营目标与责任 | • 源自企业家的个人人生理想<br>与企业早期经历和企业价值网相关<br>创业早期形成、不断演化与进化<br>• 需要体现"诚" |
| 市场洞察 (Marketplace Insight) | 持续不断地了解客户需求、竞争对手动态、技术进步和宏观经济情况，以寻找机会、避免威胁 | • 宏观分析："看大"，宏观环境的变化趋势及对企业所处行业的影响。宏观分析是为了找到对企业所在行业结构性的改变的实质性影响，判断是否会造成该行业客户和潜在客户的改变<br>• 客户分析："看小"，通过挖掘现有客户和潜在客户的需求与偏好来寻找机会<br>• 竞争分析："看左右"，通过深入了解竞争对手来寻找制胜策略和差异化优势，除了关注行业对手之外，还需要特别留意跨界竞争者 | • 企业洞见大势、捕捉机会的能力<br>与长期训练的思维方式等有关，如以小见大、逆向思维等<br>• 需要体现"敏锐"(Sharp) |

（续）

| 模块 | 基本概念 | 核心内容 | 对企业家的意义 |
|---|---|---|---|
| 创新焦点（Innovation Focus） | 为实现战略意图或拥有持续成长优势的一种积极机制，有效探索、验证，以便更好地眼于外部市场节奏 | ● 未来业务组合：也称为"成长地平线"，是指企业基于三条成长曲线，将战略落地为具体产品和服务的组合，且确保其能够得到有效管理的过程<br>● 模式创新：企业需要思考是否存在现有业务模式不存在或成立的前提条件已经不在，若不做模式创新，就无法保证企业持续增长了变化，若不做模式创新，就无法保证企业持续增长和赢利。当原有模式成立的前提条件已经不存在或发生变化，能性。<br>● 市场试验：形成有效的管理机制，试验机制来推动未来业务组合的成长与模式创新，让创新不再随机发生 | ● 并非单个创意，而是企业守正出奇的能力<br>● 与企业基因密切相关，会相应选择技术、产品或模式创新（例如华为的技术或模式创新，小米和阿里里的模式创新）<br>● 需要体现"从哪个焦点长出去" |
| 业务设计（Business Design） | 也可以称为商业模式，或业务模式，是以价值创造为核心的业务设计，涉及客户选择、价值主张、价值获取、活动范围、战略控制五个核心要素 | ● 客户选择：企业选定的客户群，为谁创造价值<br>● 价值主张：也称为"非你不可"的理由，用心智，是指客户价值定位，需要核心回答"企业究竟为目标客户创造什么独特价值"<br>● 价值获取：企业如何通过为客户创造价值而获得回报，需要核心回答"企业如何赢利"<br>● 活动范围：企业的业务活动及其提供的产品和服务，需要核心回答"企业需要从事哪些业务活动"<br>● 战略控制：企业保护其利润的能力，需要核心回答"企业如何形成产品差异化和有效保护利润" | ● 业务设计是企业家真正的"作品"，与企业家的商业头脑（博弈、进化思维等）与资源整合能力有关，需要不断迭代创新<br>● 需要体现"设计巧妙" |

## 领先的执行：关键任务 / 正式组织 / 人才 / 氛围与文化

- 检查组织的一致性
- 关键任务是否与业务主张保持一致
- 目前的正式组织、人才、氛围与文化是否与关键任务保持一致
- 正式组织、人才、氛围与文化相互之间是否保持一致

| 模块 | 基本概念 | 核心内容 | 对企业家的意义 |
|---|---|---|---|
| 关键任务 (Critical Tasks) | 指支持业务设计，尤其是价值主张所缺的业务价值活动，也包括组织内部与外部合作伙伴之间的相互协作与依赖关系 | • 关键任务包括客户管理活动（客户选择、获得、保持、增长等）、产品/服务创新活动（产品设计、开发、上市等）、运营管理活动（供应、生产、交付等）、法规与社会活动（环境安全、关爱员工、服务社会等）一系列业务价值活动。不同类型的关键任务通常有不同类型的业务价值活动，投资回报周期不同。运营管理活动通常 0.5～1 年，客户管理活动通常 1～2 年，产品/服务创新活动通常 2～4 年，法规与社会活动所需的投资回报则会更长<br>• 关键任务的核心是为了支持价值主张，企业选择了某种类型的价值主张，则自然选择了与之对应的业务价值活动，形成领先优势；同时在其他相关业务活动中力争达到行业平均水平<br>• 弥补业绩差距的关键任务通常会聚焦在原有业务活动的强化上，以扩大领先优势；而弥补机会差距的关键任务通常会产生全新的业务活动，构建新的组织能力 | • 明确了企业的本领<br>　企业实际的业务活动范围<br>　企业资源配置和整合的能力<br>• 需要体现"聚焦和投入" |

（续）

| 模块 | 基本概念 | 核心内容 | 对企业家的意义 |
|---|---|---|---|
| 正式组织<br>（Formal Organization） | 指明确的组织结构、绩效与管理机制等，以确保关键任务能顺利完成 | • 组织结构与管控：包括组织的基本结构（区域、产品、行业等维度）、各单元角色与职责分工、管控模式设计、管理层级设置、人员组合和配置，考核与激励等<br>• 作业流程与协同：用来保障企业内部各部门运转的流畅性，各部门相互衔接的工作流程与机制，包括一系列内部业务与管理的流程设计、赋能、授权、IT系统等<br>• 日常管理机制：用来保障企业的日常有效运作，包括战略规划与目标分解，经营分析、决策机制、问题解决机制、创新机制，风险管理机制等<br>• 组织效能评估：对组织而言，如果缺少了评估，就很难有效管理与优化，组织效能评估包括基于平衡计分卡的组织绩效评估、管理人员评估、客户满意度评估，员工满意度评估等 | • 企业的内部驱动机制，解决"顺不顺"的问题决定企业的运行效率，利出一孔，才能力出一孔<br>• 需要体现"运筹调配" |
| 人才<br>（Talent） | 指人力资源的特质，能力以及竞争力。要使战略能够有效执行，员工必须有能力、动力和行动力来有效完成关键任务 | • 判断一个企业是否具备人才优势，表面是考验其人才的储备情况，实际却是考验其人才管理的组织能力<br>• 直接影响到任务的"关键岗位"，通常是战略性人才管理的重点：回顾关键任务，明确对应的业务价值必需的关键岗位<br>• 根据业务流程，梳理关键岗位，从知识、技能等维度进行准备度评估，开展人才盘点，制定人才策略，根据人才短缺的选用育留计划与对应的保障机制 | • 企业的"造血"机制，解决"愿不愿、能不能"的问题<br>• 需要体现"能够成长" |

（续）

| 模块 | 基本概念 | 核心内容 | 对企业家的意义 |
|---|---|---|---|
| **氛围与文化**<br>(Climate & Culture) | 指组织的行为方式、有效的组织文化会培养、反馈和强化关键任务的有效执行 | • 企业文化可以划分为四种类型：<br>　**等级（控制）型文化**：结构严谨且聚焦内部。企业内部有非常正规和明确的层级与架构，企业重视组织的长期稳定性、可预测性和效率<br>　**市场（竞争）型文化**：结构严谨且聚焦外部。企业以结果为导向，节奏快，注重对财务指标的追踪和业绩底线达成<br>　**部落（合作）型文化**：结构灵活且聚焦内部。企业通常具备"家文化"的基本特征，组织内承诺度极高，企业重视团队合作、参与感和共识<br>　**委员（创造）型文化**：结构灵活且聚焦外部。企业倡导创业精神和创造力，员工愿意冒险，重视进的产品和服务，快速发展和获取新资源，随时迎接挑战<br>• 一个企业的文化通常是四种类型的组合，而非单独强化某一象限，且很大程度与企业自身的行业特性、业务模式及价值观高度相关<br>• 在以一种文化占据主导的中大型企业中，也会根据业务发展阶段与特性而呈现出不同类型的子文化<br>• 对于需要从原有业务设计切换到全新业务设计的情况，企业通常需要克服巨大的文化惯性与阻力，因此，文化变革被认为是在企业转型中极为重要的手段和方式 | • **解决"活不活"的问题**，团队的精气神、能闻闻得出来的味道<br>• **需要体现"活"** |

## 领先之魂：领导力与价值观

| 模块 | 基本概念 | 核心内容 | 对企业家的意义 |
|---|---|---|---|
| 领导力 (Leadership) | 指将战略贯穿到执行上并取得结果，在变化的环境中持续破界和进化的能力 | ● 两种不同类型的领导任务：<br>**高效运营型领导任务**：实现战略到执行的贯穿，效率和企业效益最大化，包括清晰的目标制定与落实、激发、辅导与支持员工达成任务等<br>**创新变革型领导任务**：布局长远，帮助企业实现创新与进化，包括愿景感召、塑造文化、测试新业务、引领创新变革等<br>● 领导力在企业中发挥作用为"主动做功"而非"被动响应"，即便变化在企业很多时候会带来失败，但是随机性的成功可能会成为新一轮时代趋势下的企业主导设计 | ● 企业家、高管团队的创新和韧劲<br>言行一致，结果导向<br>● 需要体现"不断破界" |
| 价值观 (Values) | 建构企业决策和行动的底层原则，是企业生存的"指北针" | ● 如果说是"领导力"让企业一代又一代的领导群体带领企业不断破界，晨读前行的话，那么"价值观"则是企业的"根基"，是一代又一代的领导人共同坚守的价值底线，它必须经得起时间和周期的考验，让企业在不断震荡前行中稳如磐石<br>● 通常来说，价值观具有极强的"创始人烙印"，是其在自身成长过程中的一种"笃信"，这些"笃信"转化成了企业在追求商业成功过程中是非对错判断标准与依据，即"什么是对的，什么是错的，什么是我们追求的，什么是我们坚决不允许出现的"等<br>● 价值观的创新，并非对其进行改造，而是在新的时代背景和环境下，让价值观回归本来的含义，回归初心，才能重新出发 | ● 企业的过程哲学、生命力的源泉<br>创始人烙印（底层信念系统）<br>价值观体现在员工身上体现<br>当下的意义：过程就是目的<br>● 需要体现"笃信" |

# BLM 诊断罗盘

从企业系统性成长的视角来看，BLM 不仅仅是思维方法，也是诊断工具。在我们的企业实践中，通常会用它来诊断在差距、战略、执行、领导力与价值观层面企业的组织能力现状与问题，从而帮助企业不断提升持续领先的系统能力。在 BLM 中：

1. 领先的起点是"差距"，也是企业领先的意愿。它考验的是企业是否时刻保持危机意识，是否拥有不断追求领先的抱负与精神。

2. 领先的战略包含"战略意图""市场洞察""创新焦点"与"业务设计"。强调的是基于企业的初心和使命，对三条曲线的统筹布局，其落脚点是业务创新设计。它考验的是企业适应环境变化，不断设计与创新自身业务的组织能力。

3. 领先的执行则聚焦战略落实到行动的"关键任务"，并让"正式组织""人才""氛围与文化"这几项组织能力对关键任务落地进行全面支持。它考验的是战略到执行的一致性，企业是否能够始终聚焦于战略核心，并且不断刺激组织的学习与进化。

4. 领先之魂指的是"领导力"和"价值观"，它考验的是企业的认知破界能力以及对价值观的笃信。

我们基于十余年对 BLM 理论的研究与实践经验，开发了 BLM 诊断罗盘（见图 B-1）。该工具以 BLM 的基本要素为基础，基于每个维度的释义，针对性地设计了评估问卷，用来对企业从战略到执行进行全面的诊断与组织系统改进。

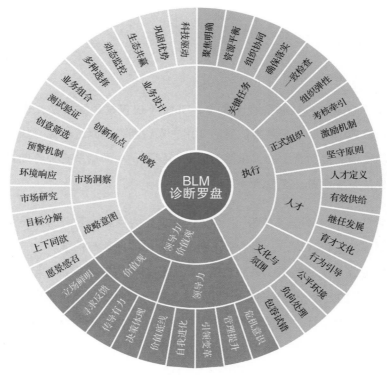

图 B-1　BLM 诊断罗盘⊖

---

⊖　BLM 诊断工具（含问题）已申请版权。

　　该工具是一个自测式的评估问卷，评估者只需要根据每个问题的描述，根据自己感知到的企业实际情况，对每个问题进行 1 ~ 5 级的量化评分即可。最后系统会统计企业在每个维度上的得分，绘制出雷达图，并且可以对比不同层级或类型群体对企业领先水平的真实认知偏差。同时，该企业的数据也会进入大样本数据库进行常模对比，形成不同行业的横向比较。

　　读者可以根据如下简化的自测工具（见表 B-1），来评估所在企业的系统成长水平。

表 B-1　BLM 组织诊断自测工具

| BLM 各要素 | | 评估维度 | 问题清单 |
|---|---|---|---|
| 战略 | 战略意图 | 愿景感召 | 企业有明确的发展愿景且符合时代发展趋势（而非自嗨），并且能够得到组织上下的共同认可 |
| | | 上下同欲 | 各业务或部门能够根据企业战略目标设定清晰的业务或部门目标，并确保其与企业战略方向和重心保持一致 |
| | | 目标分解 | 企业的战略目标能够通过有效机制向下贯彻与拆解，将组织目标转化为可量化与评估的部门目标和个人目标 |
| | 市场洞察 | 市场研究 | 企业能够创建并持续优化市场研究框架，从广泛的渠道中获取外部环境变化信息，为战略决策提供及时和准确的依据 |
| | | 环境响应 | 企业各级管理者能够时刻关注环境变化所引发的机会和威胁，并据此调整战略及行动方案 |
| | | 预警机制 | 企业能够将外部环境评估与商业洞察分析等固化为工作流程，并通过有效渠道反馈到管理层，以及时采取应变措施 |
| | 创新焦点 | 创意筛选 | 企业能够通过有效的漏斗机制从广泛的信息来源中收集和筛选有价值的商业创意，并转化为一系列业务创新项目 |
| | | 测试验证 | 企业能够系统性地使用原型开发、概念测试、市场检验和其他早期数据收集的方法来寻找和验证业务创新的机会 |
| | | 业务组合 | 企业能够有效管理未来业务组合，确保投资增长及对行业变化做出有效应对，持续探索实现战略目标的路径 |
| | 业务设计 | 多种选择 | 企业不局限于原有的业务设计，能够开发出多种业务模式并进行可行性评估 |
| | | 动态监控 | 企业能够有效追踪目标客户群体与需求变化，并通过产品与解决方案的更新迭代来确保客户价值的传递与创造 |
| | | 生态共赢 | 企业能够与价值网的伙伴开放合作，在有效获取支持的同时，实现生态共赢 |

（续）

| BLM 各要素 | | 评估维度 | 问题清单 |
|---|---|---|---|
| 战略 | 业务设计 | 巩固优势 | 企业能够不断强化独特且难以复制的竞争优势，为客户提供持续的价值并保护企业利润 |
| | | 科技驱动 | 企业能够时刻关注技术演进，并有效地将技术应用于业务模式创新与企业核心竞争优势的构建 |
| 执行 | 关键任务 | 聚焦明确 | 企业能够有效识别出影响战略成败的关键任务及行动举措，并给予足够的重视与资源配置 |
| | | 资源平衡 | 企业能够进行有效的资源管理，平衡当前运营与未来长期发展的资源配置，避免顾此失彼 |
| | | 组织协同 | 企业各部门对关键任务共识度高，并充分体现在各部门的绩效目标和协作分工上 |
| | | 确保落实 | 企业有专人或机制以适当的频率、节奏追踪与检查关键任务（各项指标）落地的进展情况 |
| | | 一致检查 | 企业能够以关键任务为牵引，检查正式组织、人才、文化氛围与关键任务的匹配度并明确变革举措 |
| | 正式组织 | 组织弹性 | 企业组织架构及流程机制的设计具有弹性及可塑性，可以快速响应业务的需求与环境的变化 |
| | | 考核牵引 | 企业能够通过设定与战略相一致的绩效目标和指标，并通过有效管理，引导部门资源投入和绩效目标达成 |
| | | 激励机制 | 企业能够制定匹配战略实现的激励机制，尤其要对新业务、新能力的发展有明确的激励导向与政策 |
| | | 坚守原则 | 企业无论进行怎样的组织调整，都需遵循、坚守核心价值观的原则和导向（杜绝杀鸡取卵的行为） |
| | 人才 | 人才定义 | 企业可以根据战略规划来清晰定义当下以及未来所需要的关键人才及具体要求 |
| | | 有效供给 | 企业具备有效的流程与机制来识别、引进、培养、保留关键人才，确保健康的人才供应链 |
| | | 继任发展 | 企业有基于长远发展的继任计划，确保当期有人可用的同时，及早储备未来所需要的人才队伍 |
| | | 育才文化 | 企业具备将优秀人才放在关键岗位上历练的机制，为高潜人才提供施展才华的机会和舞台 |
| | 文化与氛围 | 行为引导 | 企业能够将文化转化为对员工的行为要求，并根据战略变化引导组织改变行为习惯 |
| | | 公平环境 | 企业的升迁机会、绩效奖金、加薪幅度等，皆与员工的贡献度正相关，确保公平公正 |
| | | 负向处理 | 企业拥有高绩效的文化氛围，通过明确的政策与机制来协助经理处置不适岗或低绩效的员工 |
| | | 包容试错 | 企业具备开放包容、鼓励创新试错的环境，对在工作中有创新行为的员工给予及时认可与奖励 |

（续）

| BLM 各要素 | 评估维度 | | 问题清单 |
|---|---|---|---|
| 领导力 / 价值观 | 领导力 | 危机意识 | 企业的管理团队能够敏锐捕捉环境变化（市场、技术等），并将危机意识传导给团队，增强组织紧迫感 |
| | | 管理提升 | 企业能够持续提升管理团队的成熟度，系统化推进业绩达成与组织能力沉淀 |
| | | 引领变革 | 企业的管理团队能够引领组织变革，包括创建全新的工作流程和组织能力等以提升企业的适应性 |
| | | 自我进化 | 企业的管理团队能够保持持续探索的好奇心和行动力，不断提高自我认知，并带动组织进化 |
| | | 价值底线 | 任何情况下，企业的各级管理团队都能够遵循和坚守价值观的底线，坚定维护企业价值观 |
| | 价值观 | 决策体现 | 企业有自身独特的价值理念，并能体现在企业的各项战略与运营决策中（尤其是艰难时刻的抉择） |
| | | 传导有力 | 企业通过各级经理与团队的定期价值观讨论，持续传递正确的价值导向，以核心价值观引导团队行为 |
| | | 寻求反馈 | 企业运用多种反馈与评估渠道了解价值观践行的现状，并通过各级经理与团队的沟通指导及时纠偏 |
| | | 立场鲜明 | 企业对于员工（尤其是经理人）做出违背价值观的行为及时采取行动，避免对企业造成负面影响 |

注：如您所在的企业对 BLM 诊断有兴趣，可扫描下方二维码或微信搜索"万为瞻卓咨询"与我们联系，以获取更多资讯。

BUSINESS
LEADERSHIP
MODEL
参考文献

[ 1 ] 国际商业机器公司. IBM Business Leadership Model [Z]. 2006.

[ 2 ] 塔什曼，奥赖利三世. 创新跃迁：打造决胜未来的高潜能组织 [M]. 苏健，译. 成都：四川人民出版社，2018.

[ 3 ] 斯莱沃斯基，莫里森，安德尔曼. 发现利润区：6 版 [M]. 吴春雷，译. 北京：中信出版集团股份有限公司，2018.

[ 4 ] 弗拉姆豪茨，兰德尔. 成长之痛：建立可持续成功组织的路径图与工具 [M]. 葛斐，译. 北京：中信出版集团股份有限公司，2017.

[ 5 ] 巴格海，科利，怀特. 增长炼金术：企业启动和持续增长之秘诀 [M]. 奚博铨，许润民，译. 北京：经济科学出版社，1999.

[ 6 ] 柯林斯，波勒斯. 基业长青：企业永续经营的准则 [M]. 真如，译. 北京：中信出版社，2009.

[ 7 ] 特里西，维尔斯马. 亲近客户及其他价值原则 [J]. 哈佛商业评论，2005 ( 1 )：140-151.

[ 8 ] 波特. 什么是战略 [J]. 哈佛商业评论，2017 ( 1 )：96.

[ 9 ] 戴维. 战略管理：概念与案例 [M]. 徐飞，译. 北京：中国人民大学出版社，2012.

[10] 卡普兰，诺顿. 战略地图：化无形资产为有形成果 [M]. 刘俊勇，孙薇，译.

广州：广东经济出版社，2005.

[11] 卡普兰，诺顿. 战略中心型组织 [M]. 上海博意门咨询有限公司，译. 北京：中国人民大学出版社，2008.

[12] 韦尔斯. 战略的智慧：建立持久竞争优势的行动指南 [M]. 王洋，译. 北京：机械工业出版社，2018.

[13] 林文德，马赛斯，克莱纳. 让战略落地：如何跨越战略与实施间的鸿沟 [M]. 普华永道思略特管理咨询公司，译. 北京：机械工业出版社，2016.

[14] 卡梅隆，奎因. 组织文化诊断与变革：3 版 [M]. 王素婷，译. 北京：中国人民大学出版社，2020.

[15] 沙因. 企业文化生存与变革指南：变革时代的企业文化之道 [M]. 马红宇，唐汉瑛，等译. 杭州：浙江人民出版社，2017.

[16] 科特. 变革加速器：构建灵活的战略以适应快速变化的世界 [M]. 徐中，译. 北京：机械工业出版社，2016.

[17] 皮萨诺. 变革性创新：大企业如何突破规模困境获得创新优势 [M]. 何文忠，桂世豪，周璐莹，译. 北京：中信出版集团股份有限公司，2019.

[18] 祖克，艾伦. 创始人精神：如何克服发展中可预见的危机 [M]. 刘健，译. 北京：中信出版集团股份有限公司，2016.

[19] 明茨伯格. 写给管理者的睡前故事 [M]. 薛香玲，徐二明，译. 北京：机械工业出版社，2020.

[20] 陈寿. 三国志 [M]. 北京：中华书局，2007.

[21] 沃森. 一个企业的信念 [M]. 张静，译. 北京：中信出版社，2003.

[22] 郭士纳. 谁说大象不能跳舞 [M]. 张秀琴，音正权，译. 北京：中信出版社，2006.

[23] 沃尔顿，休伊. 富甲美国：沃尔玛创始人山姆·沃尔顿自传 [M]. 杨蓓，译. 南京：江苏凤凰文艺出版社，2015.

[24] 费什曼. 沃尔玛效应 [M]. 张桦，译. 北京：中信出版社，2007.

[25] 斯莱特. 忠于你的事业 [M]. 黄秀媛，译. 北京：中信出版集团股份有限公司，2018.

[26] 秦朔，陈天翔. 无止之境：中国平安成长之路 [M]. 北京：中信出版集团股份有限公司，2020.

[27] 赛迪工业和信息化研究院. 中美 500 强企业对比研究白皮书 [R/OL]. ( 2021-01-08 ) [2022-05-05]. https://www.ccidgroup.com/info/1044/32387.htm.

［28］ 中华人民共和国中央人民政府. 中共中央　国务院关于构建更加完善的要素市场化配置体制机制的意见［R/OL］.（2020-03-30）[2020-04-09]. http://www.gov.cn/zhengce/2020-04/09/content_5500622.htm.

［29］ 柏翔. 为什么华为不造车？得底座者得天下［EB/OL］.（2021-05-31）[2022-05-05]. https://mp.weixin.qq.com/s/npffYf1AyHX1aD9KnlyVlg.

［30］ 华为投资控股有限公司. 2018 年年度报告［R/OL］. 2018：17.https://www.huawei.com/-/media/corporate/pdf/annual-report/annual_report2018_cn_v2.pdf.

［31］ 虎嗅网. 任正非：我一贯不是低调的人　否则不可能鼓动十几万华为人［EB/OL］.（2013-11-30）[2022-06-22]. https://www.yicai.com/news/3158599.html.

［32］ 心声社区. 任总在人力资源管理纲要 2.0 沟通会上的讲话［EB/OL］.（2017-08-07）[2022-05-05].https://xinsheng.huawei.com/cn/index.php?app=forum&mod=Detail&act=index&id=3701069&search_result=30.

［33］ 吴越舟. 直抵终端：华为手机的长征路［EB/OL］.（2019-05-29）[2020-05-05]. https://www.cmmo.cn/article-215557-1.html.

［34］ 杨杜. 管理进步三部曲——僵化、优化、固化［EB/OL］.（2001-05-08）[2022-05-05]. https://xinsheng.huawei.com/next/#/detail?tid=6788707.

［35］ 钱德虎. 中国手机业不能再输的一场仗［EB/OL］.（2022-01-05）[2022-05-05]. https://www.huxiu.com/article/486076.html.

［36］ 钛媒体. 三年五代，华为折叠屏的高歌猛进［EB/OL］.（2022-04-29）[2022-05-05]. https://www.tmtpost.com/6095038.html.

［37］ 每日经济新闻. 开拓下一个"粮仓"：华为终端全面进军商用办公领域［EB/OL］.（2022-04-20）[2022-06-06]. https://baijiahao.baidu.com/s?id=1730613632292777720&wfr=spider&for=pc.

［38］ 许诺. 华为大举发力智慧办公，一场发布会发布四款笔记本电脑［EB/OL］.（2022-05-23）[2022-06-06]. http://m.bjnews.com.cn/detail/1653310660168021.html.

［39］ 沃尔玛中国. 关于我们［EB/OL］. [2023-01-01]. https://www.walmart.cn/aboutus-1/.

［40］ 胡慧茵. 拆解美股财报丨沃尔玛扭亏为盈：不惧供应链混乱和通胀压力四季度营收创纪录，还有多大增长潜力？［EB/OL］.（2022-02-19）[2022-05-05]. http://www.21jingji.com/article/20220219/herald/7b04958620c66b5e864a9852bb05f2ca.html.

［41］ 京东. 企业文化［EB/OL］.［2023-01-01］. https://about.jd.com/culture/.

［42］ 张越熙. 京东公布新的定位：成为以供应链为基础的技术与服务企业［EB/OL］.（2020-11-25）[2022-06-25］. https://baijiahao.baidu.com/s?id＝16843094 91367698926&wfr＝spider&for＝pc.

［43］ 新熵. VIPKID 裁员之谜，1 对 1 在线教育成本之殇［EB/OL］.（2021-05-24）[2022-05-05］. https://zhuanlan.zhihu.com/p/374875651.

［44］ 混沌学园. 贝索斯式思维：谨慎选择竞争对手，因为最后可能会变得很像［EB/OL］.（2018-02-12）[2022-06-22］. https://www.36kr.com/p/1722275758081.

［45］ 央视网. 三国演义［Z/OL］.（2010-05-09）[2023-01-01］. https://tv.cctv.com/2010/05/09/VIDE1355904441979118.shtml?spm＝C55853485115.PN6hjciJxJ1y.0.0.

此书完成之际，正值 2022 年新一轮新冠疫情之时。一边感受着中国企业的焦灼与超出以往任何时候的"求生"渴望，一边品味着经典理论与领先企业的滋养和片刻"宁静"。

在写作的过程中，总有一个问题不断地叩击心灵：

## 环境变了，这本书是否仍旧对中国企业有借鉴意义？

与企业交流、合作的过程中，我们总会发现"跟风"现象，无论是如"社区团购""智能汽车"一般的机会跟风，还是"数字化转型""新零售"一般的概念跟风，总会有人大放厥词：新风口已来，新模式已来……

亨利·明茨伯格在《写给管理者的睡前故事》一书中，有一段有趣的文字："当一位 CEO 坐在笔记本电脑前准备一篇发言稿时，电脑会自动打出这些字，'我们生活在大变革时代'。之所以如此，是因为在过去 50 年

里，几乎每篇演讲都以这句话开头。这点从来没变。"⊖

正如吉姆·柯林斯在《基业长青》一书中所揭示的，面对变化的世界，首先关注的不是如何应对"变化"，而是探索"不变"。亚马逊的创始人贝佐斯曾经对此问题也有过自己的见解："我经常被问到一个问题，'未来十年，会有什么样的变化？'但我很少被问到：'未来十年，什么是不变的？'我认为第二个问题比第一个问题更重要，因为你需要将你的战略建立在不变的事物上。"⊖

若"永恒变化"本就是世界前进的主旋律，"周期波动"本就是经济的运行规律，时下环境只是让中国企业回归理性的主航道，在变化中笃定于不变，敬畏并运用规律。

那么，什么是不变的规律呢？

其实整本书我们都在传递一个朴素的道理：

**任何企业，均无法逃脱企业成长的基本规律，以"系统成长"与"创新进化"跨越企业的每一个发展阶段，以持续创造客户价值与回馈社会来跨越每一个经济周期。**

BLM，不过是这个朴素道理的表达与方法载体而已。

相较于其他理论而言，BLM 展现出了强大的全科思维能力与实践属性。所谓"全科思维"，是指它打破了传统商学院的分科逻辑，将战略、运营、组织、人力资源、文化、领导力等众多学科融会贯通到了 11 个要

---

⊖ 明茨伯格. 写给管理者的睡前故事［M］. 薛香玲，徐二明，译. 北京：机械工业出版社，2020：31.
⊖ 混沌学园. 贝索斯式思维：谨慎选择竞争对手，因为最后可能会变得很像［EB/OL］.（2018-02-12）［2022-06-22］. https://www.36kr.com/p/1722275758081.

素的统一体中。借由 BLM 勾勒出了企业的系统机能，既包括机器构件，也包括各大构件的运转逻辑，甚至还有致力于强身健体和延缓衰老的"肌肉训练与血液疏通方法"。因此 BLM 既具备西医的模组化特征，也兼具中医的系统性与整合性。

所谓"实践属性"，则因 BLM 本就源于明确的基础假设（如何破解企业成功悖论）与理论模型（《创新跃迁》中的一致性模型），又诞生于 IBM 的转型实践，因此它自然就具备理论联系实际的"天赋异禀"，加之华为等企业的应用与广泛传播，成了企业在系统性成长方面的优选方法。

对本书中 BLM 理论的诠释与解读，我们始终遵循"原汁原味"的写作指导原则，不做过度"杜撰"。从追本溯源的角度，在书中援引了许多 BLM 各个模块的理论来源，试图做到对 BLM 理论"知其然，亦知其所以然"，避免读者被市面上诸多个性解读甚至随意发挥所误导。

完成本书，首先要感谢的是我们的"老东家"IBM。2022 年 6 月 16 日，是它的 111 周年生日，纵使外界有诸多对这家企业褒贬不一的评价，我们仍旧秉持一颗赤诚与敬畏的心，感恩其创造了如此精辟的企业成长系统方法，不仅自身践行，还传播给了中国的众多企业。我们也祝福曾经有过生死体验且总结出如此本质的企业成长规律的百年 IBM，能够在新时代下以自己的理论傍身，通过再一次的转型焕发新的活力与光辉。

这本书虽然只花了将近一年的时间撰写和反复修改，但其内容却是我们过往超过 15 年经验的积累与浓缩。要特别感谢 20 年前一同创建 IBM 中国区人力资本管理咨询业务的老同事们，尤其是在初创时期共同将 BLM 从 IBM 内部工具转化为企业实操方法的伙伴陈海燕，以及在华为项目中作为 BLM 实践专家的周晶老师，正是由于咨询加实践的创作模式使得今天所流传的 BLM 方法兼具通用性和实操性。感谢机械工业出版社华章分社的岳占仁先生、许若茜女士，是他们的慧眼识珠和辛勤付出才让本书得以出版。同时感恩万为瞻卓团队的众多成员对本书的付出，如王赟、王艺璇、段颖在书稿撰写和编辑过程中的大力协助，曾经的团队伙伴陈栋、蒋桢、朱慧芳、朱玉芸、邱榕等对书稿部分内容的研究与贡献。还要感谢在华为之前就给予我们机会在企业导入 BLM 的客户中国电信，尤其是曾任电信学院领导力中心主任的蒋跃瑛老师，使我们有机会再次系统开发 BLM 方法和工具并将其应用到各个分公司，当然还有我们不能逐一提及的众多客户、专家和朋友在 BLM 项目实践和战略工具方法交流过程中，对我们在理论和实践案例上的贡献与启发。

本书中的 BLM 理论、方法与实践浓缩着我们十年磨一剑的研究与探索，从在 IBM 作为使用者和受益者，到通过咨询项目引入华为使其广为流传，再到帮助上百家企业运用 BLM 理论诊断问题、推动系统性成长与进化。这一路走来，更加确认了 BLM 理论与方法对企业的价值和意义，也更加坚定了我们运用该理论帮助企业构建更为领先的未来的决心与信心，这也是我们内心的战略笃定。

最后，用经济学家弗里德里希·哈耶克（Friedrich Hayek）的一句名言作为本书的结尾：

**所有的经济危机，本质上都是基础价值的回归。**

对企业家而言，真正伟大的作品并非一个又一个的业务，而是其创造的独一无二的"企业"，因此，企业的理性回归，也是对企业基础价值的回归。

　　期望这本书能够成为一本"企业价值成长"的参考书，使企业以 BLM 理论为伴，面朝领先的"诗和远方"，迈出脚下每一步坚实的步伐。

　　致敬所有领先与致力于领先的企业，敬畏规律，结伴同行。

佛洁

2022 年 12 月于北京